Angela Seifert

In Beziehung sein –
»Power-Snacks« zur
optimalen Gesprächsführung

Pfeiffer bei Klett-Cotta

Leben lernen 149

Pfeiffer bei Klett-Cotta
© J. G. Cotta'sche Buchhandlung Nachfolger GmbH, gegr. 1659,
Stuttgart 2002
Alle Rechte vorbehalten
Fotomechanische Wiedergabe nur mit Genehmigung des Verlages
Printed in Germany
Umschlag: Michael Berwanger, München
Titelbild: René Magritte: »Der intime Freund« (1958)
© VG Bild-Kunst 2001
Satz: PC-Print, München
Auf holz- und säurefreiem Werkdruckpapier gedruckt
und gebunden von Gutmann + Co., Talheim
ISBN 3-608-89699-6

Die Deutsche Bibliothek – CIP-Einheitsaufnahme
Ein Titeldatensatz für diese Publikation ist bei Der Deutschen Bibliothek
erhältlich.

Inhalt

Einleitung

Mein Motiv, dieses Buch zu schreiben, wurde aus dem Wunsch geboren, ein fast vergessenes Konzept der Transaktionsanalyse – das ist die psychologische und psychotherapeutische Methode, die der amerikanische Psychiater und Psychotherapeut Eric Berne zur Beratung gesunder und Behandlung seelisch kranker Menschen entwickelt hat – aufzugreifen und für einen breiten LeserInnenkreis darzustellen. Es handelt sich um die von Berne ausgearbeitete Interventionstechnik, die ›Basic Techniques‹, die meiner Ansicht nach als fast genial zu bezeichnen ist. Keine andere therapeutische ›Schule‹ hat meines Wissens ein derart fein und folgerichtig auf seine einzelnen Schritte abgestimmtes Modell von Interventionen anzubieten, das sich sowohl als äußerst wirksam in Psychotherapien – selbst in schwierigen therapeutischen Prozessen – erweist, als auch hervorragend geeignet in ›normalen‹ Gesprächen ist.

Doch nicht nur das Anliegen, einen verborgenen Schatz aus der reichhaltigen ›Konzepttruhe‹ der Transaktionsanalyse zu heben, bestimmt den Themenkreis dieses Buches, sondern auch und vor allem die häufige Erfahrung der Schwierigkeiten, die so viele Menschen in Beziehung mit sich selbst, mit anderen und ebenso dem transzendenten Bereich ihrer persönlichen Seele und dem überpersönlichen Unbewussten erleben. Selbst einfache Gespräche in ihrer täglichen Umgebung fallen vielen Menschen schwer.

Wie oft höre ich diese Sätze – nicht nur in meiner psychotherapeutischen Praxis: »Wir können nicht miteinander reden.« »Immer, wenn wir ein ruhiges Gespräch führen wollen, endet es im Chaos.« »Mit meinen Eltern zu reden ist sinnlos.« »Mein Mann hört mir nie zu.« »Meine Frau sagt immer alles zehn Mal, das ist sehr anstrengend.« »Als angehende/r Psychotherapeut/in habe ich Angst vor den Behandlungsstunden, ich weiß nicht so recht, wie ich intervenieren soll.« »Teamsitzungen sind für mich eine Qual – da wird sehr viel geredet und es kommt meistens doch nichts dabei heraus.«

Mit der Kommunikation hapert es also bei vielen Menschen – bei den unterschiedlichsten Gelegenheiten. Das hört sich unerwartet und beinahe unglaublich an. Weil Kommunikation, d. h. der Austausch von Informationen, innerhalb einer Beziehung doch eigentlich etwas ganz Normales, Natürliches und Selbstverständliches ist. Das Natürliche und Selbstverständliche scheint demnach recht schwierig zu sein. Gerade im so genannten Kommunikationszeitalter verwundert das. Sich untereinander und miteinander frei und offen, ohne Störung auszutauschen, ist im Grunde doch gar nichts Besonderes, denn es gibt in der Natur nichts, was sich nicht zu anderem in Beziehung befindet. Physiker sagen, dass es selbst zwischen den allerkleinsten Teilchen, die in der Quantenphysik beobachtet werden, einen regen Austausch gibt. Aber nicht nur das: Wenn man ganz ›hinunter-‹ oder ›hineingeht‹ in den Quantenbereich – hier fehlen uns die passenden Worte –, lassen sich auch keine Teilchen mehr finden. Da gibt es nur noch die Möglichkeiten zur Form, die reine Potenzialität. Diese allerdings kann nur ›erwachen‹, sich kreieren über Beziehungen, die entstehen, die etwas entstehen lassen wollen. So, wie es bildhaft im biblischen Schöpfungsbericht geschrieben ist: Gott setzt sich mit dem, was er schaffen will, in Beziehung und dadurch entsteht die Welt. So kann man also sagen: ›Am Anfang ist Beziehung.‹

Und die medizinisch-biologische Grundlagenforschung untersucht nicht nur, welche Aufgaben Proteine im Körper wahrnehmen, sondern auch, wie sie ihre Beziehungen untereinander gestalten. Die Wissenschaftler meinen, dass man sich die Beziehungen der Proteine ähnlich wie die der Menschen vorstellen könne: Sie sprechen miteinander, umarmen sich, gehen längere oder kürzere Bindungen miteinander ein, und es sei wichtig, dass die richtigen Partner aufeinander treffen.

Wir leben, wie nie zuvor in der Geschichte der Menschheit, in einem Zeitalter, in dem die Kommunikation einen zentralen Platz einnimmt. Wir werden mit Informationen der verschiedenen Medien, die uns zur Verfügung stehen, geradezu überschüttet, und dennoch fällt es vielen Menschen schwer, sich im unmittelbaren, persönlichen Kontakt zu äußern, sich mitzuteilen, Anteil zu nehmen an dem, was den anderen beschäftigt, ein Gespräch zu führen, das nicht nur aus Floskeln besteht. Was mag der Grund für diese ›Sprachlosigkeit‹ sein, die immer auch mit einer gewissen Beziehungslosigkeit verbunden ist?

Andererseits – oder gerade vielleicht deswegen – finden Chatrooms im Internet immer größeren Zulauf. Dort, gesichts- und ausdruckslos, scheint das Miteinander-Reden möglich, es macht vielen, vor allem jungen Menschen, großen Spaß. Dagegen ist auch nichts einzuwenden, im Gegenteil, wenigstens gibt es noch Räume, in denen Gespräche stattfinden können.

Was allerdings meistens, ob im Internet oder im ›wirklichen Leben‹, auf der Strecke bleibt, sind Beziehungen, die glücklich machen, die einen Zustand von erfüllt und geborgen sein hervorrufen. Dies sei ein zu hoher Anspruch? Keineswegs. Denn es ist das, was das kleine Kind, nachdem es das Licht der Welt erblickt hat, erlebt – vorausgesetzt, die Beziehung der Mutter zu ihm stimmt. Es bringt das Bedürfnis nach Geborgenheit und Glück sowie die Fähigkeit, sich glücklich und geborgen zu fühlen, als Grundausstattung mit und erwartet von daher zu Recht, dass beides in seinem Leben Realität werde.

Menschen, die sich wenigstens noch einen Teil der ›Erinnerung an das Paradies‹ – denn damit lässt sich eine erfüllte Beziehung durchaus vergleichen – bewahrt haben, tun sich besonders schwer mit den Störungen im Beziehungsbereich, die allenthalben zu beobachten sind.

Eine junge Frau, die gerade ihre Ausbildung zur Erzieherin beendet hat, sagt: »Ich habe Angst vor dem Sommerfest im Kindergarten. Nein, nicht vor dem Fest, sondern vor den Eltern, die dann kommen. Weil ich nicht weiß, was ich mit ihnen reden soll.«

»Wie ist es denn bei den Kindern?«, frage ich. »Können Sie mit den Kindern reden?«

Ihre Augen leuchten auf: »Ja, natürlich, mit den Kindern kann ich sehr gut reden.«

»Wo liegt der Unterschied?«, will ich wissen.

Sie überlegt eine Weile und meint dann: »Die Kinder sind ganz natürlich, da ist das Reden überhaupt kein Problem. Aber die Erwachsenen sind so festgelegt, ich weiß nicht, was sie denken, und habe deshalb Angst, etwas Falsches zu sagen.«

Diese Frau hat intuitiv erfasst, was ein einfaches, offenes Gespräch so schwierig macht: das innere Festgelegtsein auf eine bestimmte Sicht der eigenen Person, der anderen und des Lebens überhaupt. Diese Festlegung, die in der Kindheit durch ein entsprechendes Elternhaus erworben wurde, nennt man in der Transaktionsanalyse ›Bezugsrahmen‹. Man kann sich so einen Bezugsrahmen vorstellen wie die breiten, schweren Bilderrahmen um die mächtigen Ölgemälde der Renaissance, die tatsächlich oft das Leben großer Familien mit den zu ihnen gehörenden Interieurs darstellten. Schon immer gestalteten Familien – sie tun es heute genauso wie zu vergangenen Zeiten – ihr Leben nach ganz bestimmten Mustern, nach ihren eigenen Auffassungen. Das hat nichts mit der objektiven Wirklichkeit zu tun, die es, wenn man genau hinsieht, gar nicht gibt. Es geht immer nur um die individuelle Sichtweise der jeweiligen Familie. Jeder Mensch gestaltet sein Leben zunächst auf Grund der Einflüsse, die innerhalb des Bezugsrahmens seiner Herkunftsfamilie wirksam sind. Sowohl die Transaktionsanalyse als auch die Systemische Familientherapie gehen von diesen Voraussetzungen aus.

Eric Berne, der zunächst als Psychiater und Psychoanalytiker gearbeitet hat, machte eines Tages die weit reichende Entdeckung, dass erwachsene Menschen sich durchaus nicht ununterbrochen wie Erwachsene verhalten. Manchmal zeigen sie sich so, wie sie als Kind gewesen sind, ein anderes Mal schlüpfen sie – unbewusst – in die Rolle eines Elternteils und agieren, wie sie damals als Kind Mama und Papa erlebt haben. Sie befinden sich also nicht immer in ihrem ›Erwachsenen-Ich-Zustand‹, sondern begeben sich – oft bei völlig unpassender Gelegenheit – in den ›Kind-Ich-‹ oder ›Eltern-Ich-Zustand‹ – wie er die drei psychischen Bereiche des Menschen genannt hat.

Wenn zum Beispiel eine Mutter oder ein Vater bei einem Sommerfest im Kindergarten ein natürliches, unbeschwertes, kindliches Verhalten zeigt, ist dies angemessen, und die noch gesprächsunsichere Erzieherin hätte sicher mit so einer Mutter oder einem Vater keine Schwierigkeiten. Oft treten jedoch Menschen – gleichgültig, ob sie Eltern eigener Kinder sind oder nicht – anderen Menschen in einer elterlichen Pose gegenüber, d. h., sie verkörpern das Verhalten, das sie bei ihren Eltern erlebt haben. Und damit können sie bei gewissen Menschen alte Ängste aus deren Kindheit hervorrufen.

»Ich konnte es meinen Eltern nie recht machen, und deshalb habe ich heute Angst, es anderen Menschen (in denen sie die Haltung ihrer Eltern zu erkennen glaubt) auch nicht recht machen zu können«, sagt die junge Erzieherin im Verlauf unseres Gesprächs.

Berne hat aus seinen Beobachtungen der verschiedenen ›Ich-Zustände‹, die in jedem Menschen wirksam sind, eine Methode entwickelt, mit deren Hilfe man die Transaktionen, die ein Mensch in sich selbst zwischen seinen eigenen drei Ich-Zuständen – dem Kind-Ich-, Eltern-Ich- und Erwachsenen-Ich-Zustand – schaltet, sowie die Transaktionen, die er/sie zwischen seinen Ich-Zuständen und denen anderer Menschen austauscht, gut erkennen kann. Daraus können dann, vorausgesetzt, der entsprechende Mensch möchte dies und bemüht sich darum, Veränderungen vorgenommen werden. Dieses Buch handelt also davon, was Menschen miteinander tun, was sie austauschen, sowohl auf der verbalen als auch auf der averbalen Ebene, wie sie dadurch ihre Beziehungen gestalten und wie sich das aus Sicht der Transaktionsanalyse verstehen lässt. Ich werde die guten und die unguten Transaktionen beschreiben. Es ist ein großer Vorteil der Transaktionsanalyse, die oft schwer überschaubare Vielfalt von Beziehungen transparent und damit verständlich zu machen.

Im ersten Teil geht es im Wesentlichen um die Grundkonzepte, mit denen die Transaktionsanalyse arbeitet. Sie sind Voraussetzung für das Verständnis der verschiedenen Beziehungsgestaltungen, die sichtbar werden, wenn Menschen miteinander in Kontakt sind, wenn sie Gespräche führen.

Im zweiten Teil des Buches – dieser ist ein wenig länger als die beiden anderen, er ist sozusagen der Hauptteil – stelle ich die Grundzüge eines bewusst geführten Gesprächs anhand der ›Interventionsregeln‹ dar, die Eric Berne für den psychotherapeutischen Prozess entwickelt hat. ›Regel‹ klingt ein wenig festgelegt, kann die Assoziation ›starr‹ hervorrufen. Doch in diesem Fall ist sie das nicht, im Gegenteil, sie lässt sich fast als genial bezeichnen, denn die einzelnen Schritte des Gesprächs sind klar, einfach, natürlich und folgerichtig aufeinander aufgebaut und von daher relativ leicht zu erlernen und anzuwenden – auch in ganz normalen Gesprächen, die keinen therapeutischen Anspruch in sich tragen, die jedoch nicht weniger bedeutungsvoll für die jeweiligen GesprächspartnerInnen sind.

Was, über diese ›Technik‹ hinausgehend, oft von Menschen, die sich in Beziehung miteinander befinden, nicht bedacht wird, sind drei allgemein gültige Grundsätze, die jedem Verhalten und Gespräch zu Grunde liegen:

1. ›Man kann nicht nicht kommunizieren.‹ Alles, was jemand tut oder nicht tut, sagt oder nicht sagt, ist eine Botschaft für die anderen.

2. ›Die averbale Kommunikation kommt vor der verbalen.‹ Die Körperhaltung, die Mimik, die Gesten und die Stimme sagen das

Eigentliche aus, sie haben eine größere Bedeutung als die gesprochenen Worte.
3. ›Beziehung geht vor Inhalt.‹ Die innere Einstellung, die man zum anderen hat, zählt mehr als das, was gesprochen wird. Diese Einstellung bewirkt (siehe 2.) die averbal zum Ausdruck gebrachten Zeichen.

Wenn diese drei Punkte nicht bewusst beachtet werden – gleichgültig, ob man die Bern'schen Interventionsregeln anwendet oder nicht –, droht ein Gespräch leicht zu entgleisen.
Deshalb geht es schließlich im dritten Teil des Buches noch um die ›höheren Weihen‹ in der Beziehung zu sich selbst, d. h., es ist die Rede von der erforderlichen Bewusstheit über das, was sich in der eigenen Seele abspielt. Denn nur wenn diese Bewusstheit aufgebaut ist, kann ein Miteinander, sowohl im Sprechen als auch im Schweigen, gelingen.
Hier werde ich die Transaktionsanalyse um die Erfahrungen, die Carl Gustav Jung, Schweizer Arzt und Psychoanalytiker, aus dem großen Bereich des Wirkens der Psyche gesammelt und hinterlassen hat, erweitern.
Eric Berne hat sich selbst mit dem Wissen, das Sigmund Freud und C. G. Jung über die Mechanismen der Seele erarbeitet haben, auseinander gesetzt, es als Grundlage der von ihm entwickelten Lehre der inneren und äußeren psychischen Transaktionen genommen, sodass wir mit dem das Praktische hervorhebenden ›American way of life‹ auf einem sicheren wissenschaftlichen Boden stehen.

Doch bevor ich diese drei Wege beschreibe, möchte ich für dieses Buch noch so eine Art

Gebrauchsanweisung

geben. Dies scheint mir nötig, nachdem kürzlich ein junges Ehepaar zur Beratung in meiner Praxis war. Frau C. rief an, um einen Termin zu vereinbaren. (Es sind meistens die Frauen, die anrufen, wenn es um eine Paarberatung geht.) Schon am Telefon fiel mir ihre wohlklingende, warme Stimme auf. Als die beiden dann kamen, war das Erste, was ich dachte: ›Welch ein attraktives Paar!‹ Sie hat ein ausgesprochen schönes, ausdrucksvolles Gesicht mit großen, dunklen Augen, einem wohl geschnittenen, vollen Mund, kastanienbraunen Haaren und einer warmen, weiblichen Ausstrahlung. Auch er, schlank, dunkelhaarig, sieht sehr gut aus. Sie stammen beide aus Süditalien, doch sie ist in Deutschland aufgewachsen und spricht ein hervorragendes Hochdeutsch ohne Akzent. Er dagegen ist erst seit einigen Jahren hier und spricht noch ein holpriges Deutsch. Ich frage sie nach ihrem Anliegen. Sie verständigen sich kurz untereinander, er bedeutet ihr, sie möge beginnen. Sie sagt:»Wir kommen – nein, ich wollte kommen, weil in unserer Beziehung irgend etwas nicht mehr stimmt.« Was denn nicht mehr stimme, will ich wissen. Sie schaut erst ihren Mann an, der ein verschlossenes Gesicht macht, dann mich und meint:»So genau weiß ich das auch nicht. Aber ich *fühle*, dass es nicht mehr so ist wie früher.« Das Wörtchen ›fühle‹ betont sie.

Ich frage erst einmal nach ihrer jetzigen Lebenssituation, um mir ein Bild von den beiden machen zu können. Sie sind seit zwei Jahren verheiratet, haben eine kleine, fast ein Jahr alte Tochter, um die sich Frau C. selbst kümmert. Er hat eine Stelle, in der er so viel verdient, dass sie mit ihren bescheidenen Ansprüchen gut zurechtkommen.

Es ist für mich nicht ganz einfach herauszufinden, woran es hapert in dieser Ehe – außereheliche Partnerschaften gibt es nicht, die beiden lieben sich, wie sie sagen, sexuell sei es sehr schön, sie schlafen gerne miteinander, er würde es lieber häufiger tun, doch er kann auch verstehen, dass seine Frau nach der Geburt und durch die Pflege des Kindes oft auch zu angestrengt dazu ist.

Ich sage, dass ich nichts Problematisches an ihrer Ehe sehen kann, da berichtet Frau C. von ihrer besten Freundin, die sich gerade von ihrem Freund trenne, mit dem sie über längere Zeit gelebt habe. Und diese Freundin hat ihr Bücher zu lesen gegeben, die sie im Zuge ihrer Trennung selbst gelesen habe, und seitdem telefonieren die beiden oft stundenlang und tauschen sich über diese Bücher aus. »Ja«, meldet sich jetzt Herr C., »und seither hat meine Frau ständig etwas an mir auszusetzen, ich bin nicht mehr in Ordnung, sie will mich anders haben.«

»Stimmt«, meint sie, »jetzt weiß ich auch, was in unserer Ehe fehlt. Wir können nicht richtig miteinander reden. Und du sprichst nie über deine Gefühle. Aber in allen Büchern steht, dass man mit einander reden muss und dass es vor allem darauf ankommt, dass man über seine Gefühle spricht.«

Er wehrt sich:»Ich brauche nicht über meine Gefühle zu sprechen, ich habe meine Gefühle, und das reicht mir.«

»Mir aber nicht«, sagt sie jetzt recht heftig, »und außerdem musst du dein Mutterproblem lösen, denn du siehst deine Mutter in mir, und ich bin nicht deine Mutter.«

Er schaut mich, ziemlich verständnis- und ratlos, an und sagt: »Ich sehe in meiner Frau nicht meine Mutter und ich habe kein Problem mit meiner Mutter, ich sehe sie doch kaum, sie lebt in Italien. Ich möchte nur in aller Ruhe mit meiner Frau leben. Und ich habe Angst, dass durch diese Bücher, die meine Frau liest, unsere Ehe kaputtgeht.«

»Im Gegenteil«, schaltet sie sich wieder ein, »durch diese Bücher weiß ich jetzt, was uns fehlt.«

Mich erschreckt die Heftigkeit, mit der diese junge Frau die psychologischen Bücher über gute Partnerschaften und Ehen verteidigt und auch welch hohe Bedeutung sie dem, was darin steht, zumisst. Von ihrer weiblichen Wärme ist gerade nicht mehr viel zu spüren, sie wirkt rechthaberisch und fast ein wenig fanatisch. »Ich *fühle* es«, sagt sie immer wieder mit Betonung und legt hierbei ihre rechte Hand auf die Magengegend. »Es geht um die Gefühle. Seit ich das gelesen habe, fühle ich auch viel mehr und ich möchte mit meinem Mann darüber reden. Und er soll mit mir über seine Gefühle und was in ihm vorgeht sprechen.«

Ich denke, so ein schönes, hoffnungsvolles Paar – sie dürfen doch ihre Beziehung nicht aufs Spiel setzen wegen einiger Bücher bzw. wegen der Faszination, die diese Frau gepackt hat, nachdem sie mit Psychologie in Kontakt gekommen ist. Und ich lasse mich hinreißen, zu ihr zu sagen: »Nehmen Sie doch diese Bücher nicht so wichtig.«

Da blitzt sie mich mit ihren großen Augen heftig an und kontert: »Sie schreiben doch auch Bücher!«

»Ja, ja«, ich versuche dieser Falle wieder zu entkommen. »Ja, sicher, Bücher können schon auch hilfreich sein, aber man darf sie doch nicht allzu wichtig nehmen. Und vor allem darf man über die Beschäftigung mit dem, was in solchen Büchern steht, nicht das Leben versäumen. Denn sie können das Leben mit seinem Alltag nicht ersetzen.«

Die Sitzung verläuft nicht sehr befriedigend, und ich bin froh, dass Frau C. nach zwei Wochen wieder anruft, um einen zweiten Termin zu vereinbaren. Ich spüre ihre Not, spüre, dass sie etwas sucht, noch etwas braucht.

Auch er ist ziemlich verzweifelt darüber, dass seine Frau nun fast jeden Tag einen anderen Termin bei verschiedenen Ärzten und Psychotherapeuten und Heilpraktikern hat. »Jeder sagt etwas anderes«, klagt er und wiederholt den Satz vom ersten Mal: »Ich habe Angst, dass dadurch unsere Ehe kaputtgeht.«

Ich kann seine Angst gut verstehen, aber ich sehe auch, dass durch die Bücher, die Frau C. mit großer Spannung gelesen hat, auch etwas aus den tieferen Schichten ihrer Seele aufgetaucht ist, was ihr jetzt zu schaffen macht, was sie jedoch noch nicht so recht verstehen kann. Deshalb erwartet sie jetzt von ihrem Mann, sie fraglos auf ihrem Weg zu begleiten – womit er im Augenblick aber überfordert ist.

Sie kommen nach einigen Wochen noch ein drittes Mal, und Frau C. berichtet, dass sie jetzt eine reguläre Psychotherapie begonnen habe und nicht mehr zu anderen Ärzten gehe. Ich bestätige ihr, dass es sicher gut für sie sei, eine feste Adresse zu haben, wo sie das alles besprechen könne, was sie bewegt. So ist ihr Ehemann entlastet. Ihm lege ich ans Herz, doch diesen Wunsch seiner Frau nach psychologischer Begleitung zu tolerieren. Er nickt ergeben, und dann sagt er klar und fest zu mir: »Ich komme nicht noch einmal hierher.« Ich meine: »Ja, das ist in Ordnung.« Er lächelt: »Das hat nichts mit Ihnen zu tun.« Ich bestätige: »Das weiß ich.« Dann lacht er und sieht dabei aus wie ein fröhlicher Junge: »Ich will mein Leben selbst in die Hand nehmen und ich will auch auf meine Ehe aufpassen.« Das gefällt mir gut, und bevor wir uns verabschieden, lege ich beiden noch recht leidenschaftlich, fast beschwörend, ans Herz, miteinander wirklich zu *leben* und nicht das Leben der Psychologie zu überlassen. »Kein Buch, nicht das allerbeste, kann das Leben ersetzen«, sage ich, was auch Frau C. jetzt gut annehmen kann, denn sie lächelt wieder mit ihrer warmen, weiblichen Ausstrahlung. Diesen Leitsatz:

›Nichts kann das Leben ersetzen, das Wichtigste ist das Leben selbst‹

möchte ich auch diesem Buch voranstellen und als ›Gebrauchsanweisung‹ dem Leser/der Leserin ans Herz legen: »Lesen Sie dieses Buch und andere Bücher, nehmen Sie es ernst, aber nicht zu ernst, nehmen Sie es wichtig, aber nicht zu wichtig. Gestatten Sie sich, alle Fehler zu machen, die man machen kann im Leben und in Beziehungen, lassen Sie nicht von vornherein mögliche ›Fettnäpfchen‹

aus. Denn allein durch das gelebte Leben lernt man, was gut und richtig ist, was das Leben lebenswert und Beziehungen befriedigend macht, nicht durch noch so kluge Bücher. Diese können eher am Rande eine kleine, auch gute Begleitung sein, aber sie dürfen nicht all die Erfahrungen ersetzen, die man nur selber machen kann und muss, wenn man seinem Schicksal folgt und sich vom Leben selbst formen lässt. Das ist das Beste.«

So, und nun kann es endlich losgehen.

Teil I

In Beziehung sein – mit sich selbst

»Wer andere kennt, ist klug, wer sich selbst kennt, ist weise.«

Dieser Ausspruch des chinesischen Philosophen Laotse hat auch eine abendländische Entsprechung:
»Erkenne dich selbst.«
Sie steht über dem Eingang des Tempels, der dem Gott Apollon geweiht war. In diesem Tempel befragte die weise Pythia das Orakel, was gut zum Thema dieses Buches passt, denn in die seelischen Mechanismen eines Menschen vorzudringen gleicht den tiefsten Geheimnissen nachzuspüren.

Diese beiden Leit- und Grundsätze, die dem Menschen, der nach Wohlbefinden und Weisheit strebt, den Weg der Selbsterkenntnis weisen, sind in der Tat die Vorläufer der heutigen Psychotherapie. Wenn wir sie allerdings einmal sehr genau anschauen, dann erkennen wir, dass diese Forderung im Grunde eine Ungeheuerlichkeit darstellt. Wie ich es in meiner Einleitung zu diesem Buch schon erwähnt habe, wird jedes Kind ja in eine ganz bestimmte Familie hineingeboren, die schon über Generationen hinweg ihre eigenen ›Gesetze‹ aufgestellt hat. Zudem ist jede Familie wiederum eingebunden in ein ganz bestimmtes kollektives Muster, in das kollektive Bewusstsein, das aus dem jeweiligen kulturellen Raum sowie der entsprechenden Zeit hervorgeht und, da die Zeitströmungen sich laufend verändern, auch ständig im Wandel begriffen ist.

Dem neu geborenen Kind bleibt nun erst einmal gar nichts anderes übrig, als sich dieser Umgebung, die es vorfindet, genau einzupassen, sich also an den gegebenen Normen hochzuranken, sich an ihnen zu orientieren, um die notwendige Sicherheit zu erwerben. Diese braucht es, um den Anforderungen seiner Umgebung gewachsen zu sein. So muss die ihm eigene Individualität zunächst einmal im Hintergrund warten, bis die nötige Sicherheit und Stärke aufgebaut ist, die ihm erlaubt, den Halt gebenden Bezugsrahmen allmählich zu öffnen und infolge dieses Prozesses sich selbst, in seiner Eigenart kennen zu lernen. Denn dies ist ihm aufgegeben: selbstständig zu werden, Autonomie zu erlangen. Das ist im Genom des Menschen verankert. Andererseits bleibt aber – oft ein Leben lang – die Sehnsucht nach Geborgensein, nach Rückkehr ›ins Paradies‹ in der Seele wach. Diesen beiden gegensätzlichen Strebungen nachzukommen, mal der einen, mal der anderen mehr Raum zu lassen, sie auch immer wieder auszugleichen, ist eine lebenslange Aufgabe.

Insofern stimmen auch beide Sätze: ›Pass dich ein und an!‹ und ›Werde autonom!‹ bzw. ›Erkenne dich selbst!‹

Dass dieses schwierige Unterfangen nicht jedem Menschen auf Anhieb gelingt, dass manche daran beinahe zu zerbrechen drohen, andere es erst einmal gar nicht versuchen, sondern ganz unauffällig ihr Leben lang ›in der Herde mittraben‹, ist gut zu verstehen. Wer sich allerdings auf den steinigen und oft auch recht unwegsamen Pfad der Selbsterkenntnis begibt, tut gut daran, sich – zumindest für eine bestimmte Wegstrecke – einen erfahrenen Begleiter/eine Begleiterin zu suchen. Auf den Mount Everest geht man ja auch nicht ohne bewährten Bergführer.

Leider wird häufig das, was während einer psychotherapeutischen Begleitung geschieht, als ›Wühlen in der Vergangenheit‹ verkannt, was manche Menschen ablehnen, weil es ihnen unnötig und auch gefährlich erscheint. Richtig ist, dass es in manchen Psychotherapieformen, zumindest in der Transaktionsanalyse, gar nicht primär um die Vergangenheit geht, sondern um die Art und Weise, wie der betreffende Mensch *heute* denkt, fühlt und sich verhält. Die Vergangenheit, seine/ihre Kindheit ist nur so weit interessant, wie sie zur Erhellung seines/ihres so Gewordenseins nötig ist. Damit befindet sie sich im Einklang mit den neuesten Ergebnissen der Hirnforschung: Der Charakter eines Menschen wird schon in den ersten vier bis fünf Lebensjahren festgelegt und ist danach nicht oder nur geringfügig zu verändern. Alles, was das Kind bis dahin erlebt hat, ist fest und unveränderbar im limbischen System seines Gehirns gespeichert. Aber der Mensch hat später die Möglichkeit, mit diesen Erfahrungen anders umzugehen, als er es in der Kindheit konnte. Denn das Gehirn bleibt ein Leben lang fähig zu lernen. Es muss dazu allerdings ziemlich viel Energie mobilisieren. Wo es die her nimmt? Die meiste Energie steckt in den Emotionen, und starke Emotionen werden durch das, was in bedeutsamen Beziehungen geschieht, hervorgerufen. Insofern stimmt der Grundgedanke der Psychotherapie mit dem entsprechenden Setting: Es muss eine emotional stabile und starke Beziehung zwischen KlientIn und TherapeutIn aufgebaut werden, wenn die Therapie erfolgreich sein soll, d. h. wenn der betreffende Mensch in dieser Beziehung neue Erfahrungen machen kann, die ihm helfen, alte Erlebnisse in seinem Gehirn zu ›überschreiben‹.

Im zweiten Teil des Buches wird dies sicher deutlich werden.

Doch zunächst schauen wir einmal, welche Arten von Interaktionsmuster es aus Sicht der Transaktionsanalyse gibt. Hierzu möchte ich noch bemerken, dass die Transaktionsanalyse, so wie jede Form der Psychoanalyse/Psychotherapie, auf bestimmten Konzepten beruht, die von Therapeuten, Beratern und Trainern zu Hilfe genommen werden, um menschliche Verhaltensweisen zu betrachten. Diese Konzepte sind nicht das wirkliche Leben. Sie sind begrenzt, weil sie ja dazu dienen, bestimmte Muster zu erkennen, bewusst zu machen und gegebenenfalls zu verändern oder aufzulösen. Der natürliche, lebendige Mensch mit seinem Körper, seiner Seele und seinem Geist ist so unendlich vieler Erlebens- und Verhaltensweisen fähig, er verfügt über ein so weites Spektrum an Lebensäußerungen, dass diese niemals vollständig in irgendeine Theorie, in irgendwelche Konzepte gefasst werden können. Doch um ein wirksames Handwerkszeug für die therapeutische, beratende oder trainierende Arbeit zu haben, sind gute Konzepte hilfreich.

KAPITEL I

Transaktionen und Zeitstruktur

Wenn man mit einem Menschen ein Gespräch führen möchte, von dem man hinterher sagen kann, es sei gut, anregend, fruchtbar oder gar innig gewesen, dann ist es wichtig und hilfreich zu wissen, mit wem man eigentlich spricht. Nur allzu oft glaubt man, sein Gegenüber zu kennen, merkt jedoch bald, dass man von falschen Voraussetzungen ausgegangen ist. Selbst sich sehr nahe stehende Menschen, wie Ehepartner, die eigenen Kinder oder Eltern können einem gelegentlich wie fremd erscheinen. Es gibt Situationen, da meint man, den anderen kaum wiedererkennen zu können. Das Gespräch läuft schief und man weiß nicht warum.

Die Lehre von den Ich-Zuständen, die Eric Berne entwickelt hat, kann Licht ins Dunkel der >aus der Spur< laufenden Beziehungen bringen. Um dieses Modell aber verstehen zu können, müssen wir davon ausgehen, dass es so etwas wie psychische Energie gibt. Zwar hat noch niemand so eine Energie gesehen – wie es überhaupt schwierig ist, zu wissen oder zu erklären, was Energie eigentlich ist –, doch dass man sich in unterschiedlichen Lebenssituationen anders fühlt, dass es Stimmungen, Gefühle, Emotionen und auch heftige Affekte gibt, das erlebt jeder Mensch ständig. Manchmal kann man sich gedrückt, niedergeschlagen, trübe, traurig fühlen, man hat zu nichts Lust, vor allem nicht zu Tätigkeiten, die man sowieso nicht mag. Manchmal dagegen ist man heiter, gut gelaunt, das Leben sieht hell und freundlich aus, und selbst Arbeiten, die man normalerweise nur widerwillig erledigt, können Spaß machen.

Woran es liegt, dass es solche unterschiedlichen Gemütszustände gibt, ist nicht generell zu erklären. Es bedarf dazu einer eingehenden Betrachtung des betreffenden Menschen in seiner jeweiligen Situation, mit seinen entsprechenden Gewohnheiten und Erfahrungen, die er/sie in der Vergangenheit gesammelt hat.

Wir können sagen, dass jede Form von Leben und Lebensäußerung auf Energie, auf Bewegung beruht. Gefühle werden ja auch als Bewegtheit bezeichnet, und Emotion heißt Bewegung. Von daher lässt sich zu Recht eine psychische Energie annehmen, die den einzelnen Menschen bestimmt, sich zu gewissen Gelegenheiten entsprechend zu verhalten. Dies kann der Situation angemessen, aber auch unangemessen sein. Wobei dann verständlicherweise die inadäquate Haltung eine Störung hervorruft.

Wer spricht eigentlich mit wem? Eine kleine Einführung in die Ich-Zustands-Lehre

Wenn eine Mutter beispielsweise mit ihrem kleinen Kind spricht, sind ihr Tonfall, ihre Körperhaltung und die Worte, die sie benutzt, anders, als wenn sie mit einem Verkäufer oder selbst als Verkäuferin mit einem Kunden, einer Kundin in einem Geschäft spricht. Ihre Haltung als Mutter kann liebevoll, warm, wohlwollend, besorgt, beruhigend und ermutigend oder auch streng, ungehalten, verärgert, zurechtweisend sein. Meistens verhalten wir uns so, wie wir es gewohnt sind bzw. wie wir es in unserer Kindheit selbst erlebt haben. Es ist immer wieder überraschend zu hören – und manchmal amüsiere ich mich innerlich dabei ein wenig –, wenn Frauen sagen:»Ich wollte/will nie werden wie meine Mutter.« Sie sagen es leidenschaftlich mit blitzenden Augen. Und wenn ich dann nachfrage:»Ja, und wie ist es jetzt?«, blitzen die Augen nicht mehr, die Stimme wird kleinlaut, manchmal klingt sie gar verzweifelt:»Ich glaube, ich habe doch sehr viel von ihr übernommen.« Oder:»Ich ertappe mich dabei, dass ich das meiste mache wie sie.«
Was kein Wunder ist, denn schließlich war die Mutter der erste Mensch, mit dem das Kind auf intensive Weise konfrontiert war. Wir Menschen lernen viel über Nachahmung und wir sind ›Gewohnheitstiere‹. Insofern leben in jeder Frau und natürlich auch in jedem Mann – denn auch Buben haben Mütter – sowohl die Mutter als auch der Vater und andere Menschen, die in der Kindheit eine wichtige Rolle gespielt haben. In entsprechenden Situationen, vor allem im Umgang mit Kindern, wird jede Frau, jeder Mann unwillkürlich in die ›Eltern-Rolle‹ schlüpfen, das heißt sich so verhalten, auch in gewisser Weise so denken und fühlen, wie einst die eigene Mutter, der eigene Vater, die Großeltern, Geschwister, Tanten, Onkel usw. erlebt wurden.
Und – das möchte ich betonen – es ist nicht unbedingt schlecht, der Mutter ähnlich zu sein und vieles wie sie zu tun. Das wird nur von

den betreffenden Frauen so erlebt, weil sie noch nicht ihre ganz eigene Weise im Leben zu stehen gefunden haben.

Aber natürlich gibt es schließlich auch den eigenständigen Erwachsenen, der denkt, fühlt und sich verhält, wie die meisten erwachsenen Menschen es normalerweise tun.

Die Haltung dessen, der einkaufen geht, selber etwas verkauft oder sonst wie im Berufsleben steht, sich Informationen holt oder jemandem Auskunft erteilt, wird in der Regel sachlich, mehr oder weniger freundlich, ohne stark hervortretende Emotionen sein. Das ist natürlich, denn im Laufe des Erwachsenwerdens sieht und lernt das Kind, wie erwachsene Menschen sich normalerweise verhalten, und wird es ihnen gleichtun.

Schmiegt sich eine erwachsene Frau jedoch abends beim gemeinsamen Fernsehen auf der Couch an ihren Ehemann, wird sie aufgeregt, wenn der Film spannend ist, lacht sie fröhlich bei komischen Szenen oder schmollt sie enttäuscht, wenn der Ehemann ihre Zärtlichkeit zurückweist, wenn er vielleicht einschläft, während sie mit ihm redet, dann kann man in dieser Frau das kleine Mädchen erleben, das sie früher einmal war und das ihr ganzes Leben lang in ihr lebendig ist. Sie reagiert meist in der heutigen Situation genau so, wie sie es früher getan hat.

Genauso lebendig ist der kleine Junge im Mann. Nicht nur, wenn er in der Badewanne Schiffchen spielt oder auf dem Fußballplatz seine Mannschaft anfeuert, sondern auch, wenn er für seine Frau oder für seine Kinder ein hübsches, ›unnützes‹ Geschenk kauft, sich mit dem Geschenkpapier abmüht, es dann ein wenig verlegen überreicht, oder wenn er einen besonderen Rotwein genießt, mit seinem ältesten, besten Freund Albernheiten austauscht und im Urlaub schöne Steine sammelt. Um nur einige von vielen möglichen, das Kind-Ich stimulierenden Situationen zu nennen.

Wenn Mann und Frau, die Kinder, der Freund, die Freundin oder andere Menschen sich gleichzeitig im Zustand ihres inneren Kindes befinden, dann laufen die ausgetauschten Transaktionen auf der Ebene von Kind zu Kind, und die Kommunikation gestaltet sich natürlich, reibungslos und kann lange andauern.

Aber auch wenn einer der Gesprächspartner aus seinem Eltern-Ich-Zustand auf das Kind – das tatsächliche oder das innere im Erwachsenen – reagiert, zum Beispiel gutmütig, wohlwollend, tröstend, beschwichtigend, aber auch ungehalten, be- und verurteilend, gibt es keine Störung in der Kommunikation. Denn jedes Kind – das tatsächliche und das innere – ist es gewöhnt, dass es Eltern gibt, die liebevoll oder abweisend mit ihm umgehen.

Ungestört verlaufen Transaktionen, wenn sowohl der Stimulus als auch die Reaktion beider Gesprächspartner aus dem Kind-Ich, dem Eltern-Ich oder dem Erwachsenen-Ich kommen, also auf der gleichen Ebene hin- und hergehen. Aber auch Transaktionen vom Eltern- zum Kind- oder vom Kind- zum Eltern-Ich verlaufen parallel, also ohne Irritationen und beliebig lang. Was nicht heißt, dass solche Kommunikationsverläufe unbedingt angenehm oder friedlich sein müssen. Kinder können sich getadelt fühlen, Eltern genervt sein. Da diese Muster aber bekannt sind, wirken sie nicht unnatürlich oder überraschend.

Wenn allerdings die Partnerin, nachdem sie das mit viel Überlegung ausgesuchte und mit Liebe überreichte Geschenk ausgepackt hat, als erstes mit ruhiger Stimme die sachliche Frage stellt:»Was hat das gekostet?«, wird die Kommunikation erst einmal unterbrochen. Denn der Schenkende hat sicher erwartet, dass sie sich freut wie ein Kind. Er wird höchstwahrscheinlich zunächst nicht in der Lage sein, ebenso ruhig und sachlich die entsprechende Auskunft zu geben.

Das heißt: Reagiert das Erwachsenen-Ich auf einen Stimulus aus dem Kind- oder Eltern-Ich, tritt eine Störung im Kommunikationsverlauf ein, genauso, wenn das Erwachsenen-Ich einen Stimulus an das Erwachsenen-Ich des Gegenübers sendet, dieses jedoch aus dem Kind- oder Eltern-Ich reagiert.

Verwirrung in einem Gespräch kann es aber nicht nur geben, wenn die natürlichen Ebenen verlassen werden, sondern auch, wenn die gesprochenen Worte nicht mit den averbal gesendeten Zeichen übereinstimmen. Manche modernen Mütter beispielsweise neigen dazu, mit ihren Kindern stets ›vernünftig‹ auf der Erwachsenen-Ebene zu sprechen, auch wenn sie verärgert sind. »*Bitte!* Lege das Messer weg!« Oder: »*Bitte!* Störe deine Schwester nicht bei den Hausaufgaben!« Dieses »*Bitte!*« klingt scharf und ärgerlich, in ihm wird die innere Gereiztheit der Mutter deutlich, die im Grunde genau weiß, dass das entsprechende Verhalten ihres Kindes darauf angelegt ist, sie ›auf die Palme‹ zu bringen. Auch ihr Gesichtsausdruck und ihre angespannte Körperhaltung passen nicht zu einem höflichen »Bitte«, und das Kind wird höchstwahrscheinlich nicht aufhören, sich ungehörig zu benehmen, weil es ja möchte, dass Mutter die Fassung verliert. Für die Eltern-Kind-Beziehung ist es besser, wenn die Eltern dem Kind nichts vormachen, sondern wahrhaftig sind und auch Gefühle von Ärger und Unverständnis zum Ausdruck bringen.

Doch auch Erwachsene fühlen sich unwohl, wenn das Gegenüber zwar lächelt, aber in den Augen eher Ablehnung oder gar Kälte zu lesen ist. Der bekannte Pantomime Samy Molcho gibt in seinen Büchern viele eindrückliche Beispiele dafür, wie die Körpersprache zu dem, was gesagt ist oder zum Ausdruck gebracht werden soll, stimmen muss, damit die gemeinte Botschaft wirklich ankommen kann. Jeder fühlt sich unbehaglich, wenn er/sie von jemandem gefragt wird: »Wie geht es Ihnen?« und dabei den Blick schon auf einen anderen Menschen richtet, den er/sie als Nächsten ansprechen will.

Solche Unstimmigkeiten sind die Folge einer mangelnden Selbstkenntnis. Wenn ich mir nicht im Klaren über meine Motive und Ziele bin, kann ich auch nicht kongruent sein, d. h. meine Worte nicht mit meiner Körpersprache in Einklang bringen. Ein Mensch, der andere gerne belehrt, kann noch so freundlich lächeln oder harmlose Sätze sagen, der ›Schulmeister‹ wird sich über den Tonfall in der Stimme trotzdem äußern. Und ein innerlich kindlich und hilflos gebliebener Erwachsener ›outet‹ sich durch nach innen gedrehte Füße, einem ›Schmollmund‹ oder einer Piepsstimme.

Deswegen ist die Selbsterkenntnis, das Herausfinden, was ich von den anderen will – ob sie zu mir aufschauen sollen, ich lieber ›bemuttert‹ oder schlicht und einfach gleichwertiger Partner sein will–, von grundlegender Bedeutung für eine gelingende Kommunikation.

Wenn Sie mögen,
beobachten Sie sich doch in nächster Zeit selbst ein wenig mehr.
Stellen Sie sich beispielsweise einen nicht zu kleinen Spiegel neben das Telefon und schauen Sie sich zu, wie Sie mit verschiedenen Menschen sprechen. Was drückt Ihr Gesicht aus, wenn Sie höflich und freundlich oder aber ärgerlich mit der Person am anderen Ende der Leitung sprechen?
Schließen Sie zwischendurch die Augen und hören Sie bewusst auf Ihre Stimme. Passt sie zu dem Gesagten?
Machen Sie Ihre Erfahrungen mit sich selbst – das kann sehr spannend sein.

Die hier angeführten Möglichkeiten von Kommunikations-Ebenen sind natürlich nicht erschöpfend, das können sie im Rahmen dieses Buches nicht sein. Es sind mehr Andeutungen, die dazu dienen sollen, die Wirksamkeit von Gesprächen zu erhöhen, was das Hauptthema dieses Buches ist.

Auch die folgenden transaktionsanalytischen Konzepte stelle ich so ausführlich dar wie nötig, um menschliches Verhalten besser verstehen zu können, doch auch so begrenzt wie möglich, um den Text nicht mit zu viel Fachwissen zu überfrachten.

Wenn man sich viel mit Gesprächsverläufen beschäftigt, kann man beobachten, dass gerade solche Transaktionen sehr häufig auftreten, in denen es keine Übereinstimmung der gesprochenen Worte mit der inneren Haltung, dem entsprechenden Fühlen und Denken der Gesprächsteilnehmer gibt. Diese Dissonanzen hat die Transaktionsanalyse sehr genau in den Blick genommen und davon ausgehend Konzepte wie die ›Spiele der Erwachsenen‹, ›Rabattmarken‹ und ›Gefühlsmaschen‹, ›symbiotische Beziehungen‹ und letztendlich, sie alle umfassend, das Konzept des ›Skripts‹ oder ›Lebensdrehbuchs‹ entwickelt. Das heißt, wenn man – entsprechend geschult – dem Gespräch zweier oder mehrerer Menschen lauscht und zuschaut, kann man rasch feststellen, ›wo der Hund begraben liegt‹ oder, in der transaktionsanalytischen Skriptsprache gesagt, welche ›Endauszahlung‹ die jeweiligen Menschen in ihrem Leben anpeilen. Auf welchen zentralen Satz kommt es dem Betreffenden am Ende seines Lebens an? Zum Beispiel:

»Ich wusste es ja immer: mich versteht niemand!« Oder:

»Da sieht man es mal wieder, mich verlassen alle!« Oder:

»Wenn ich nicht immer selbst für mich sorge, bin ich verloren!«

Doch auch:

»Ich habe mein Leben selbstverantwortlich in meine Hände genommen und freue mich darüber, wie ich es gestaltet habe!«

Der Unterschied zwischen den ersten drei Sätzen und dem vierten Satz ist die freie Selbstverantwortlichkeit. Während der dritte Satz scheinbar selbstverantwortlich klingt – im Unterton schwingt jedoch mit, dass sich eigentlich andere um das Glück des Betreffenden hätte kümmern sollen –, hat der Mensch, der den vierten Satz spricht, erkannt, dass nur er/sie ganz allein die Verantwortung für sein/ihr Leben tragen kann. Wer dies ohne Anspruch an andere und schon gar ohne Groll im Herzen – der ist in den ersten drei Sätzen nicht unschwer herauszuhören – tut, kann am Ende ohne Bitterkeit, in heiterer Gelassenheit sein Leben betrachten – gleichgültig, wie auch immer sein Leben sich gestaltet hat.

Die Möglichkeit des Freiseins aus den Menschen herauszulocken, sie zu bewegen, sich doch für diesen Weg zu entscheiden, stellt – meiner Ansicht nach – den zentralen Punkt einer jeden Psychotherapie dar und könnte ebenso das zentrale Anliegen eines jeden Beraters/Trainers sein, unabhängig davon, in welchem Bereich eine Beratung, ein Training stattfindet.

Von der Wiege bis zur Bahre – wie man die dazwischenliegende Zeit verbringen kann

Eric Berne hat seine Skript-Theorie (sie wird in den nächsten Kapiteln noch eingehend beschrieben) auf dem Faktor ›Zeit‹ aufgebaut. Er ist davon ausgegangen, dass es drei Grundbedürfnisse gibt, die jeder Mensch zum Überleben braucht. Er stützte sich dabei auf die Arbeiten von René Spitz, der hospitalisierte Kinder untersuchte, die trotz fachgerechter Betreuung auf Grund mangelnder Zuwendung schwere seelische und körperliche Schäden erlitten oder sogar starben.

– Das erste Grundbedürfnis ist also das nach Zuwendung, nach Bestätigung. Das kleine Kind will berührt, gehalten, gestreichelt, liebkost werden. Es will in den Augen der Person, die es betreut, sehen, dass es willkommen ist und seinen Platz in dieser Welt einnehmen darf.

– Darüber hinaus möchte es aber auch stimuliert werden, sowohl körperlich als auch seelisch-geistig. Dieses zweite Grundbedürfnis überschneidet sich mit dem ersten, denn streicheln vermittelt dem Kind sowohl Zuwendung als auch körperliche Stimulierung. Die seelisch-geistigen Funktionen werden in ihm geweckt, wenn es in den Wachphasen etwas sehen und hören kann, was seine Aufmerksamkeit hervorruft.

– Und das dritte Grundbedürfnis besteht darin, dass die Zeit strukturiert wird. Das Kind gewöhnt sich schnell an einen bestimmten Rhythmus der Tages- und Nachtzeit, es bringt ja bereits seinen ihm eigenen Biorhythmus mit, der sich zunächst in den körperlichen Funktionen Hunger, Ausscheidung, Müdigkeit und Wachheit äußert. Den möchte es natürlich beachtet wissen. Diese drei Grundbedürfnisse sind allerdings nicht nur in den ersten Lebenswochen und -monaten von Bedeutung. Sie bleiben ein Leben lang bestehen, wenn sie sich auch im Laufe des Lebens und Wachsens verändern. In der ersten Lebenszeit ist es wichtig, dass diese drei Bedürfnisse von außen befriedigt werden. Das Kind oder der junge Mensch erwartet zu Recht von den anderen, dass sie ihm ihre Anerkennung und Zuwendung vermitteln, dass sie helfen, eine Struktur in den Tages- und Jahresablauf zu bringen. Allmählich und stetig kann dann jedoch die Befriedigung dieser Bedürfnisse von den anderen weggenommen werden. Der älter werdende Mensch ist – wenn alles gut geht – in der Lage, sich selbst anzuerkennen und zu lieben und auch für eine sinnvolle Einteilung der Zeit zu sorgen.

Die große Frage des Lebens jedoch lautet: »Wie, womit strukturiere ich meine Zeit zwischen meiner Geburt und meinem Tod?«

Manche Menschen, sagt Berne, tun nichts anderes in ihrem Leben als auf den Tod zu warten, so wie sie jedes Jahr auf den Weihnachtsmann warten. Der Unterschied besteht nur darin, dass der Weihnachtsmann nie kommt, der Tod aber gewiss, auch wenn man nicht genau weiß wann. Diese Menschen leben einfach nur so dahin und langweilen sich. Zwar haben sie viele Wünsche – wie das Kind an den Weihnachtsmann –, aber sie tun nichts, um sich diese Wünsche zu erfüllen – das soll das Schicksal tun oder der Weihnachtsmann. Da der jedoch nicht kommt, bleiben die Wünsche unerfüllt, und das Leben verläuft trist und leer.

Für unser Thema sind diese Überlegungen interessant, weil sie zeigen, dass es Menschen gibt, die nicht übermäßig viel Engagement für ihr eigenes Leben, geschweige denn ihr eigenes Glück und auch nicht für ein gemeinsames Tun aufbringen. Sie neigen vielmehr dazu, die Verantwortung für das Gelingen des Miteinanders den anderen zu überlassen. Diese Menschen finden jedoch mit schlafwandlerischer Sicherheit die Menschen, denen es wichtig ist, für andere zu sorgen, für andere da zu sein, sich um andere und deren Glück zu kümmern. Dass letztendlich aber beide leer ausgehen, die Beziehungen zueinander unbefriedigend bleiben, werden wir im Kapitel über die ›Psychospiele‹ eingehender betrachten.

Doch nun zur Frage, wie Zeit sich denn gestalten lässt. Wir kennen sechs verschiedene Arten:

1. Man kann sich den anderen *entziehen,* ganz konkret räumlich, indem man sich der Gesellschaft mit anderen möglichst wenig aussetzt, Zusammenkünfte meidet, sich so rasch als möglich von einer Runde oder aus einem Gespräch verabschiedet, selten in der Öffentlichkeit auftaucht oder auch wortlos den Raum verlässt.

Während psychotherapeutischer Gruppensitzungen ist beispielsweise immer wieder zu beobachten, dass plötzlich jemand wortlos aus dem Raum geht. Meistens dann, wenn gerade ein anderer ein intensives Gefühl zeigt. Das bedeutet dann, dass derjenige, der den Raum verlässt, sich nicht in der Lage fühlt, diese ›dichte‹, energiegeladene Situation auszuhalten, angemessen mit ihr umzugehen.

Auch unruhig werden, mit den Füßen wippen, den Fingern klopfen oder sich unaufhörlich auf dem Stuhl hin und her setzen zeigt, dass der/die Betreffende sich am liebsten aus der Situation herausnehmen oder selber stärker beachtet werden möchte.

Wenn sich jemand öfter der Gesellschaft anderer entzieht, hat das also meistens damit zu tun, dass diese Menschen über ein nur geringes Verhaltensrepertoire zum Aushalten gefühlvoller Stimmungen verfügen. Sie können mit ihren eigenen Gefühlen nicht so gut umgehen, unterdrücken diese daher und fühlen sich hilflos, wenn andere ihre Gefühle zum Ausdruck bringen.

Aber es gibt auch Menschen, die es immer wieder brauchen, sich ganz auf sich selbst zurückziehen zu können. Vor allem introvertierte Menschen beginnen zu leiden, wenn sie zu lange mit anderen zusammen sein müssen. Für sie ist der gelegentliche – oder auch regelmäßige – Rückzug notwendig, um ihr inneres Gleichgewicht halten zu können.

Letztendlich geht es bei allen Arten der Zeitstrukturierung darum, auf ein gutes, ausgewogenes Mittelmaß zu achten. Dies ist überhaupt das Geheimnis für ein beglückendes Miteinander und für ein gelingendes Leben: Extreme zu vermeiden, bzw. wenn diese ab und zu unumgänglich sind, rasch einen entsprechenden Ausgleich zu schaffen, sich wieder in die eigene Mitte einzupendeln.

2. Man kann ›*Rituale*‹ pflegen. Sie sind praktisch, weil sie den Menschen Hinweise auf ein angemessenes Verhalten geben. Wenn man sie erst einmal ›drauf‹ hat, weiß man bei jeder Gelegenheit das Passende zu sagen.

»Guten Morgen« zum Beispiel, wenn man morgens die Familienmitglieder begrüßt oder ins Büro kommt. Wenn man gerne ein bisschen mehr redet, kann man noch »schönes Wetter heute« (oder »Sauwetter«) hinzufügen. Bezieht man sich noch ein bisschen persönlicher auf die anderen, fragt man »na, wie geht's denn heute?«, wobei in diesem Fall nicht erwartet wird, dass der andere eine lange Geschichte über sein Befinden zu erzählen beginnt. Ein »recht gut« oder »na, es geht so« genügt. Denn es geht bei den ›Ritualen‹ um allgemein übliche Redensarten.

Kommt man in die Kantine, begrüßt man sich mit »Mahlzeit!«, und wenn man sich an einen Tisch setzt, an dem schon andere essen, heißt es »guten Appetit!« Am Abend verabschiedet man sich mit »tschüss«, »ciao« oder »servus« und wenn man einen gesprächigen Tag hat, kann man noch »schönen Feierabend« hinzufügen.

›Rituale‹ sind wirklich sehr praktisch, denn sie dienen den Menschen dazu, miteinander in Kontakt zu sein, ohne etwas Persönliches von sich selbst preisgeben zu müssen. Vor allem scheue oder schüchterne Menschen oder auch solche, die neu in einem Betrieb sind, sich noch fremd fühlen und sich erst einmal vorsichtig an die Kollegen herantasten, können über solche festgelegten Redensarten einen ersten, unverbindlichen Kontakt herstellen. ›Rituale‹ bieten also eine gewisse Sicherheit im Umgang mit anderen.

3. Man kann sich aber auch irgendwie die *Zeit vertreiben*. Diese Art der Zeitstrukturierung bietet viel Offenheit bei gleichzeitiger Unverbindlichkeit; zum Beispiel wenn man im Wartezimmer des Arztes eine Zeitschrift liest. So sitzt man zwar mit anderen in einem Raum, aber man entgeht der Gefahr, mit jemandem sprechen zu müssen. Viele Menschen, die abends zu müde sind, um noch ein tiefsinniges Gespräch zu führen oder eine anspruchsvolle Arbeit zu erledigen, setzen sich vor den Fernseher, um ›abzuschalten‹, sie lassen sich also unterhalten, ohne selbst für eine Unterhaltung sorgen zu müssen. Sie können natürlich auch ins Kino gehen oder zum Sport, wobei dieser oft schon mehr als ein Zeitvertreib ist, er gehört für manche Menschen bereits zur nächsten Kategorie der Zeitstrukturierung, nämlich zur Arbeit. Ähnlich ist es mit einigen Hobbys: sie können sowohl ein Zeitvertreib als auch eine, mehr oder weniger anstrengende, Arbeit sein.

4. Man kann sich einer *Arbeit* widmen. Sei es, um Geld damit zu verdienen, sei es, um sich noch besser zu fühlen. Für manche Menschen ist es sehr wichtig, stets ›nützlich‹ zu sein, etwas ›Nützliches‹

zu tun. Also zum Beispiel nach der Haus- oder Büroarbeit oder einer sonstigen Erwerbstätigkeit den Garten umzugraben, Unkraut zu rupfen – das kann auch gelegentlich Zeitvertreib sein, je nachdem, wie wichtig man den Garten nimmt –, ein Regal für die Küche zu zimmern, den alten Linoleumboden durch elegantes Parkett zu ersetzen, einen Italienischkurs zu besuchen mit dem Anspruch, einmal fließend italienisch sprechen zu können, oder an Wochenenden Weiterbildungskurse zu absolvieren usw.

Den meisten Menschen bedeutet Arbeit sehr viel, sie fühlen sich durch anspruchsvolle Tätigkeiten aufgewertet, erhöhen damit also ihr Ansehen. Menschen, die arbeitslos sind, leiden ja nicht nur unter dem Arbeitsmangel, sondern auch unter dem damit verbundenen Prestigeverlust, sie fühlen sich sozial missachtet, und es nützt ihnen nichts, wenn man ihnen sagt, sie hätten ja jetzt Zeit, etwas zu tun, was ihnen Spaß macht, sich irgendwie die Zeit zu vertreiben. Die meisten Menschen wollen das Geld, das sie bekommen, selbst verdienen, weil Arbeit ihnen den entsprechenden Platz in der Gesellschaft einräumt. Das heißt: Arbeiten zu können, zu dürfen, hat viel mit einem hohen Energieaufwand zu tun. Und es ist wichtig, dass die Energie, die einem Menschen zur Verfügung steht, mobilisiert und genutzt werden kann.

5. Man kann ›*Psychospiele*‹ inszenieren. Hierbei spielt die psychische Energie eine große Rolle. (Wir werden uns eingehender damit im Kapitel über die Psychospiele beschäftigen.) Alle Menschen haben das Bedürfnis nach mitmenschlichem Kontakt, die einen mehr, die anderen weniger. Auch diejenigen, die dazu neigen, sich eher zurückzuziehen, brauchen ein gewisses Maß an menschlicher Nähe. Da ihnen jedoch – und vielen anderen auch – der direkte, offene Kontakt Angst bereitet (wir werden im ›Spiele-Kapitel‹ lesen warum), inszenieren sie Nähe, ohne wirklich nah zu sein, stellen Kontakte her, die ihnen jederzeit ein Hintertürchen zum Entwischen lassen. Menschen mit Angst vor direkter Nähe meiden in der Regel auch Verantwortlichkeit. Sie fühlen sich so unsicher, dass sie nicht bereit sind, für das, was sie tun, wirklich die Verantwortung zu übernehmen. Die Psychospiele bieten ihnen die Möglichkeit, mit anderen etwas zu tun zu haben – mehr, als dies bei den anderen Arten der Zeitstrukturierung der Fall ist, aber weniger, als es eine unmittelbare Nähe erlauben würde. Diejenigen, die es gut verstehen,

ein Psychospiel zu beginnen, sind oft bei den anderen sehr beliebt, weil sie den potenziellen Mitspielern die Gelegenheit bieten, dass diese ihre eigenen Spiele spielen können. Die meisten Spiele brauchen einen entsprechenden Spielpartner.

(Obwohl man streng genommen ein Psychospiel auch mit sich selbst, zwischen den eigenen Ich-Zuständen spielen kann.)

6. Man kann schließlich *echte Nähe, Intimität oder Innigkeit* zulassen und selbst herstellen. Dies ist die höchste bzw. stärkste Art, mit Zeit umzugehen. Hier wird die psychische Energie ›hochgefahren‹. Wenn Menschen – das müssen nicht unbedingt Liebespartner sein, das ist auch möglich mit der Frau an der Kasse im Supermarkt, einem Taxifahrer oder sonst einem beliebigen Menschen – miteinander wirklich ganz offen, direkt, ohne Scheu und ohne Vorbehalte miteinander im Kontakt sind, dann kann man es gleichsam ›knistern‹ hören zwischen ihnen. Sie geben sich mit dem, was sie sind, in die Beziehung hinein, haben keine Angst, abgewiesen, ausgelacht, beschimpft oder gedemütigt zu werden. Sie öffnen sich einfach dem, was gerade ist, sind vollkommen präsent und ohne Hintergedanken. Das heißt, sie verfügen in diesem Augenblick, in dieser Situation über das volle Ausmaß ihrer psychischen Energie. Wenn auch der andere/die anderen diese unmittelbare Nähe zulassen, erleben die Betreffenden ein Gefühl von Freude und Wohligkeit, von Frieden und Glück. Denn eine höhere Form des Miteinanders gibt es nicht.

Leider ist diese Art der Kommunikation eher selten, oft finden nicht einmal Paare im sexuellen Akt diese Nähe. Sex kann auch als Zeitvertreib, als Arbeit oder als Psychospiel betrieben werden. Dann wird er jedoch als nicht wirklich befriedigend, als nicht erfüllend erlebt. Viele frustrierte Paare, die wegen sexueller Schwierigkeiten zur Paarberatung kommen, können keine echte Nähe miteinander zulassen. Für sie ist dann auch die sexuelle Begegnung nicht genussvoll.

Wenn Sie mögen, können Sie zum Thema Nähe einen kleinen Test machen: Wählen Sie eine Situation, in der Sie für einige Minuten nicht gestört werden, und bitten einen Ihnen vertrauten Menschen, diesen Test mit Ihnen durchzuführen. Setzen Sie sich auf zwei Stühle, die sich direkt gegenüberstehen, und schauen Sie sich zwei Mi-

nuten lang (Sie können den Küchenwecker einstellen) direkt in die Augen. Sprechen Sie nicht miteinander, sondern schauen Sie sich einfach nur direkt an. Wenn Sie das gut zwei Minuten lang durchhalten, ohne unruhig zu werden, sind Sie in der Lage, echte Nähe herzustellen. Sie werden merken, dass Ihnen bei diesem kleinen Experiment warm wird, ein Zeichen dafür, dass Ihre psychische Energie voll ›aufgedreht‹ ist.

KAPITEL 2

Skriptentscheidungen

Die Bern'sche Idee, dass die meisten Menschen ihr Leben nach einem – mehr oder weniger unbewussten – Plan ausrichten, hat der Transaktionsanalyse viel Beachtung geschenkt. Berne hat die Menschen, mit denen er psychotherapeutisch gearbeitet hat, sehr sorgfältig beobachtet und herausgefunden, dass die meisten sich nicht offen und unbefangen der jeweiligen Situation überlassen und spontan entscheiden, wie sie sich gerade verhalten wollen – was Menschen eher tun, wenn sie zu unmittelbarer Nähe bereit sind –, sondern dass sie stets schon im Vorhinein genau wissen, was gerade dran ist zu tun oder zu sagen. So, als hätten sie es einstudiert, wie ein Schauspieler seine Rolle, bzw. als hätte es ihnen jemand beigebracht. Und in der Tat ist es ja auch so: Das kleine Kind ist in seinen ersten Lebensjahren am aufnahmefähigsten für die Einflüsse von außen, es lernt enorm viel, mehr als später im Leben, es ist ganz intensiv in die Beziehungen seiner Familie eingebunden und es eignet sich die Grundbedingungen des Verhaltens über Identifikation mit den Menschen, die ihm wichtig sind, an. Man kann also sagen, es ist leicht zu ›programmieren‹. Dazu kommt, dass es Kindern in ihrer ersten Lebenszeit sehr wichtig ist, die Wünsche der Eltern zu erfüllen. Sie bringen so ein ›Eltern-Wunsch-Erfüllungs-Programm‹ gewissermaßen mit auf die Welt, was von der Evolution weise eingerichtet ist, denn die Kinder sind ja dem Wohl und Wehe ihrer Eltern ausgeliefert. So ist es nur dienlich, dass sie diesen Eltern gefallen, ihnen die Wünsche ›von den Augen ablesen‹ wollen.

»Ich sehe was, was du nicht siehst« – unausgesprochene Transaktionen

»Ich schau dir in die Augen, Mama, und ich möchte darin lesen, was du von mir erwartest«, könnte das Baby sagen. Wer kleine Kinder beobachtet, stellt fest, dass sie in ihren Wachphasen unaufhörlich mit ihren Blicken der Mutter folgen, später auch dem Vater und anderen nahen Bezugspersonen wie Geschwistern, Großeltern usw. Das Kind muss sich orientieren an dem, was die Erwachsenen ihm vermitteln, und deshalb versucht es, sehr genau herauszufinden, wie diese sich verhalten und wie sie sich ihm zu- oder auch abwenden. Das Abwenden wird vom Kind verunsichernd, enttäuschend, schmerzhaft erlebt, denn dann weiß es nicht mehr, woran es ist, es befindet sich sozusagen ›in der Wüste‹, wird orientierungslos, ja, es fürchtet, dass plötzlich seine Existenz bedroht ist. In der modernen Säuglingsbeobachtung ist durch sehr genaue Videobeobachtung bestätigt worden, dass die Mimik eines kleinen Kindes regelrecht erstarrt, wenn es wiederholt ein Abwenden der Mutter erlebt. Es dauert nicht lange, bis diese Erstarrung den ganzen kleinen Körper ergreift, die Muskeln verspannen und verkrampfen sich.

Es wird heute auf Grund solcher Beobachtungen mit den Müttern und Kindern eine ›Säuglingstherapie‹ durchgeführt, damit diese kindlichen Verspannungen nicht im Erwachsenenalter zu einem ›Charakterpanzer‹ führen.

Wendet sich die Mutter dem Kind offen zu, erlebt es das als »Ja!« zum Leben, als »Ich bin einverstanden mit dir!« und auch, bei entsprechend liebevoller und zärtlicher Zuwendung, »Es ist schön, dass du da bist, ich freue mich über dich!«

Diese Botschaften braucht das Kind wie die Luft zum Atmen, wie die Nahrung zum Wachsen. Aber so, wie das Kind andauernd atmen muss und jeden Tag mehrere Mahlzeiten braucht, benötigt es auch die zustimmenden Botschaften immer wieder, täglich viele, viele Male. Nur dann kann es gesund und selbstbewusst heranwachsen und wird die positive Grundeinstellung »ich bin o. k. – die anderen sind o. k.« entwickeln.

Da das Kind diese Botschaften noch nicht sprachlich empfangen kann, benützt es hierzu die ihm angeborenen Wahrnehmungsorgane – sehen, hören, schmecken, empfinden, fühlen. Und es sendet seinerseits ebenfalls seine Bedürfnisse, Wünsche und Reaktionen auf das, was bei ihm ankommt. Es besteht also in der ersten Lebenszeit des Kindes ein äußerst dichter averbaler Austausch zwischen ihm, der Mutter, dem Vater und den anderen Personen in seiner Umgebung.

Aber nicht nur das, was die Erwachsenen dem Kind per Gesten und Stimme vermitteln, kommt bei ihm an. Auch die Gefühle und geheimen Gedanken von Mutter, Vater und Geschwistern erreichen es. Dabei spielt es keine Rolle, ob diese Gefühle und Gedanken den Betreffenden bewusst oder ihnen unbewusst sind.

Jeder einigermaßen sensible Mensch kennt solche ›Stimmungsbilder‹, weiß aus eigener Erfahrung, dass es da, wo Menschen beieinander sind, atmosphärische Schwingungen gibt, die verdeckte Gefühle und Absichten ahnen lassen. Zum Beispiel kann ein älteres Geschwister das neu angekommene Baby hassen, es ›zum Teufel‹ wünschen, weil es ihm, wie es meint, seine Mama wegnimmt. Und auch wenn dieses Kind seine ablehnenden Gefühle nicht ausspricht, weil es fürchtet, Mama könnte ihm böse sein, wird das Baby in seinem Bettchen etwas von dieser feindseligen Atmosphäre spüren. Da es aber nicht weiß, was diese Atmosphäre, die es wahrnimmt, beinhaltet und bedeutet, wird es sie als gegeben, als normal empfinden – es kennt ja nichts anderes. Das heißt, es richtet sich sozusagen in dieser Atmosphäre ein, es übernimmt sie in gewisser Weise für sich selbst, so wie einen Geruch, der in der Luft liegt. Es ›riecht‹ dann nach dem, in dem es lebt.

Nur wenn man sich dieses äußerst komplexe und subtile Interaktionsnetz, in das ein Kind hineingeboren wird, bewusst macht, kann man die Idee eines Skripts verstehen, wie Eric Berne sie beschrieben hat. Der Eintritt in das Leben ist wie der Sprung auf eine Bühne, auf der schon ein bestimmtes Bühnenbild aufgebaut ist, auf der vor den entsprechenden Kulissen die Schauspieler das Stück aufführen, das als Vorlage für das eigene Drehbuch dient.

So findet man sehr oft in Familiengeschichten, dass sich gewisse Lebensabläufe von Generation zu Generation wiederholen, dass die Tochter auf ganz ähnliche Weise ihr Leben einrichtet wie die Mutter oder dass der Sohn ein ähnliches Schicksal erleidet wie der Vater. Das heißt: Unbewusst haben Tochter und Sohn die Entscheidung getroffen: »Ich leide auch unter Migräne wie Mama – mir darf es nicht besser gehen als Mama.« Und der Sohn kann sich – unbewusst – vornehmen: »Ich werde auch so viel arbeiten wie Papa und mich von morgens bis abends richtig anstrengen – so sieht ein richtiges Männerleben aus.«

Auf Grund von solchen Skriptentscheidungen finden dann die Ärzte, welche die ›Migränefrau‹ aufsucht, kein Mittel gegen ihre sich ständig wiederholenden Kopfschmerzanfälle, sondern können zu hören bekommen: »Ja, ja, bei meiner Mutter hat auch kein Mittel geholfen.« Und der ›Schaffer‹ wird ebenso von seiner Frau angeklagt, wie er es von seiner Mutter dem Vater gegenüber erlebt hat, dass er nie Zeit für die Familie habe, was er als völlig ungerechtfertigt erlebt, weil es doch »ganz normal ist, dass ein Mann und Vater sich für seine Familie abrackert«. Er wird Frau und Kinder für enorm anspruchsvoll halten, die über sein unermüdliches Tun hinaus auch noch Zeit von ihm erwarten.

Wenn Sie mögen,
stellen Sie sich doch eine Bühne vor, auf der das Wohn- oder Esszimmer Ihres Elternhauses aufgebaut ist. Die damalige Familie sitzt beieinander – vielleicht am Esstisch oder gemütlich im Wohnzimmer. Schauen und hören Sie einmal besonders genau hin, was Mutter und Vater tun und sagen. Finden Sie die typischen Gesten und die typischen Sätze Ihrer Eltern heraus. Was war der ständige Inhalt von Mamas Worten? Wovon wurde Vater nicht müde zu reden? Was haben die beiden Ihnen und Ihren Geschwistern über das Leben erzählt und darüber, wie man sich im Leben zu verhalten hat?
Schreiben Sie sich diese Sätze auf und schauen Sie, wie ihr Inhalt heute zu Ihrem eigenen Leben passt.

»Was sagen Sie, nachdem Sie guten Tag gesagt haben?« Prinzen/Prinzessinnen und Frösche

Den Titel ›Was sagen Sie, nachdem Sie guten Tag gesagt haben?‹ trägt das letzte Buch, das Eric Berne (1995) geschrieben hat. In ihm legt er nochmals ausführlich seine Skripttheorie dar. Ich lasse ihn einmal selbst zu Wort kommen:
Diese Frage … enthält nicht nur die Urfrage der Sozialpsychologie »Warum reden die Menschen miteinander?«, sondern zugleich auch die Urfrage der Sozialpsychiatrie »Warum wollen die Menschen so gern, dass andere sie gern mögen?« Die Antwort, die man darauf zu geben hat, ist zugleich auch die Antwort auf die Fragen, welche die vier apokalyptischen Reiter stellen: Krieg oder Frieden, Hungersnot oder Reichtum, Seuche oder Gesundheit, Tod oder Leben? Es ist durchaus nicht verwunderlich, dass nur wenige Menschen im Verlauf ihres Lebens die richtige Antwort darauf finden, denn die meisten von ihnen gehen durch das Leben, ohne jemals eine Antwort auf

die Frage zu finden, die der hier gestellten Frage vorausgeht, näm-
lich: »Wie sagt man ›guten Tag‹?«‹ (S. 17)
Was Berne damit meint, wie man richtig ›guten Tag‹ sagt? Davon
handelt sein Buch. Doch kurz gesagt, er meint
›… man muss zunächst den ganzen Ballast abwerfen, der sich seit
der Heimkehr aus der Entbindungsanstalt im Kopf des Menschen
angesammelt hat …‹ (S. 18)
Das heißt, der Mensch muss alle einschränkenden
- Botschaften (»mach es so, wie ich es dir sage!«),
- Zuschreibungen (»du bist genau wie Tante Sophie/Onkel
  Egon!«),
- Einschärfungen (»fühle nicht!«, »denke nicht!«, »sei nicht gesund!«),
- Antreiber (»beeil dich!«, »streng dich an!«, »sei stark!«, »mach
  es mir recht!«)
aufgeben und zurückfinden zu seiner ihm eigenen Art, er muss die
›Froschhaut‹ abstreifen, die dem ursprünglichen ›Prinzen‹, der ursprünglichen ›Prinzessin‹ übergezogen wurde, also sein ursprüngli-
ches Wesen befreien, seiner Individualität, seiner Einzigartigkeit
vertrauen, um unbefangen, offen, spontan den anderen begegnen
und vorbehaltlos ›guten Tag‹ sagen zu können.
- Wenn das Kind permanent Botschaften erhält, die sein Sosein
  fest- schreiben, zum Beispiel »nur wenn du die Dinge auf die Art
  und Weise machst, wie wir sie machen«, wird es sich eben mit
  der Zeit den Konventionen seiner Familie beugen und ein »richtiger Meier, Schmitt, Huber, Müller usw.« werden.
- Wenn dem Kind immer wieder gesagt wird »du bist genau wie
  Tante Sophie/Onkel Egon!« und es erlebt, dass Mama auf ihre
  Schwester Sophie oder ihren Bruder Egon nicht gut zu sprechen
  ist, weil sie diese vielleicht als unzuverlässig, faul oder sonst wie
  ›nicht o. k.‹ erlebt, wird das Kind sich mit dieser Tante, diesem
  Onkel identifizieren und genau das tun, was Mama bemängelt,
  oder es wird ganz übertrieben das Gegenteil dieses Mangels anstreben. Es entfernt sich in beiden Fällen jedoch von sich selbst.
- Wenn dem Kind in Haltung, Gestik und Worten eingeschärft
  wird, dass »fühlen Schwäche bedeutet«, »Mädchen nicht denken
  können«, »krank sein in unserer Familie ein unausweichliches
  Schicksal ist«, dann wird das Kind diese Einstellung als seine
  eigene übernehmen und die Selbstentfremdung nicht bemerken.

– Wenn das Kind dann zusätzlich noch getrieben wird, möglichst perfekt zu sein, ein bestimmtes Tempo vorzulegen, alles mit viel Anstrengung zu erledigen, nur die Wünsche der anderen zu erfüllen, nicht auf seine eigenen zu achten, dann ist vom ursprünglichen Prinzen, von der ursprünglichen Prinzessin nicht mehr viel übrig geblieben, dann sieht man nur noch traurige, quakende Frösche umherhüpfen.

Hierzu ein Beispiel:
Ein vierjähriges Mädchen soll sich rasch anziehen, weil Mutter mit ihm und dem zweijährigen Bruder zum Einkaufen gehen möchte. Obwohl die Kleine sich schon recht gut alleine anziehen kann, will sie es heute nicht tun, weil sie erstens nicht gerne in das Gewühle des Supermarkts geht, wo sie sich stets so verloren vorkommt, und weil sie zweitens eifersüchtig auf den Bruder ist, der von Mutter angezogen wird. Zuerst versucht sie auf direktem Wege, das ihr Unangenehme loszuwerden, und sagt, dass sie sich nicht anziehen will. Mutter besteht jedoch ungeduldig darauf.

Am liebsten würde die Kleine jetzt wütend brüllen, dass sie keine Lust hat mitzugehen und dass ihr das übertriebene Getue mit ›Mamas Liebling‹ gewaltig stinkt, doch sie verdrängt ganz schnell ihren Zorn, weil sie Angst hat, damit Mamas Zuneigung vollends zu verlieren. Tapfer holt sie also ihre Sachen und versucht, so gut es eben geht, sich anzukleiden. Sie macht dies jedoch – unbewusst – so langsam und umständlich, dass sie längst nicht fertig ist, als Mutter nach einer Weile kommt. Mit hochrotem Kopf, sichtlich angestrengt, die Schuhe verkehrt an den Füßen, steht die Kleine da – ein Bild zum Erbarmen. Flehentlich schaut sie die Mutter an, mit einem Blick, der sagt: »*Ich gebe mir doch die größte Mühe!*« Damit besiegt sie nicht nur den Ärger, sie provoziert auch Mitleid und Schuldgefühle in der Mutter (die natürlich ihrerseits dafür ›anfällig‹ ist) und wird jetzt von Mama fertig angezogen.

Psychodynamisch gesehen hat die Kleine nun die ersehnte Zuwendung der Mutter erhalten, überdies ist sie frei von aggressiver Schuld (sie war ja eigentlich wütend auf Mutter und Bruder). Und sie schuf sich einen kleinen Freiraum vor künftigen Verpflichtungen, denn Mutter sieht ja jetzt, dass sie doch noch recht klein ist, und wird ihr nicht so schnell wieder etwas aufladen, was das Kind – vermeintlich – anstrengt. Aber: sie ist jetzt keine Prinzessin mehr, sondern ein ›quakender Frosch‹.

Das Drehbuch wird geschrieben ...
die ›Bühnenlaufbahn‹ beginnt

Denn wenn dieses Mädchen zur Frau herangewachsen ist, wird sie höchstwahrscheinlich weiter nach diesem Muster leben. Sie wird sich immer wieder mit – scheinbar! – schwierigen Situationen konfrontiert sehen, die in ihr auslösen:»Ich kann das nicht, ich bin hilflos.« Statt sich positiv und aktiv mit der gestellten Aufgabe oder den Forderungen anderer auseinander zu setzen, wird sie versuchen, die Situation mit passivem Widerstand so zu ›entschärfen‹, dass sie sich nicht mit ihren wahren Gefühlen zu konfrontieren braucht.

Die Botschaften, Zuschreibungen, Einschärfungen und Antreiber bewirken, dass das Kind sich bis zu seinem fünften, sechsten Lebensjahr ein Bild von der Welt gemacht hat. Da seine Familie ja zuerst einmal seine kleine Welt ist, wird es annehmen, dass es so wie in der Familie auch in der weiteren Welt zugeht. Diese Annahme wird es in Geschichten, die es hört, Märchen, die ihm vorgelesen werden, entsprechenden Sendungen, die es im Fernsehen sieht, bestätigt finden. Die Bilder, die in den Bezugsrahmen passen, den sich das Kind gebildet hat, wird es besonders beachten und in seinem kleinen Kopf zu einem ganz bestimmten ›Drehbuch‹ verarbeiten.

Denn in den Geschichten der frühen Kindheit, also im Vorschulalter, wird das Thema des weiteren Lebens besonders eindrucksvoll deutlich. In diesem Alter sind Kinder sehr aufnahmebereit für alles, was um sie herum geschieht, sie beobachten genau die Menschen, mit denen sie zu tun haben, vor allem natürlich Mutter, Vater und Geschwister, und: sie treffen eine, später meist nicht mehr bewusste, Entscheidung.

Zum Beispiel kann ein Kind sich sagen: ›Ich werde nie mehr meine Gefühle zeigen‹, wenn es erlebt hat, dass seine Gefühle nicht ernst genommen werden. Und als Erwachsene/r wird dieser Mensch dann als überwiegend rational denkend oder gar als gefühlskalt von anderen wahrgenommen.

Oder ein Kind sieht, dass jemand in der Familie oft krank ist und deswegen besonders viel Aufmerksamkeit erhält. Es kann sich vornehmen: ›Ich werde auch oft krank sein, dann kümmern sich die anderen um mich.‹

Oder – das ist manchmal bei einem Kind der Fall, das als jüngstes in einer Familie aufwächst – es spürt, dass Mama es am liebsten immer bei sich haben, es nicht eines Tages hergeben möchte, dann kann es sich vornehmen: ›Ich verlasse Mama nie. Am besten, ich werde gar nicht wirklich erwachsen.‹ Daraus wird dann möglicherweise ein Mensch, der auch im Alter noch kindlich wirkt und von anderen Menschen, z. B. in seinen Partnerschaften, auf ungesunde Weise abhängig bleibt.

Wir nennen diese Schlussfolgerung, die das Kind aus dem zieht, was es in der Familie erlebt – es gibt natürlich noch viel mehr als die hier kurz geschilderten –, seine ›Skriptentscheidung‹. Sie ist maßgebend für den, oft noch unbewussten, persönlichen Lebensplan, denn die Gefühlsreaktionen und Verhaltensweisen werden um die entsprechende Entscheidung herum aufgebaut.

Als Vor-Bilder, um so ein ›Lebensdrehbuch‹ innerlich ›schreiben‹ zu können, sucht sich das Kind aus den Geschichten, die es hört, diejenigen aus, die zu seiner jeweiligen Entscheidung passen.

Zum Beispiel kann sich ein kleines Mädchen, das sich überfordert fühlt, mit der armen Müllerstochter im Märchen ›Rumpelstilzchen‹ identifizieren und dieses Märchen dann zu seinem Lieblingsmärchen erklären, weil es darin beschrieben findet, wie ihm in seiner Not doch geholfen wird.

Oder ein kleiner Junge erlebt, dass seine Mama oft traurig ist, er sieht sie weinen, und er beschließt, ganz schlau zu werden und viel für Mama zu tun, wie zum Beispiel das ›Rumpelstilzchen‹.

So werden die Märchen und Geschichten für das Kind zu Leitbildern für ein bestimmtes Lebensmuster. Es projiziert sowohl seine innere Not als auch seine Hoffnung, die Möglichkeit der Erlösung, auf die Gestalten, die ihm das Märchen vorstellt.

Besonders eindrucksvoll wird die Verwandlung vom Frosch zum Prinzen und zur Prinzessin in den Märchen ›Der Froschkönig‹ und ›Die Froschprinzessin‹ dargestellt. Mein Kollege Hans Jellouschek (2001), ebenfalls Transaktionsanalytiker, hat diese beiden Märchen unter dem Gesichtspunkt der Skriptentscheidung sehr ansprechend interpretiert.

Die Macht des Schicksals und die Freiheit der Einsicht

Wenn wir die Skriptentscheidung bzw. das Skript in seiner ganzen Tragweite verstehen wollen, schauen wir uns am besten die Dramaturgie der alten griechischen Schauspiele an. Wir werden sie auch noch im Kapitel über die Psychospiele genauer kennen lernen. Die Dichter der damaligen Zeit und nach ihnen unzählig viele andere haben ja ihre Stücke nach dem aufgebaut, was sie in den persönlichen Leben der Menschen beobachtet und herauskristallisiert haben. Oberflächlich gesehen, scheint jedes persönliche Leben vollkommen verschieden von dem anderer Menschen zu verlaufen. Doch wenn man genauer hinschaut, lässt sich schnell ein Muster entdecken, das alle Lebensläufe durchzieht.

So gibt es in den großen literarischen Geschichten – ähnlich wie später in den Märchen – ganz bestimmte Rollen, die zu besetzen sind:
1. die Rolle des Helden/der Heldin,
2. die Rolle des Widersachers/der Widersacherin,
3. die Rolle des Retters (im Märchen sind es oft hilfreiche Tiere),
4. die Rolle des Opfers,
5. verschiedene Personen, die dem Ganzen als Rahmen dienen.

Es erübrigt sich wohl zu sagen, dass jeder Mensch in seinem eigenen Leben die Hauptrolle spielt – den Protagonisten, den Helden/die Heldin im Märchen –, jedoch auch die entsprechenden anderen Rollen im Leben der Menschen einnimmt, mit denen er/sie in irgendeiner Art in Beziehung steht. So ›spielen‹ beispielsweise KlientInnen die Rolle des Opfers und erwarten vom Therapeuten/von der Therapeutin, dass diese die Rolle des Retters/der Retterin übernehmen. Falls die Therapie schief geht, können sie die ›gescheiterten‹ Retter in ihren Drehbüchern schnell in die Rolle der Verfolger setzen. Wir werden uns im Kapitel über die Spiele mit dieser Dynamik noch näher befassen.

Die griechischen Dichter, wie Aischylos, Sophokles, Euripides usw., haben ihre Dramen auf der Beobachtung und Erfahrung aufgebaut, dass der Mensch nicht Herr seiner selbst, sondern einer Macht, die wir auch heute noch ›Schicksal‹ nennen, unterworfen ist. Allerdings verfügt er dennoch über eine gewisse Freiheit, dieses Schicksal zu beeinflussen und so zu gestalten, dass es ihm zur Freude und nicht zur Last oder zum Zwang wird. Diese Freiheit findet er in dem, was die Griechen ›Sophrosyne‹, nämlich ›Einsicht‹, genannt haben. Wir können zur Einsicht auch ›Weisheit‹ sagen. Begründet wird die Einsicht vorwiegend auf das ›Maßhalten‹, d. h. auf die Weisheit, nicht über das Ziel ›hinaus zu schießen‹, sich nicht in Einseitigkeiten zu verlieren, sondern immer wieder darauf zu achten, zur Mitte zurückzukehren, den ›goldenen Mittelweg‹ zu gehen. Der ›Sophrosyne‹ steht die ›Hybris‹ gegenüber, die ›Maßlosigkeit‹, die zur Überheblichkeit, zur Blindheit für die Realität und letztlich ins Unglück, ins Verderben führt.

Dies war auch die Lehre Buddhas, der den Menschen den ›Mittleren Pfad‹ empfohlen hat, welcher frei von Gier und Hass ist, der nur durch Maßhalten in die Seligkeit des ›Nirvana‹ führen kann.

Die Rolle des Retters wurde in den griechischen Dramen durch den Chor vertreten, der stets die Aufgabe hatte, den Helden/die Heldin zum Maßhalten zu ermahnen.

Wenn wir uns nun bestimmte Lebensläufe von Menschen anschauen, die zur Psychotherapie, zur Lebensberatung kommen oder ein Kommunikationstraining absolvieren wollen, sehen wir sehr schnell – wenn wir gelernt haben, auf diesen Punkt genau zu achten –, wodurch die Schwierigkeiten, Störungen oder Krankheiten verursacht sind. Dass nämlich eine bestimmte Seite der Persönlichkeit von einem Extrem geprägt ist, dass sich in das Denken dieser Menschen ein starres Prinzip, eine Ideologie eingeschlichen hat, die das psychische System gleichsam in eine Schieflage bringt, wie z. B. ein Segelboot, das die Segel zu sehr der Windseite ausgesetzt hat, vor allem wenn ein starker Wind weht. Und manchmal kann es im Leben auch stürmen, dann ist das Aussteuern zur Mittellage hin besonders wichtig.

Unter diesen Gesichtspunkten betrachtet, stellt sich das ›Skript‹ oder ›Lebensdrehbuch‹ eines Menschen also folgendermaßen dar: Das Kind wird zu einer bestimmten Zeit in eine bestimmte Familie hineingeboren, die ihrerseits in eine bestimmte Gesellschaft eingebunden ist. An diesen Voraussetzungen kann das Kind nichts ändern – und auch später der Erwachsene nicht –, das ist sein Schicksal. Aber aufnahme- und lernbereit, wie das Kind von Natur aus ist, findet es sehr schnell heraus, wie es das Beste aus dieser schicksalhaften Konstellation machen kann. Das Beste heißt für das Kind: möglichst viel Aufmerksamkeit und Bestätigung auf sich zu ziehen, denn diese sichern sein Leben. Hat es genügend Erfahrungen in der

Umgebung gemacht, die sein Schicksal ist – das ist zwischen dem vierten und sechsten Lebensjahr der Fall –, trifft es die Entscheidung für eine ganz bestimmte Einstellung dem Leben gegenüber, die von da an sein Verhalten den Menschen gegenüber, mit denen es zu tun hat, bestimmt.

Von Mutter und Vater verwünscht?
Sind Eltern Hexen und Zauberer?

Es mag sein, dass manche elterliche Direktiven wie eine Verwünschung oder ein Fluch auf das Kind wirken und dieser Mensch sich in seinem Leben gefangen fühlt, ohne zu wissen, was eigentlich die Ursache dieser Enge ist. So wie sich der treue Diener im Märchen ›Der Froschkönig‹ drei Eisenringe um sein Herz gelegt hatte, nachdem sein Herr, der Königssohn, in einen Frosch verzaubert worden war. Diese drei Eisenringe sollten sein Herz zusammenhalten, das durch den Schmerz, den er erlebte, zu zerbrechen drohte.
Auch Kinder können solchen Schmerzen ausgesetzt sein, wenn sie das innere Leid ihrer Eltern spüren. Die meisten Eltern wollen ja nichts Böses für ihr Kind, sie sind keine Hexen und Zauberer, die nichts anderes im Sinn haben, als Kinder zu verwünschen. Doch wenn sie selbst nicht frei und glücklich sind, können sie Freiheit und Glück nicht an ihre Kinder weitergeben.
Es gibt aber auch Eltern, die das Glück hatten, selbst bei liebevollen, verständnisvollen Eltern aufzuwachsen, und die dann ihrerseits ihren Kindern diese Lebensqualität mit auf den Weg geben. Aber auch sie vermitteln ihren Kindern ein ganz bestimmtes Beziehungsmuster. Das kann gar nicht anders sein, denn Beziehungen sind die Grundlagen des Lebens überhaupt. So hat jede Familie nicht nur ihren ganz eigenen ›Geruch‹, den man – wenn man die entsprechende Sensibilität und Wachsamkeit dafür entwickelt hat – wahrnehmen kann, nachdem man durch die Haustür die Wohnung betreten hat; sie trägt auch ihr ganz eigenes Beziehungsmuster. Das ist der in jedem Kopf eines Menschen gespeicherte Referenzrahmen, denn niemand ist mutterseelenallein auf einer einsamen Insel aufgewachsen, sondern kommt aus einer bestimmten Familie und ist durch diese Familie hindurchgegangen, welche ihrerseits geprägt

vom entsprechenden Familien-›Wappen‹ denkt und handelt, auch wenn dieses Wappen nicht äußerlich sichtbar an der Wand hängt. Und so ist es auch nicht möglich, dieses ›Wappen‹, diesen ›Geruch‹, diese ›Prägung‹ – oder wie immer man die ersten Lebenseinflüsse nennen mag – loszuwerden. Selbst eine intensive psychotherapeutische Behandlung, eine lange, sehr gründliche Psychoanalyse vermag dies nicht oder kaum. Die einzige Möglichkeit, die frühen Botschaften zum Wohl des weiteren Lebens zu wandeln und konstruktiv einzusetzen, besteht darin, sie kennen zu lernen, um das Fördernde, das sie immer auch enthalten, zu entdecken und bewusst in das Leben heute einzubauen. Das ist nicht so schwierig, wie man im ersten Moment denken könnte. Auch Menschen, die als Kind nicht erwünscht waren von den Eltern, die vielleicht im Mutterleib schon abgetrieben werden sollten, die grob vernachlässigt oder weggegeben wurden, können die Erfahrung machen, dass es eine mächtigere Instanz als die eigenen Eltern gibt. Und diese Kraft wollte und will, dass sie leben. In der Psychologie C. G. Jungs heißt diese Instanz das ›große Mütterliche‹ oder die ›Große Mutter‹. Dieser Archetyp, der universell gegeben ist, bildet die Grundlage des Lebens selber, er ist das Leben an und für sich. Wer sich dem überpersönlichen Mütterlichen anvertraut, kann nie herausfallen aus der Geborgenheit der mütterlichen Liebe des Lebens.

Deshalb geht es – meiner Ansicht und Erfahrung nach – in der Psychotherapie nicht darum, irgend etwas ›loszuwerden‹ – eine Botschaft, eine Einschärfung, einen Antreiber usw. –, sondern darum, das Grundmuster des Verhaltens und die entsprechenden Überzeugungen dazu im Kopf kennen zu lernen, es erst einmal anzunehmen als sein eigenes, ganz individuelles ›Lebensdrehbuch‹ und dann aus diesem Grundmaterial etwas Gutes und Schönes zu gestalten. Es gilt, das Schicksal anzunehmen und mit ›Sophrosyne‹ zu versehen, es ohne ›Hybris‹ zu leben, damit die Lebensfreude darin einen zentralen Platz finden kann. Vom römischen Philosophen und Dichter ›Seneca‹ ist der weise Spruch überliefert: ›Den Willigen führt das Schicksal, den Unwilligen zerrt es.‹

Wenn Sie mögen,
können Sie einmal schauen, ob Sie Ihr persönliches Skriptmuster,
Ihr Lebensdrehbuch in Ihrem Lieblingsmärchen entdecken.
An welche Ereignisse erinnern Sie sich, als Sie vier oder fünf Jah-

re alt waren? Wie haben Sie sich damals in der Familie, in der Sie aufgewachsen sind, erlebt? Am besten, Sie schreiben erst einmal alles auf, was Ihnen einfällt.

Welches Märchen oder welche Geschichte hat Ihnen in der Zeit, bevor Sie in die Schule gegangen sind, besonders gefallen, welches hat Sie am meisten fasziniert, welches wollten Sie immer wieder hören? Schreiben Sie eine kurze Inhaltsangabe dieses Märchens oder dieser Geschichte aus dem Gedächtnis auf, nach dem, was Sie daraus noch erinnern. Sie soll wirklich nur kurz sein, fassen Sie das für Sie Wesentliche in wenigen Sätzen zusammen.

Falls Ihnen darüber hinaus noch ein Buch, Theaterstück, Kinofilm einfällt, das/den Sie in der Zeit der Pubertät, also zwischen 12 und 18 Jahren, sehr beeindruckt hat, schreiben Sie auch eine kurze Zusammenfassung darüber.

Und wenn Sie dann noch Lust zu weiteren Recherchen über Ihren unbewussten Lebensplan haben, überlegen Sie, welche Geschichte Ihnen in den vergangenen zwei bis drei Jahren wichtig war, und verfahren mit ihr wie mit der Zusammenfassung des Märchens und der Pubertätsgeschichte.

Anschließend können Sie schauen, ob Sie ein gemeinsames Thema zwischen dem Märchen und der Geschichte aus den vergangenen zwei bis drei Jahren entdecken.

Formulieren Sie aus diesem Thema einen Satz und schauen Sie, wie er zu Ihrem bisherigen Leben passt. Das Thema der Pubertätsgeschichte wird auch entweder ähnlich sein, oder es zeigt eine Gegenposition auf. Denn die Adoleszenz ist oft eine Zeit der Rebellion und da konstelliert sich im Heranwachsenden eine Tendenz, das Alte, Vertraute aufzubrechen, die bis dahin abgelehnte Seite – oft ist es die ureigene, die den Eltern zuliebe unterdrückt wird – in das Verhaltensrepertoire mit aufzunehmen.

Die Lieblingsgeschichte aus der Pubertät kann also, falls das Lieblingsmärchen aus der Kindheit und die bevorzugte Lektüre aus jüngster Zeit eine Einseitigkeit und damit eine Einschränkung des Lebendigseins aufweisen, die Lösung beinhalten.

Wenn Sie so Ihr Lebensthema gefunden haben, überlegen Sie, ob es so gut ist für Sie, ob Sie es beibehalten oder ob und in welcher Weise Sie es verändern wollen.

KAPITEL 3

Lieblingsgefühle und Rabattmarken

In eine transaktionsanalytische Ausbildungsgruppe kommt ein neuer Kandidat. Nachdem er längere Zeit nur schweigend zugehört hat, sagt er ärgerlich: »Ich finde es nicht gut, wie ihr über die Patienten redet. Ihr sprecht von Ersatzgefühlen, Lieblingsgefühlen, Gefühlsmaschen, Ausbeutungstransaktionen, Spiele spielen – das wird doch den leidenden Patienten nicht gerecht.«
Die anderen Teilnehmer/Teilnehmerinnen lächeln verstehend, einige denken daran, dass es ihnen anfangs ähnlich gegangen ist.
In die nächste Gruppensitzung bringt der neue Kandidat einen eigenen Behandlungsfall zur Supervision mit. Sein Anliegen formuliert er – wieder in ärgerlichem Tonfall – folgendermaßen: »Ich komme mit dieser Patientin nicht zurecht. Jede Therapiestunde beginnt sie mit Weinen, obwohl das, was sie erzählt, gar nicht so traurig ist. Ich weiß, dass ich als Therapeut noch mehr Verständnis für ihre Traurigkeit haben müsste, aber bei mir löst sie eher Ärger aus – was kann ich da machen?«
Ob die Ausbildungsleiterin oder ein Gruppenteilnehmer nun auf das zum Ausdruck gebrachte Gefühl der Patientin (trauriges Weinen) oder des Kandidaten (ärgerlicher Tonfall) eingehen – in beiden Fällen handelt es sich um die Konfrontation eines Ersatzgefühls. Diese Ersatzgefühle werden auch ›rackets‹ genannt.

»Ohne dich kann ich nicht leben ...« und andere Etiketten-Schwindel

Das englische Wort ›racket‹ heißt sowohl ›Tennisschläger‹ als auch im Ausspruch ›it's a racket!‹ – ›das ist ein Schwindel‹. Beide Bedeutungen treffen auf die Lieblings- oder Ersatzgefühle zu. Wie die Maschen des Tennisschlägers den Ball auffangen und ihn zurückwerfen, dienen die geäußerten unechten Gefühle dazu, die anderen einzufangen in das entsprechende Beziehungsmuster der Person, die ›den Ball wirft‹. Wie die Patientin im oben geschilderten Fall sehr

›treffend‹ ihren Therapeuten ›einfängt‹, denn beide schwelgen bei dieser Transaktion in ihren Lieblingsgefühlen, sie spielen gewissermaßen ihr gewohntes Match. Nur dass es ein ›Schwindel‹ ist, wissen beide noch nicht. Es ist deshalb ›falsch‹, weil es situationsunangemessen ist.

Die unechten Gefühle – die aber von dem, der sie gerade erlebt, durchaus als echt empfunden werden – haben, unabhängig von der Art des Gefühls, folgende Charakteristiken, an denen man sie erkennen kann:

1. sie sind der Situation *unangemessen*, oft aufgebauscht;
2. sie treten *wiederholt*, aus den verschiedensten Anlässen heraus auf;
3. sie werden *bevorzugt* erlebt (daher der Name Lieblingsgefühl);
4. sie wirken *manipulativ* bis erpresserisch auf den/die anderen.

Die Ersatzgefühle sind ›Ersatz‹ für ein anderes, das echte, adäquate Gefühl, das nicht direkt zugelassen werden darf, weil es in der Kindheit als nicht erwünscht oder unerlaubt gegolten hat.

Der Ausbildungskandidat z. B. hat als kleiner Junge seinen Vater vorwiegend ärgerlich und wütend erlebt – was dieser als ›Stärke‹ wertete –, vor allem dann, wenn er selbst sich ängstlich und unsicher zeigte. Dann pflegte der Vater zu sagen: »Ein richtiger Junge muss sich wehren!« Seither wehrt sich der Junge, obwohl er schon längst erwachsen und das Wehren gar nicht immer angebracht ist, statt seine nach wie vor bestehende Unsicherheit und Ängstlichkeit zu spüren.

In der Familie der vorgestellten Patientin war es die Mutter, die für die Konditionierung der Gefühle ihrer Kinder sorgte. Durch ihre zur Schau getragene Hilflosigkeit, meist von vielen Tränen begleitet, bekam sie von ihrem Ehemann und den Verwandten alles, was sie haben wollte: Zuwendung, hilfreiche Unterstützung für Aufgaben, die ihr unangenehm waren, und sogar Bewunderung für ihre ›unwiderstehliche Weiblichkeit‹. Kein Wunder, dass ihre Töchter – eine ist die erwähnte Patientin – ihr nacheiferten. Dass hinter dem traurigen Gesicht und der Tränenflut eine Menge Wut verborgen war, konnte im Laufe der Therapie gut herausgearbeitet werden.

Auf diese Weise ergänzten sich der Therapeut und die Patientin: er empfand ihre verborgene Wut und sie spiegelte ihm seine nicht zugelassene Unsicherheit. Sie spielten sich die erwünschten Bälle zu und fühlten sich auf eine ›schaurig-schöne‹ Art ganz wohl miteinander – obwohl oder weil sie den anderen anklagen konnten: »Er versteht mich nicht!« – »Sie tut nicht, was ich ihr sage!«

In vielen Beziehungen – Partnerschaften, Ehen, Eltern-Kind-Beziehungen – werden solche ›Matches‹ ausgetragen, zum ›heimlichen‹ Vergnügen und ›unheimlichen‹ Leid der Betreffenden. Dann kommt man nicht voneinander los, weil man sich so passend ineinander ›verhakelt‹ hat.

Für ein Kind bedeutet die Bestätigung eines bestimmten Gefühls und des damit verbundenen Verhaltens: »So bist du in Ordnung!« Und da die meisten Kinder so sein sollen, wie die Eltern sie haben wollen (»du bist gar nicht traurig, du bist nur müde!« oder »du bist gar nicht wütend, komm her, mein kleiner Engel und lass dich trösten!« oder »das kann gar nicht weh tun – lach wieder!«), bilden sie die Überzeugung: »So bin ich nun einmal!« Zum Beispiel ein ›richtiger Junge‹, wie der Vater ihn sich vorstellt, oder eine ›echte Eva‹, zart, hilflos und so schön traurig.

Doch was geschieht, wenn im Erwachsenenleben nicht alle Menschen von der ›echten Eva‹ beeindruckt sind oder dem ›richtigen Mann‹ Widerstände entgegengesetzt werden? Oder wenn sich natürlicherweise von innen her Gefühle melden, die ›nicht zu mir gehören‹?

Damit das Selbstbild nicht in Frage gestellt wird, man sich nicht einzugestehen braucht, dass Gefühle und Bedürfnisse da sind, die als minderwertig erklärt wurden, wird Abwehr eingesetzt, denn die (kindliche) Schlussfolgerung: »so darf ich ja nicht sein!« löst existentielle Bedrohung aus. Da jedoch jeder Mensch zum Leben Beachtung von anderen braucht, entwickelt er ganz bestimmte Arten, diese Zuwendung unter *Wahrung seines Bildes von sich selbst* zu erreichen. Im Kapitel über die Spiele werden wir uns noch näher damit beschäftigen.

Um selbst herauszufinden – sowohl als TherapeutIn oder Gruppenmitglied als auch im häuslichen oder beruflichen Kreis –, ob das Gefühl, das der/die andere zeigt, echt ist, braucht man nur das eigene Gefühl aufmerksam wahrzunehmen. Dies ist auch wichtig, um bei sich selbst zwischen echten und unechten Gefühlen unterscheiden zu können. Das Gefühl in der Magengegend sagt immer genau, was stimmt und was nicht. Darüber hinaus gibt auch der Verstand wertvolle Hilfestellung: das echte Gefühl ist der Situation wirklich angemessen, das unechte weicht davon – mehr oder weniger weit – ab.

Ganz deutlich kann ein echtes Gefühl von einem unechten bei der Angst unterschieden werden. Wenn jemand vor (harmlosen) Spinnen oder Mäusen Angst hat, mag diese Angst eine frühkindliche Ursache aufweisen, doch dieses Gefühl ist unecht, weil keine wirkliche Bedrohung besteht. Wenn jemand aggressiv in unangemessenem Tempo auf der Autobahn rechts überholt und zu dicht auf die vorderen Autos auffährt und behauptet, dies würde ihm/ihr Freude bereiten, dann ist diese Freude unecht, wohingegen Angst das angemessene Gefühl wäre.

Wenn Sie mögen,
achten Sie doch in nächster Zeit einmal besonders auf Ihre Gefühle. Nehmen Sie sehr aufmerksam das wahr, was in Ihrem Bauch – so in der Magengegend – geschieht. Sie können sich, wenn Sie nicht auf eine passende Gelegenheit warten wollen, auch irgendeine Situation aus Ihrer Vergangenheit vorstellen, in der Sie mit heftigen Gefühlen reagiert haben. Versuchen Sie, sich zu erinnern, welche Gefühle damals in Ihnen aufgestiegen sind, und schauen Sie heute, ob diese wohl angemessen gewesen waren.

Das Erkunden der eigenen Gefühlsreaktionen bewirkt, dass Sie feinfühliger für die Reaktionen Ihrer Mitmenschen werden, was für die Klärung von Beziehungsstörungen sehr bedeutsam sein kann.

»Du wirst schon noch sehen, was du davon hast ...« oder: »Sie werden noch mal froh sein, mich gekannt zu haben ...«

Da der Handel mit den Lieblingsgefühlen so schön ist – schließlich hat man ihn früh gelernt und von klein auf praktiziert –, machen manche Menschen ein richtiges Geschäft mit ihnen. Sie ›denken‹ sich: »Eigentlich ist es schade, wenn ich dieses bittersüße Gefühl gleich ausspiele. Ich hebe es mir lieber auf, ich sammle noch mehr von diesen schönen Gefühlszuständen ... und löse sie später alle auf einmal ein.« Es ist wie beim Kartenspiel, wenn man die Asse sammelt, oder wie mit dem Anlegen von Aktien. Man möchte mehr für seinen Einsatz, möchte ›ein Schnäppchen machen‹. Das geht auch mit Lieblingsgefühlen.

Zum Beispiel so: Die Kinder in einer Familie wissen, dass sie für ganz bestimmte Hausarbeiten zuständig sind – Getränke aus dem Keller holen, den Müll zur Tonne tragen, das Geschirr nach dem Essen abtragen, die Spülmaschine ausräumen usw. Manchmal erfüllen sie diese Aufgaben sofort, manchmal nicht. Manchmal ermahnen Mutter und Vater sie gleich, wenn die entsprechende Arbeit nicht getan wurde, manchmal nicht. Bei ›manchmal nicht‹ sammeln sowohl die Kinder als auch die Eltern ihre entsprechenden Gefühle. Die Kinder finden, die Eltern sind zu anspruchsvoll, die Eltern meinen, die Kinder sind zu bequem. Beide ärgern sich über die jeweils anderen. Diesen Ärger äußern sie aber nicht immer direkt, sie sammeln ihn. Und wenn ›das Fass voll ist‹, wird gleich eine große Menge Ärger eingelöst. Dann tobt der Vater, die Mutter bricht in Tränen aus, die Kinder sind nun ›zu Recht‹ beleidigt und können den Eltern zeigen, ›welche Tyrannen‹ diese sind.

Dann ist das seelische Gleichgewicht wiederhergestellt und die Beteiligten können daran gehen, ein neues ›Rabattmarkenheftchen‹ – ›Payback‹ heißt das heute – anzulegen, in das sie ihre Gefühlsmärkchen kleben, so lange, bis es voll ist und eingelöst werden kann.

In diesem Fall sammeln die Betreffenden Ärgergefühle, ihre imaginären Heftchen sind braun. Eine Frau zum Beispiel, die sich von ihrem Mann immer wieder demütigen oder gar schlagen lässt, ohne sonderlich aufzumucken, sammelt blaue Trauer- oder Schmerzmärkchen und löst ihr gefülltes Heftchen dann ein, indem sie ins Frauenhaus zieht. Graue Wutmarken können auch mehrere Heftchen füllen, und das Einlösen eines ganzen Stapels kann einen Selbstmord rechtfertigen.

Es gibt aber auch weiße Märkchen: eine Frau, die weiß, dass ihr Mann sich keine Geburtstags- und Jubiläumsdaten merkt, verschweigt ihm absichtlich das Herannahen eines solchen Datums und tröstet dann überlegen den Zerknirschten – »hättest du mich gefragt … ich hätte dir helfen können …«.

Auch goldene Rabattmarken erfreuen sich großer Beliebtheit: Jemand tut sehr viel für andere, setzt sich ein für einen guten Zweck, investiert viel Zeit in einem Wohltätigkeitsverein oder in Öffentlichkeitsarbeit, ohne davon direkt zu profitieren. Sein/Ihr Lohn ist das befriedigende Gefühl, ein selbstloser, hilfreicher Mensch zu sein. Diese Menschen sind nicht zu verwechseln mit denen, die bunte Heftchen sammeln, indem sie scheinbar viel für andere tun, doch von Zeit zu Zeit ihre Stapel mit Anklagen »da sieht man's wieder einmal: Undank ist der Welt Lohn!« einlösen, in welchen sie Ärger-, Trauer-, Wut- und Angstgefühle gesammelt haben. Sie, heißt es in der Transaktionsanalyse, leben ein ›Märtyrer-Skript‹.

Der Sinn des Sammelns solcher ›Gefühls-Rabattmarken-Heftchen‹ besteht im natürlichen Bedürfnis des Menschen nach einem gewissen ›excitement‹, also in der Lust nach ein bisschen Aufregung, Freude am Spielen. Das heißt, psychodynamisch gesehen, das Energie-Niveau des Entsprechenden wird durch solche Aktionen erhöht. Vor allem Menschen, die zu Depressionen neigen, brauchen von Zeit zu Zeit Energieschübe, die sie durch das Einlösen eines Heftchens bekommen. Was nicht heißt, dass diese Art von excitement unbedingt angenehm, spielerisch-leicht sein muss. Im Gegenteil, oft wird das Leben durch solche Transaktionen auch schwerer. Und sie können überdies gefährlich sein: wenn zum Beispiel das Energieniveau in einer Depression so weit abgesunken ist, dass ein sehr hoher Schub notwendig wird, der zum Selbstmord oder zum 'Ausbruch einer schweren Erkrankung führen kann.

Hier stellt sich natürlich die Frage, ob es eine gesunde Alternative zum Sammeln und späteren Einlösen von solchen ›Ersatzgefühls-Rabattmarken‹ gibt. Die gesunde, gute Alternative, sowohl zu den ›Rabattmarken‹ als auch zu den Psychospielen, kann nur die freie, offene Begegnung mit anderen sein, aber auch die wahrhaftige, liebevolle Beziehung zu und mit sich selbst. Im unmittelbaren Kontakt, in direkter, unverstellter Beziehung zu sein, ist das Heilmittel par excellence. Es gibt kein besseres. In der psychotherapeutischen Beziehung wird diese Medizin angewendet. Dies ist der Auftrag und die Aufgabe der Psychotherapeuten: das Heilmittel ›Beziehung‹ in der jeweils passenden und richtigen Dosierung, d. h. im Wissen um das rechte Maß von Nähe und Distanz bei offener, ehrlicher Zuwendung, anzubieten. Im zweiten Teil des Buches kann man mehr darüber lesen.

KAPITEL 4

Psychospiele

Nun haben wir – transaktionsanalytisch gesehen – fast alles beieinander, was nötig ist, um die Dynamik der ›Psychospiele‹ zu verstehen. Es fehlt allerdings noch ein wesentliches Konzept, neben der Analyse der Transaktionen *das* Wesentliche der TA, nämlich das der ›Grundpositionen‹. Sie wurden bei uns noch vor dem Buch von Berne über die ›Spiele der Erwachsenen‹ bekannt durch den amerikanischen Autor Harris und dessen Buch ›Ich bin o. k. – du bist o. k.‹, das in Kreisen der Transaktionsanalyse allerdings recht kritisch betrachtet wird.

›Ich bin o. k. – du bist o. k.‹ ... oder nicht?

Die Auffassung von Berne war es, dass jeder Mensch als ›Prinz‹/ ›Prinzessin‹, also als ›okay‹ geboren wird. Im Laufe seiner frühen Entwicklung wird dem Kind jedoch oft eine ›Froschhaut‹ übergezogen, sodass aus dem ursprünglichen ›ich bin o. k. – du bist (die anderen sind) o. k.‹ zunächst ein ›ich bin nicht o. k.‹ wird. Da jedoch die Erwachsenen, vor allem die Eltern, in den ersten Lebensjahren für das Kind zum Überleben notwendig sind, werden sie erst einmal im Okay-Status belassen. Die Formel für das frustrierte, getadelte, vernachlässigte Kind lautet dann »ich bin nicht o. k. – du (die Eltern, die Erwachsenen) sind o. k. ... sie machen alles richtig, sie haben Recht, sie sind klug, sie wissen, wie es geht, aber ich bin klein und dumm, ich verstehe die Welt nicht, ich bin nicht wichtig, nicht viel wert ...«

Bei unsicheren Erwachsenen, die z. B. zu Depressionen neigen, nimmt diese Grundposition eine zentrale Stellung im Lebensgefühl ein. Sie fühlen sich minderwertig und schauen zu den anderen auf, bewundern und idealisieren sie. Da ihr Selbstwertgefühl sehr gering ist, spüren sie auch wenig Energie zum Handeln. Denn die seelische Energie ist damit beschäftigt, all die natürlichen Bedürfnisse nach Lebensäußerung, nach freier, spontaner Lebendigkeit zu unterdrücken. Der Ballast im Kopf, von dem Berne in Bezug auf das ›Guten-Tag-Sagen‹ gesprochen hat (siehe Kapitel 2), baut sich auf. Wenn die psychische Energie eines solchen Menschen aber einen gewissen Tiefpunkt erreicht hat – schließlich benötigt man ein bestimmtes Maß an Energie, wenn man seinen Alltag wenigstens einigermaßen meistern will –, kommt es zu einem Wechsel der Grundposition. Zum Glück für den weiteren Lebensvollzug melden sich Zweifel, Ärger, Wut im Betreffenden, und die Einstellung ändert sich zu der Vorstellung »ich bin (doch, sehr wohl) o. k. – (aber) du bist (die anderen sind) nicht o. k.!« Schwupps, ist die Energie wieder da, und der Ballast im Kopf nimmt zu mit Sätzen wie: »Das wäre doch noch schöner! Wieso soll ich nicht o. k. sein?! Ich bin sehr wohl in Ordnung, aber die anderen sind nicht o. k.! Schau sie dir doch an, was sie für einen Unsinn erzählen, was sie alles tun, was nicht in Ordnung ist! Ich werde ihnen schon zeigen, mit wem sie es zu tun haben. Was glauben die eigentlich!«

Dies ist die aggressive Position, die immer dann eingenommen wird – zwangsläufig eingenommen werden muss –, wenn es eine grundsätzliche (allerdings eingeschränkte) Lebensbejahung im Menschen gibt.

Diese beiden Positionen ›ich bin nicht o. k. – du bist o. k.‹ und ›ich bin o. k. – du bist nicht o. k.‹ wechseln sich bei diesen Menschen ab. Sie sitzen gewissermaßen mit sich selbst auf einer Wippe. Mal ist die depressive, mal ist die aggressive Seite oben und die jeweils andere unten. Mal fühlen sie sich minderwertig, mal wirken sie arrogant. Mal ist alles traurig und grau, mal sehen sie rot. Mal lassen sie alles mit sich machen, mal begehren sie auf. Mal ergeben sie sich, mal kämpfen sie.

Mit diesem Auf und Ab kann ein ganzes Leben vergehen, und gerne verwenden diese Menschen den Ausspruch »himmelhochjauchzend – zu Tode betrübt«. Sie richten sich ein im Leben mit der Wippe in ihrem Kopf und glauben oft, dass es so sein muss, dass das Leben eben so ist. Es ist für sie sogar verhältnismäßig gut, so zu denken, so zu leben, denn es kann auch noch schlimmer kommen.

Wenn zu dem ›ich bin nicht o. k.‹ – man sitzt auf der Wippe unten – viele Erfahrungen gemacht werden, welche die Position ›du bist (die anderen sind) (auch!) nicht o. k.‹ im Kopf verdichten, dann kann die Wippe auf der anderen Seite nicht hochgehen, sie bleibt unbeweglich, und die psychische Energie versackt in einem Sumpf von

Verzweiflung, Selbstmitleid, Anklage, Wut und Aussichtslosigkeit. Dann scheint der Lebenssinn zu schwinden, diese Menschen werden zynisch und/oder suizidal
In den der Einfachheit halber verwendeten Abkürzungen kommt dies gut zum Ausdruck:
ich + du +; ich – du +; ich + du –; ich – du –.
Oder noch kürzer: ++, –+, +–, ––.
Die Grundpositionen gehören deshalb ganz wesentlich zum Verständnis der Psychospiele, weil jedes Spiel mit einer Abwertung, also mit einem Minus (–), beginnt.

»Warum nicht ...?

Sehr gut lassen sich die Grundpositionen und die Abwertungen in dem beliebten Spiel ›Ja, aber ...‹ erkennen. Viele Menschen spielen dieses Spiel geradezu leidenschaftlich, weil es aus der depressiven Position heraus begonnen wird, wenn die Person, die das Spiel eröffnet, auf der ›Wippe im Kopf‹ gerade unten, und die Person, die auf das Spiel eingeht, gerade oben sitzt.
Die folgende Spielsequenz fand in einer psychotherapeutischen Gruppensitzung statt. Stellen Sie sich eine Bühne vor, auf der Sie dieser Gruppe zuschauen. Sie beobachten sie aus dem Zuschauerraum heraus.
Es sitzen zehn Personen in einem Kreis beisammen, die Sitzung beginnt.

... ja, aber ...«

In das anfängliche Schweigen hinein fragt die Therapeutin: »Wer fängt an?«
Einer der Männer beginnt, er heißt Oskar. Bevor wir ihn aber sprechen lassen, stellen wir uns vor, dass aus dem Hintergrund der Bühne eine Gestalt auftaucht, die Oskar aufs Haar gleicht und sich hinter Oskars Stuhl stellt. (In einer realistischen Gruppe würde sie nicht hinter Oskars Stuhl stehen, sondern in seinem Kopf die entsprechende unbewusste Seite repräsentieren.)

Oskar – der auf dem Stuhl sitzt – beginnt also: »Ich hab' da ein Problem ...«

Und Oskar 2, hinter dem Stuhl, flüstert: »Bemühe dich um mich.« Die anderen Gruppenteilnehmer schauen Oskar hilflos an. Nein, halt, die Therapeutin schaut nicht hilflos. Sie weiß schon, wie es weitergehen wird.

Da beißt auch prompt eine der Frauen auf den ausgelegten Köder an: »Lass mal hören.«

Und wieder erscheint eine – imaginäre – Person aus dem Bühnenhintergrund, sie gleicht Hilde – so heißt die Frau – aufs Haar, stellt sich hinter deren Stuhl und meint beschwörend: »*Ich* kann dir helfen.«

Oskar guckt sie einen Moment lang verdutzt an, dann antwortet er folgsam:

»Ich komme mit einem Kollegen nicht zurecht – der unterdrückt mich ...«

Und Oskar 2 fügt hinzu: »Sieh mal zu, ob du eine Lösung findest, die ich nicht aus irgendeinem Grund ablehnen kann.«

Hilde, keck und selbstbewusst: »Du könntest doch mal mit ihm darüber sprechen.« Hilde 2, hinter dem Stuhl, bestätigt dies: »Bin ich nicht toll, das Problem direkt anzugehen?!«

Oskar, ohne Gemütsregung: »Ja, das hab' ich schon probiert – *aber* es nützt nichts.« Und Oskar 2, ein bisschen mürrisch: »So toll bist du auch nicht.«

Hilde zieht entschlossen die Augenbrauen zusammen und gibt ihm den nächsten guten Ratschlag: »Dann hau doch mal mit der Faust auf den Tisch!« Hilde 2 bekräftigt: »*Ich* hätte den Mut dazu!«

Oskar seufzt: »Ja, das wäre toll, *aber* es geht nicht, sie würden mich rausschmeißen.« Oskar 2, von oben herab: »Komm dir doch nicht so großartig vor.«

Hildes Stimme wird ein bisschen leiser, aber noch gibt sie nicht auf: »Dann beschwere dich doch bei deinem Vorgesetzten.« Hilde 2 sekundiert ein wenig ärgerlich: »Stell dich nicht so an, tu endlich was!«

Oskar legt eine kleine Pause ein – wie ein guter Erzähler, um die Spannung noch zu erhöhen. Dann sagt er, und es klingt ein wenig triumphierend:

»*Ja*, ... (Pause) ... das hab' ich mir auch schon überlegt, ... (Pause) ... *aber* die beiden sind befreundet.« Oskar 2 lächelt: »Jetzt steigst du wohl von deinem hohen Ross herunter!«

Hilde fällt ein bisschen in sich zusammen, holt tief Luft und setzt zu einem letzten Rettungsversuch an: »Dann kündige!« Hilde 2 flüstert ihr kleinlaut zu: »Gib's auf!«

Was macht Oskar? Er sitzt jetzt kerzengerade, hoch aufgerichtet auf seinem Stuhl, schaut wie ein Olympiasieger triumphierend in die Runde und spielt seinen Joker aus: »Bei der heutigen Arbeitsmarktlage? Du spinnst wohl!«

Oskar 2 klopft ihm kameradschaftlich bekräftigend auf die Schulter und meint: »Da siehst du's, die kann dir auch nicht helfen. Du weißt doch, niemand kann dir helfen.«

Oskar nickt zufrieden und kann sogar ein wenig Mitleid für Hilde empfinden, die ganz erschöpft und geknickt in ihrem Stuhl zu einem Häuflein Elend zusammengesunken ist.

Nun mischt sich die Therapeutin ein: »Wie geht es dir jetzt, Hilde?«

Die Angesprochene rafft sich, ein wenig erstaunt darüber, dass sich jemand für sie interessiert, auf und antwortet: »Schlecht.«

Therapeutin: »Wieso schlecht?«

Hilde: »Na, weil ich ihm doch helfen wollte und er ließ sich nicht helfen.«

Therapeutin: »Woher wusstest du denn, dass Oskar Hilfe wollte?«

Hilde: »Na, er hat das doch gesagt, er hat doch um Hilfe gebeten.«

Therapeutin: »So? Davon hab' ich nichts gehört.«

Hilde schaut sie mit großen Augen an: »Nicht? Hat er das nicht gesagt?«

Therapeutin: »Nein, das hat er nicht gesagt.« Und zu Oskar gewandt. »Weißt du noch, wie du diese Sequenz eingeleitet hast?«

Oskar: »Nein, eh, ich, ich hab' gesagt … nein, ich weiß es nicht mehr.«

»Ich weiß es«, sagt einer der anderen. »Er hat gesagt: ich hab' da ein Problem.«

»Ja, genau«, bestätigt die Therapeutin, »er hat also lediglich eine Feststellung getroffen.«

»Aber das weiß doch jeder, dass hinter so einer Aussage eine Bitte nach Hilfe steht«, mischt sich jetzt eine weitere Gruppenteilnehmerin ein.

»Ja, es stimmt«, bestätigt die Therapeutin, »dass diese Art der Kommunikation gesellschaftlich weit verbreitet ist. Doch ihr seht, wo man damit landet – nämlich mitten im angepassten Kind-Ich, das sich hilflos gibt, damit jemand anderer die Initiative zur Hilfe ergreift und damit auch die Verantwortung übernimmt.«

»Das heißt«, fragt Oskar, »dass ich nicht selbst für die Lösung meines Problems verantwortlich sein wollte?«

Therapeutin: »Ja, das heißt es. Wenn du allerdings noch genauer hinschauen willst, dann stell doch mal fest, ob du wirklich ein Problem gelöst haben wolltest.«

Oskar überlegt eine Weile und meint dann, ein wenig kleinlaut, aber auch wie erleichtert: »Nun, eigentlich ist dies gar nicht mein Problem ... eh ... beziehungsweise nicht eines, das sehr wichtig ist ...«

»Was ist dann wichtig?«, fragt die Therapeutin.

Jetzt wird Oskar ein bisschen rot. Er sieht richtig verlegen aus, aber auch ganz liebenswert. Alle können plötzlich den kleinen Jungen sehen, der er einmal war: ein wenig schüchtern, ein wenig pfiffig, so ein richtiger kleiner Dreikäsehoch mit großen blauen Augen, Sommersprossen und rötlichen Haaren, die von seinem Kopf abstehen. Die Gruppenteilnehmer beginnen zu lächeln, sehen auf einmal ganz offen aus, und eine Atmosphäre von liebevoller Zuwendung erfüllt den Raum.

»Na?«, ermutigt die Therapeutin Oskar.

»Ich ... ich ... ich wollte eigentlich nur gestreichelt werden. Also, ich wollte eigentlich nur, dass ihr euch mir zuwendet, dass ihr euch für mich interessiert, dass ihr nett zu mir seid.«

Alle lachen und strahlen Oskar an. Jemand sagt: »Ich mag dich.« Es klingt echt, und Oskar strahlt zurück.

»Okay«, meint die Therapeutin, »das ist in Ordnung. Und das nächste Mal, Oskar – oder wer auch immer –, sagst du gleich, was du wirklich willst. Hier in der Gruppe kannst du das lernen. Ganz offen zu sagen, was du möchtest. Hier braucht ihr eure Spiele nicht. Es sei denn, um aus ihnen zu lernen, um zu erkennen, warum ihr sie spielt, beziehungsweise welches Bedürfnis ihr dahinter versteckt.«

An diesem ›Ja-aber‹-Spiel und dem dazugehörenden Komplementär-Spiel ›Ich-versuche-ja-nur-dir-zu-helfen‹ wird recht deutlich, wie die Spielpartner von der Grundposition ›ich bin nicht o. k. – du bist o. k.‹ (so hat Oskar begonnen) und ›ich bin o. k. – du bist nicht o. k.‹ (damit fing Hilde an) zur Position ›ich bin nicht o. k. – du bist nicht o. k.‹ (dort landeten beide) gerutscht sind. Hätte Oskar im ›ich bin o. k. – du bist o. k.‹ sein können, wäre es ihm möglich gewesen, ganz offen zu sagen, dass er Zuwendung von den anderen möchte, und Hilde hätte aus der gesunden O.-k.-Position heraus – auch wenn Oskar zum Spiel eingeladen hätte – ihm zugetraut, verantwortlich für sich selbst sagen zu können, was er sich wünscht. Sie hätte dann nicht auf seine Aussage »Ich hab' da ein Problem« reagiert.

Das heißt, ein Mensch, der sich in der ›Ich-o.-k.– du-o.-k.‹-Grundeinstellung befindet, beißt nicht auf ausgelegte Spielköder an.

Der ›Köder‹ oder ›Trick‹ stellt eine Abwertung dar – »ich kann nicht für mich sorgen« – und kann nur dort verfangen, wo im potenziellen Mitspieler ein wunder Punkt, eine schwache Stelle vorhanden ist – »du kannst nicht für dich sorgen«. Nur mit so einer schwachen Stelle kann ein Spiel in Gang kommen, sie bezeichnet eine innere Abwertung der eigenen oder anderen Person. Und diese Abwertung beinhaltet immer auch die Ablehnung der Selbstverantwortlichkeit. Wie kann ich denn für mich und meine Handlungen verantwortlich sein, wenn ich glaube, dass ich nicht o. k. bin? Wie kann ich verantwortlich sein, wenn ich misstrauisch – oder sogar paranoid – den anderen für unfähig, schwach, dumm, schlecht oder gar böse halte? Aus der ›Nicht-o.-k.‹-Position heraus kann ich weder vernünftig noch tolerant und schon gar nicht liebend handeln. Aus der ›Nicht-o.-k.‹-Position heraus lande ich immer – ob ich will oder nicht – im (so genannten) Drama-Dreieck.

Opfer, Verfolger und Retter – ... das Drama-Dreieck

Menschliche Beziehungen spielen sich auch in kleinen, relativ harmlosen psychologischen Spielen genau so ab wie die großen Dramen auf einer richtigen Bühne oder die großen Mythen, die Menschen sich von jeher erzählen. Sie werden bestimmt durch die in höchstem Maße mit Spannung geladene Dynamik der Dreiecksbeziehung. Ob es sich um Verführung (Schlange – Eva – Adam), Neid (Kain – Abel – Jahwe), Rache (Isis – Osiris – Seth), Hass (Iason – Medea – Glauke), Inzest (Laios – Ödipus – Iokaste) und Eifersucht (Othello – Jago – Desdemona) handelt, immer nehmen die Beteiligten abwechselnd eine der drei Rollen ein, die das klassische Drama ausmachen: die Rolle des Opfers, des Verfolgers und des Retters.

Es müssen nicht unbedingt, so wie auf der Theaterbühne, drei Personen an dem jeweiligen Stück beteiligt sein, es genügen auch zwei, oder das Drama spielt sich innerhalb einer Person in deren Kopf ab. Genügend Stoff gibt es ja mittlerweile in unseren Köpfen, den Berne ›Ballast‹ nennt.

An einer kurzen, eindrücklichen Spiel-Sequenz (sie stammt von Eric Berne), die sich in Variationen nicht nur zwischen Arzt und Patient, sondern auch in anderen – familiären, gesellschaftlichen und geschäftlichen – Beziehungen abspielen kann – und häufig auch abspielt –, lässt sich die Dynamik des Drama-Dreiecks gut verdeutlichen:

Patientin: »Herr Doktor, meinen Sie, es wird mir je wieder besser gehen?«

(Nur scheinbar kommt diese Frage aus dem Erwachsenen-Ich, *eigentlich* stellt sie das unsichere, sich klein und dumm fühlende Kind-Ich.)

Arzt: »Natürlich wird es Ihnen wieder besser gehen.«

(Auch hier antwortet nur scheinbar das Erwachsenen-Ich, es ist vielmehr das joviale, etwas großspurige, väterliche Eltern-Ich in Aktion.)

Patientin, spitz: »Wieso glauben Sie eigentlich, Sie könnten alles wissen?«

(Sie ist vom angepassten Kind- zum kritisierenden Eltern-Ich gewechselt.)

Dafür fühlt sich der Doktor nach einem kurzen Moment der Verblüffung hilflos in seinem Kind-Ich.

Aus dem Drama-Dreieck* heraus betrachtet, beginnt die Patientin ihr (unbewusstes) Spiel aus der Opfer-Position, der Doktor nimmt die Retter-Rolle ein, die Patientin wechselt in die Verfolger-Position und er sitzt in der Opfer-Falle.

Das Spiel könnte noch weitergehen, wenn beispielsweise die Frau einlenkend, vielleicht auch ein bisschen kokett, ihn mit den Worten

---

* Das Drama-Dreieck wird in der transaktionsanalytischen Literatur als Dreieck dargestellt, dessen Spitze nach unten weist. Unten sitzt das Opfer, während Retter und Verfolger eine der beiden oberen Ecken einnehmen. Im Verlauf des Spieles können nun alle beteiligten Spieler jeweils zu einer anderen Ecke des Dreiecks rutschen, die einzelnen Positionen müssen nicht auf eine Person beschränkt bleiben, wie es das Beispiel vom Arzt und der Patientin zeigt.

tröstet: »Aber, Herr Doktor, so hab' ich das doch nicht gemeint« oder »Hab' ich Sie etwa gekränkt? Das wollte ich nicht.« Dann würde sie auch noch in die Retter-Rolle schlüpfen und er könnte sich überlegen, ob er sie nun verfolgen oder erneut retten soll, damit er wieder oben und sie unten ist.

Im Drama-Dreieck kann man sich unbegrenzt lange aufhalten, es bietet immer neue Möglichkeiten, sich selbst, den/die anderen, die Situation abzuwerten; sich selbst, den/die anderen, die Situation anzuklagen; sich selbst, den/die anderen, die Situation im Gefühl der Omnipotenz wieder zu ›retten‹ – nur um erneut im nächsten Tief zu landen und so fort.

Kein Spiel wäre gelaufen, wenn die Patientin den Arzt aus ihrem Erwachsenen-Ich um Informationen über den Heilungsprozess gebeten oder wenn er ihre Selbstabwertung, dass sie nicht für ihr Gesundwerden mitverantwortlich ist, erkannt hätte. Eine mögliche Antwort seinerseits hätte sein können: »Es kommt ganz darauf an, inwieweit Sie bereit sind, an Ihrer Gesundung mitzuarbeiten.« Warum ist er nicht darauf gekommen? Weil sein wunder Punkt, seine schwache Stelle, der Wunsch nach Omnipotenz ist. Verständlich. Denn dieser Wunsch hat ihn einst veranlasst, einen helfenden Beruf zu erlernen. Somit sind die meisten Menschen, die einen solchen Beruf ausüben – wie auch immer, aufgrund welcher speziellen Aus- und Weiterbildung –, aus dem Bedürfnis heraus, nicht gerade allmächtig, aber doch sehr mächtig zu sein, in Gefahr, die realistische Helfer-Position mit der unrealistischen, d. h. spielträchtigen, Retter-Rolle zu verwechseln. Damit liegt aber das Opfer-Loch, in das wir ganz schnell gestoßen werden, sehr nahe, und die Verfolger-Rolle, in die wir flüchten, um uns selbst zu retten, folgt so sicher wie das Amen in der Kirche.

Spiel-Themen und Nutzeffekte

Das ist schon ein bisschen vertrackt, oder? An dieser Stelle drängt sich natürlich die Frage auf, warum so viele Menschen immer wieder ›Drama spielen‹. Oder: Was haben wir davon?
Eine ganze Menge. Denn jedes Spiel bringt eine Reihe von Nutzeffekten, den so genannten Spielgewinn:

- Erstens wird das psychische System, das auf die Erfahrungen ausgerichtet ist, welche das Kind in seiner Herkunftsfamilie gemacht hat, stabilisiert oder wiederhergestellt (z. B. »da sieht man's ja wieder: ich werde einfach nicht verstanden ...«);
- Zweitens bestätigt es die einst getroffene Skriptentscheidung (z. B. »es stimmt also, dass ich nicht wichtig bin ...«);
- Drittens ermöglicht es, das vorherrschende Lebensgefühl, es ist inzwischen das Lieblingsgefühl, zu erzeugen (z. B. traurig, gekränkt, wütend sein);
- Viertens kann man sich mit anderen Menschen austauschen, ohne echte, weil Angst erzeugende, Nähe herzustellen;
- Fünftens wird die existenzielle Position gefestigt (›ich bin nicht o. k. – du bist o. k.‹, oder ›ich bin o. k. – du bist nicht o. k.‹, oder ›ich bin nicht o. k. – du bist nicht o. k.‹);
- Sechstens ermöglicht es, die Zeit zu strukturieren (man hat etwas, worüber man mit den Leuten reden kann, z. B. »ist es nicht schrecklich ... die Ehe der Mayers, die Kinder von Müllers, die Affären von XYZ« usw).

Nach dem bisher Ausgeführten scheint es also in der Menschheitswelt ohne Dramen nicht zu gehen. Wir alle sind geradezu süchtig nach einem ›dramatischen‹ Leben. Wir suchen und spielen solche Dramen allüberall:

- In der *Ehe* – etwa mit dem Spiel ›*Wenn du nicht wärst*‹: »... dann wäre ich berufstätig ..., dann hätte ich Karriere machen können ... oder würde mir ein Häuschen an der Costa Brava kaufen ...«
- Wir spielen in der *Familie* – z. B. ›*Tumult*‹ – das geht so: Samstagabend, die 15-jährige Tochter ist auf einer Party. Vater bleibt auf und wartet, bis sie heimkommt – natürlich später als vereinbart. Vater tobt, Tochter brüllt zurück, schlägt die Tür ihres Zimmers so laut zu, dass Mutter aufwacht und sich lautstark an der Auseinandersetzung beteiligt, bis schließlich alle, Türen knallend, in den verschiedenen Zimmern verschwinden. Es herrscht Tumult. Warum? Weil alle ihre geheimen erotischen Fantasien nicht wahrnehmen – wollen/dürfen –, sondern diese mit dem erzeugten ›Tumult‹ erfolgreich unterdrücken.
- Am *Arbeitsplatz* ist ›*Kick me*‹ oder ›*Jetzt hab ich dich endlich, du Schweinehund*‹ ziemlich beliebt. ›Kick me‹ ist ein masochistisches, ›Jetzt hab ich dich endlich ...‹ ein sadistisches Spiel, beide

gehören zusammen. »Ich lasse mir was zuschulden kommen und du wirfst mich raus« oder »ich passe genau auf, ob du einen Fehler machst, damit mach ich dir dann das Leben schwer«.

– Im *Freundeskreis* – hat sich ›Schlemihl‹ bewährt. Das ist einer, dem immer irgendein Malheur passiert, der sich dafür dann ganz zerknirscht entschuldigt, sodass ihm niemand wirklich böse sein kann – auch wenn er das neue Sofa ruiniert hat. Schlemihl braucht für sein seelisches Gleichgewicht die *Ent*schuldigung. Er fühlt sich sonst im Leben ständig für irgendetwas schuldig. Dabei ist er ein liebenswertes ›Unschuldslamm‹. Seine ›Schuldgefühle‹, oder eigentlich seine verleugneten Aggressionen, sind natürlich trotzdem da.

– *Menschen, denen nichts so recht gelingen will*, sind ausgezeichnete ›Holzbein‹-Spieler. Sie begründen ihre Misserfolge mit: »Was kann man denn schon von jemandem mit einem Holzbein erwarten ...«, d. h. »der so eine üble Kindheit«, »die Schwiegermutter im Haus« oder »streitsüchtige Nachbarn hat«.

– Wenn jemand keine ›Holzbein‹-Erklärungen für ihr/sein *Unglück* findet, dann bleibt ihr/ihm noch zu jammern: »*Warum muss das immer wieder mir passieren ...?*« Sie/Er beklagt resigniert ihr/sein Schicksal, hält dabei aber wachsam Ausschau, ob nicht jemand kommt, der »ach, du Arme/r ...« zu ihr/ihm sagt und ihr/ihm damit vollends die Gewissheit gibt, dass sie/er selbst keineswegs für ihre/seine Situation verantwortlich ist.

Dies ist nur ein kleiner Auszug von möglichen Spielen. Es gibt so viele Varianten, wie es ›Spieler‹ gibt. Gibt es aber auch die spielfreie Beziehung? Und wie sieht sie aus bzw. was ist dafür erforderlich?

Alte Muster ... und die Liebe

Wir haben in Kapitel 1 gesehen, dass man Transaktionen aus verschiedenen Ich-Zuständen führen kann und dass den Psychospielen in der Zeitstruktur eine große Bedeutung zukommt. Sie ermöglichen viel Kontakt, ohne jedoch die echte, unverstellte Nähe, die zwar heiß ersehnt, dennoch sehr gefürchtet wird, zuzulassen.

In Kapitel 2 beschäftigten wir uns mit den verschiedenen Skriptentscheidungen, die dazu dienen, nicht unvermittelt, frei, spontan und offen mit einem Menschen konfrontiert zu werden, sondern stets zu wissen, was man zu sagen oder zu tun hat. Die Skriptentscheidung liefert also immer das persönliche Stichwort.

Kapitel 3 machte uns mit den Lieblingsgefühlen und deren Handel in Form von ›Rabattmarken‹ vertraut.

Und zu Beginn dieses Spiele-Kapitels erfuhren wir von der Bedeutung der Grundpositionen.

Wenn wir diese Ausführungen nun zusammennehmen, sehen wir, auf welchen einzelnen inneren Mechanismen die Psychospiele aufgebaut sind. Insofern halten sie nicht nur dieses spezielle, konditionierte innere System im Gleichgewicht, sie tragen auch dazu bei, dass sich dieses immer weiter verdichtet, zum ›falschen Selbst‹ wird, das bei vielen Menschen, vor allem im höheren Lebensalter, vom echten oder ›wahren Selbst‹ nicht mehr zu unterscheiden ist. Mit Hilfe der ›Spiele‹ wird also eine bestimmte Charakterstruktur geformt – auf den viele Menschen sogar recht stolz sind. Dann heißt es: »Der Sowieso hat einen ganz festen Charakter, bei dem weiß man immer, wie man dran ist.« Oder: »Der Sowieso ist die Zuverlässigkeit in Person, er ist stets pünktlich und ordentlich.« Oder: »Die Sowieso ist absolut perfekt, ihr Benehmen ist immer tadellos – eine richtige Lady.«

Es scheint also alles schön geordnet und sicher. Nichts gegen Zuverlässigkeit, Pünktlichkeit, Ordentlichkeit und tadelloses Benehmen – wenn diese Eigenschaften auf Grund hoher Bewusstheit kommen und spontan, d. h. dem natürlichen Gefühl folgend, frei und der jeweiligen Situation entsprechend adäquat eingesetzt werden. Doch meistens erleben sich diese charakterfesten Menschen auch sehr eingesperrt wie in einem Panzer und können gar nicht mehr anders, als eben so zu sein. Sie spielen also ihre Lieblingsspiele inzwischen perfekt.

Spielfrei miteinander umzugehen hingegen heißt:

1. weder sich selbst noch den/die anderen in seinen/ihren Fähigkeiten abzuwerten, sondern sich selbst und den anderen zuzutrauen, dass sie für alles, was sie tun, sagen und fühlen, auch die volle Verantwortung übernehmen;
2. auf der Erwachsenen-Ich-Ebene zu bleiben, wobei situationsgerecht das wohlwollende, fürsorgliche Eltern-Ich und das spontane, freie Kind-Ich mitschwingen können;
3. stets dafür zu sorgen, dass man genügend Bestätigung und Zuwendung auf legale Weise erhält, indem man sich selbst immer

wieder lobt, sich ausdrücklich Anerkennung bei anderen holt, sich selbst ein ›guter Freund/eine gute Freundin‹ ist;

4. sich in der ›Ich-bin-o.-k.–du-bist-(die-anderen-sind)-o.-k.-Ebene‹ aufhält, d. h. davon ausgeht, dass grundsätzlich jeder Mensch als Mensch in Ordnung ist, wobei es natürlich durchaus Verhaltensweisen der Einzelnen geben kann, die nicht in Ordnung sind;

5. mit sich selbst so einverstanden sein, sich selbst so annehmen können, dass man sich aus dem heraus auch vertrauensvoll dem/den anderen öffnen kann.

Das klingt eigentlich ganz einfach, ist es in der Praxis jedoch oft nicht; weil es eben die alten Muster, den Ballast im Kopf bzw. die festen Bezugsrahmen und konditionierten Gefühle gibt. Doch diese sind kein unabänderliches Schicksal. Jeder Mensch kann lernen, die Prägungen und Konditionierungen aufzulösen und durch neue Erfahrungen zu ersetzen. Es muss nicht bleiben, wie es Gotthold Ephraim Lessing pessimistisch gesehen hat:
›Der Aberglaube, in dem wir aufgewachsen, verliert, auch wenn wir ihn erkennen, darum doch seine Macht nicht über uns.‹
Lessing sah sehr wohl die Gefahr, doch inzwischen gibt es Möglichkeiten, auch als älterer Mensch noch, den Aberglauben der Kindheit durch das Wissen, das der erwachsene Mensch erwerben kann, zu ersetzen. Selbst gehirnphysiologisch geht das, wie es die moderne Hirnforschung nachgewiesen hat. Zwar kann die Vergangenheit nicht verändert werden, und was das Kind bis zum vierten, fünften Lebensjahr erlebt und gelernt hat, bleibt unauslöschlich im Gehirn, auch des späteren Erwachsenen, gespeichert. Doch da das Gehirn bis zum Lebensende seine Fähigkeit zur elastischen Veränderung nicht verliert, ist der Neokortex bereit, neue Erfahrungen und Lerninhalte aufzunehmen und entsprechend zu verarbeiten. Er ist dazu allerdings nur bereit, wenn das Neue auf einer starken, emotionalen Ebene geschieht, wie sie in bedeutsamen Beziehungen zustande kommen. Offenbar sind enge, nahe, vertrauensvolle Beziehungen etwas derart Wichtiges für den Menschen und sein Gehirn, dass sich unter dieser hoch aufgeladenen Energie selbst kleine Wunder an Veränderungen bewirken lassen.
Recht eindrücklich zeigt sich diese Tatsache, wenn wir verliebt sind. Die Liebe stellt die höchste emotionale Spannung dar – wenngleich

auch Hass und Wut viel Energie mobilisieren. Doch die Energie der Liebe ist eine feinere, höher schwingende als die von Hass und Wut. Diese feine Energie können wir nutzen, um unser Gehirn anzuregen, alte gespeicherte Muster lahmzulegen und neue, erwünschte in Aktion zu bringen. Das ist das Thema des zweiten Teils dieses Buches.

Wenn Sie mögen,
schauen Sie doch einmal, ob Sie Ihr Spielthema finden:
In welcher Position des Drama-Dreiecks halten Sie sich ›am liebsten‹ auf? Welche Gefühle sind Ihnen vertraut, in welchen können Sie geradezu ›schwelgen‹? Mit welchem ›Lieblingssatz‹ enden meistens kleinere Beziehungseinheiten, bzw. mit welchem inneren Satz brechen sie meistens ab – »da sieht man's ja wieder …« Wie geht der Satz für Sie weiter? Mit wem haben Sie noch etwas offen, mit wem haben Sie etwas noch nicht erledigt, welche ›Gestalt‹ ist noch nicht geschlossen, bzw. wo liegen noch ›Rabattmarken-Heftchen‹ herum? Und wie, auf welche Art und Weise, meinen Sie, wird Ihr Leben eines Tages zu Ende gehen? Welche Menschen werden da bei Ihnen sein – oder sind Sie alleine? Was wird auf Ihrem Grabstein stehen?
Es lohnt sich unbedingt, das anzuschauen, was Sie über Ihr weiteres Leben bereits im Kopf haben. Denn es sagt sehr viel darüber aus, wie Sie Ihr weiteres Leben zu gestalten gedenken. ›Bedenke dein Ende und werde weise‹, heißt es in den Psalmen. Das ist ein guter Rat.

Wenn Sie die Konzepte der Transaktionsanalyse, wie ich sie in diesem Teil dargestellt habe, ausführlicher beschrieben nachlesen und auch noch einige weitere kennen lernen wollen, empfehle ich Ihnen sehr das Lehrbuch für Therapie und Beratung in der Transaktionsanalyse von Gudrun Hennig und Georg Pelz (1997).

TEIL II

In Beziehung sein – mit anderen

»Der Weise wirkt, ohne etwas zu tun, und lehrt, ohne etwas zu sagen.«

Auch zu dieser nicht ganz leicht zu verstehenden Aussage des weisen Laotse gibt es eine Entsprechung aus unserem westlichen Kulturkreis, sie stammt von Meister Eckehart und lautet:

»Man soll so wirken lernen, dass man die Innerlichkeit ausbrechen lasse in die Wirksamkeit, und die Wirksamkeit hineinleite in die Innerlichkeit. Könnte man aber beide in Einem bestehen, das wäre das Beste, auf dass man ein Mitwirken mit Gott hätte.«

In einfacheren Worten, aber auch um mehrere Sinndimensionen reduziert, hat Antoine de Saint-Exupéry etwa Ähnliches auszudrücken versucht:

»Ich weiß, dass sich viele Probleme dadurch lösen, dass man nichts tut. Gib, dass ich warten kann.«

Ich habe es schon angedeutet: Es geht in Gesprächen, vor allem in solchen, die eine besondere Wirkung hervorrufen sollen, nicht in erster Linie um den Inhalt der gesprochenen Worte. Es wird so viel geredet, wo immer sich Menschen treffen: Es fängt in der Familie an, geht weiter im Kindergarten, in der Schule, am Arbeitsplatz, bei Freunden, auf Partys, bei Urlaubsbekanntschaften, in Gemeinderäten, in Sitzungen jedweder Art, in Wartezimmern von Ärzten, auf den Fluren von Behörden, während psychotherapeutischer Sitzungen, in der Politik (da besonders viel), und es endet mit den Ansprachen am Grab. Es wird so viel geredet, und es kommt so wenig dabei heraus. Mütter sagen von ihren Kindern: »Es geht zum einen Ohr hinein und es kommt zum anderen Ohr wieder heraus.« Damit meinen sie, dass die Kinder zwar hören, was ihnen ihre Mütter sagen, es jedoch nicht beachten, geschweige denn befolgen und es schnell wieder vergessen.

Nur Ehefrauen scheinen ein unergründlich tiefes Gedächtnis für einmal gesprochene Worte ihres Ehemannes zu besitzen, denn aus ihren Mündern kann man immer wieder solche Sätze hören wie:

»Aber damals hast du gesagt ...« Die Reaktion des betreffenden Ehemannes ist dann meistens ein kalter Schauer, der ihm den Rücken hinunterläuft, und er nimmt sich fest vor, nicht mehr so viel zu reden – zumindest bei seiner Frau –, und er wünscht sich, er könnte sein weiteres Leben zu Hause völlig wortlos verbringen.

Wenn es nicht – von dem gerade zitierten kleinen Beispiel abgesehen – der Inhalt der gesprochenen Worte ist, der etwas im Gegenüber bewegt oder im eigenen Inneren auslöst, der nicht so schnell vergessen wird, der lange nachklingt, selbst wenn man sich an die Worte nicht mehr erinnern kann, was ist es dann?

Es ist die Art der Beziehung, die zwischen den Gesprächspartnern entsteht. Und hier sei gleich auch noch ein Vorurteil über das, was in einer psychotherapeutischen Behandlung geschieht, ausgeräumt: die Heilung des Hilfe suchenden Menschen wird nicht dadurch bewirkt, dass seine Vergangenheit möglichst genau analysiert wird, sie wird vielmehr dadurch erreicht, dass der Therapeut/die Therapeutin eine offene Beziehung mit dem Klienten/der Klientin eingeht. Das Medium hierfür ist das Narrativ, die Geschichte, die der Klient/die Klientin über sich selbst und sein/ihr Leben erzählt. Indem der Therapeut/die Therapeutin mit echtem Interesse, vollkommen aufmerksam zuhört, ohne auch nur die kleinste Ablenkung zuzulassen, entsteht eine Atmosphäre zwischen den beiden, die eine stärkere Wirkung ausübt als die meisten anderen Beziehungen, die wir so im Laufe unseres Lebens eingehen. Auch wenn die Therapiestunde nur einmal in der Woche oder gar im vierzehntägigen Rhythmus stattfindet, schafft diese Art des konzentrierten, nicht urteilenden Zuhörens – Sigmund Freud nannte es ›gleich schwebende Aufmerksamkeit‹ – ein Kraftfeld, das nur mit einer einzigen anderen Beziehung im Leben zu vergleichen ist: mit der innigen Mutter-Kind-Beziehung. Natürlich nur, wenn diese wirklich stimmt.

Genau darum geht es bei einer gelungenen Psychotherapie: Es soll das geschehen, was offen geblieben ist in der ersten Beziehung des Lebens. Es scheint so zu sein, dass der Säugling sich in seinen ersten Lebenswochen und -monaten vollsaugen muss mit der Kraft, die aus der Beziehung zwischen ihm und seiner Mutter hervorgeht. Nur wenn das geschieht, wenn das kleine Kind in den offenen Augen seiner Mutter die volle, uneingeschränkte Bestätigung seiner kleinen Person sieht und sie sich zu eigen macht, kann ein großer, starker Mensch heranwachsen, der dann seinerseits in der Lage ist, anderen

Menschen ohne Schranken, vorurteilsfrei und offen zu begegnen. Nur so können aus Begegnungen echte Beziehungen entstehen.

An dieser Stelle ist es mir ein besonderes Anliegen, noch etwas zur Mutter-Kind-Beziehung zu sagen. Diese wichtige Beziehung im Leben eines jedes Menschen ist leider durch die Arbeiten der Psychoanalyse in ›Misskredit‹ geraten. Zu Recht beschweren sich Frauen und vor allem Mütter, dass ihnen angelastet wird, wenn Kinder sich nicht zufrieden stellend und gesund entwickeln, wenn aus diesen Kindern Erwachsene mit neurotischen Störungen werden. Dass die frühe Mutter-Kind-Beziehung, weil sie in der Regel die erste intensive Beziehung des Kindes ist, sehr viel Bedeutung für die Entwicklung des Kindes und den daraus hervorgehenden Erwachsenen hat, bleibt unbestritten. Doch zu einem Kind gehört auch ein Vater. Wer fragt nach ihm? Wird auch ihm eine neurotische Entwicklung des Kindes angelastet?

Mütter leben mit ihren Kindern nicht auf einer ›Insel der Glückseligen‹. Sie sind eingebettet in eine ganz bestimmte Gesellschaft, und diese wird in unserem Kulturkreis noch immer fast ausschließlich von Männern bestimmt. Viele Frauen und Mütter genießen auch in unserem Land nicht den Respekt, der ihnen, wie jedem Menschen, gebührt. Trotz schöner Reden gibt es noch keine wirkliche Gleichberechtigung. Mag diese auch auf dem Papier stehen, in der Praxis sieht es sehr oft düster aus, was Frauen und Müttern zugestanden wird.

Darüber hinaus wirken in den Frauen der heutigen Generation über das kollektive Unbewusste weiterhin die Demütigungen, die ihre Ahnen, Ururahnen der vergangenen Jahrhunderte hinnehmen mussten. Dieser untergründige, nach Inquisition und Scheiterhaufen riechende Schwelbrand zieht immer noch Depressionen hinter sich her, deren tiefere Ursache den betroffenen Frauen und oft auch nicht den betreffenden Behandlern/Behandlerinnen bewusst ist.

Aus der inneren Verfassung vieler Erfahrungen des Abgewertetwordenseins kann sich nicht so ohne weiteres eine vertrauensvolle Beziehung zu dem, was gerade ist, entwickeln. Denn die Mutter braucht zu ihrem Kind und zu dem, was mit ihr und dem Kind seit dessen Zeugung geschieht, ebenso viel Vertrauen, wie das Kind Vertrauen zur Mutter und ins Leben braucht.

Aus der modernen Säuglingsforschung wissen wir heute, dass nicht nur das Kind auf die Gemütsverfassung und das Tun der Mutter angewiesen ist, sondern dass ebenso die Gemütsverfassung und das Tun des Kindes die Mutter beeinflusst. Denn jede Reaktion, die auf einen Stimulus erfolgt – die Mutter sendet ein Signal an das Kind –, stellt gleichzeitig wieder einen Stimulus dar – das Kind reagiert auf die Mutter und gibt ihr mit dieser Reaktion einen neuen Stimulus. In dieser Wechselwirkung regen Mutter und Kind sich gegenseitig an oder auf, und nie lässt sich wirklich ganz eindeutig feststellen, wer für eine bestimmte Reaktion verantwortlich ist. Es ist wie beim Streit im Kinderzimmer:»Wer hat angefangen?«, will der Vater wissen, um der Wahrheit auf den Grund zu gehen. Doch diese Wahrheit ist nicht zu finden, denn immer gab es davor schon etwas, was genauso bedeutsam war wie das, was danach kam. Schließlich wird, damit die Sache zu Ende kommt, ein Schuldspruch gefällt, und alle Beteiligten wissen oder ahnen es zumindest, dass es so nicht stimmt. Was schon wieder den nächsten Konflikt heraufbeschwören kann.

Das Fazit aus dieser kleinen Betrachtung über die Mutter-Kind-Beziehung lautet: Wir haben es immer, in jeder Beziehung mit einem Menschen zu tun, der eine Geschichte hat. Auch das Neugeborene kommt nicht völlig blank und frei, als ›tabula rasa‹ auf die Welt, es trägt in sich das Erbe der Evolution, seit es Leben gibt auf dieser Erde. Sich diese Tatsache immer wieder ins Bewusstsein zu rufen, kann Begegnungen mit anderen Menschen befriedigender, qualifizierter werden lassen. Wir haben es immer mit einer langen, langen Geschichte zu tun, wenn wir miteinander zu tun haben. Dies zu bedenken kann sehr anregend und spannend sein.

KAPITEL I

Im Gespräch sein

Im ersten Kapitel des ersten Teils stellte ich die Frage: »Wer spricht eigentlich mit wem?«, um daran die verschiedenen Ich-Zustände, die für Kommunikationsabläufe maßgeblich sind, deutlich zu machen. Jetzt stelle ich die Frage: »Wozu sprechen wir miteinander?« In der Regel stellen Menschen sich diese Frage nicht. Sie reden halt einfach miteinander, weil sie von klein auf daran gewöhnt sind. Es ist ja auch gut und wichtig, dass Eltern mit dem kleinen Kind viel sprechen, weil so die verbalen Fähigkeiten des Kindes am besten heranreifen können, die ebenso seine Intelligenz fördern. In unserem Zusammenhang, dem Thema dieses Buches entsprechend, lohnt es sich jedoch, einmal ein wenig genauer hinzuschauen, was Erwachsene dazu veranlasst, miteinander zu reden.

Die einfachste, aber auch notwendigste Art von Kommunikation ist der Informationsaustausch. Nichts würde im Universum geschehen, wenn es diesen Austausch nicht gäbe. Ob wir nun annehmen, dass ein Schöpfer die Welt erschaffen oder dass sie sich aus sich selbst – autopoietisch – gebildet hat, immer musste und muss es Informationen geben, die das Schaffen anregen und sich weiter ausbreiten lassen. Diese Informationen bedienen sich nicht der Sprache, die wir kennen, wenn wir vom Sprechen reden. Dennoch bildet der Informationsaustausch auf der fundamentalen Ebene genauso wie der auf hoch entwickeltem Niveau ein dichtes Kommunikationsnetz, das bis ins Letzte wahrscheinlich nicht auszuloten und auch nicht zu verstehen ist. Wir sind alle darin eingebunden und nehmen daran Anteil – ob wir wollen oder nicht, ihm können wir uns nicht entziehen.

Im Gegenteil, wenn wir uns dieser hoch komplexen Kommunikationsdichte öffnen, können wir ganz überraschende Einblicke in die Welt außerhalb unserer fünf Sinne erleben. Darüber gibt es im dritten Teil dieses Buches noch mehr zu lesen.

Kehren wir nun zurück zur Frage: »Wozu sprechen wir miteinander?«

Also in erster Linie, um Informationen auszutauschen. Wir wollen wissen und wir wollen unbedingt wissen, ob der andere weiß und was er weiß. In erster Linie wollen wir natürlich wissen, ob der andere uns gut oder böse gesinnt ist. »Droht mir durch dich Gefahr? Nein? Dann bin ich auch nicht gefährlich für dich.« Wir tasten uns nicht nur nach den averbalen Zeichen, sondern auch mit Worten ab, um einen möglichst genauen Standort des anderen auszumachen, nach dem wir dann unseren eigenen bestimmen. Auch wenn es uns nicht jedes Mal bewusst ist: In unserem Verhalten laufen immer noch die gleichen Muster ab, die Menschen vom Beginn ihrer Existenz an aufgebaut haben. Die Sicherung des eigenen Lebens hat immer Vorrang, und selbst, wenn dies nicht wirklich bedroht ist, werden in den Gehirnen der Menschen heute die gleichen Sicherheitsvorkehrungen getroffen, die sich in den ersten für die menschliche Spezies noch unsicheren Zeiten auf diesem Planeten gebildet hatten. Dies zu bedenken kann uns helfen, manches Verhalten der anderen und manche Impulse aus dem eigenen Inneren, die uns bisher vielleicht seltsam anmuteten, zu verstehen.

Ein ›Image‹ haben und sich ein ›Ansehen‹ geben

Wenn also das erste ›Beschnuppern‹ erfolgt ist – das übrigens nicht nur abläuft, wenn wir jemanden neu kennen lernen, sondern das bei jeder Begegnung im blitzschnellen Abchecken des Gegenübers geschieht – und wir den anderen als wohlwollend, vielleicht sogar neugierig einschätzen, ist unsere ›Stunde gekommen‹, dann legen wir los: Wir zeigen, wer wir sind, was wir haben, was wir können, wen wir kennen (natürlich nur die wichtigsten und interessantesten Leute), wo wir überall schon waren, und überhaupt, wie toll wir sind. Das ist jetzt ein bisschen überzeichnet, natürlich machen wir nicht so plump auf uns aufmerksam, doch ist es für jeden Menschen wichtig, dem anderen ein bestimmtes Bild von sich zu vermitteln, nämlich das Bild, das wir sehen lassen wollen. Wir geben uns ein ›Image‹.
In der Zeitschrift ›Psychologie Heute‹ (Juli 2001) schreibt Ursula Nuber zum Thema ›Selbstdarstellung‹:
»Wir sind, was wir scheinen. Je besser uns die Selbstdarstellung gelingt, desto schneller und nachhaltiger beeindrucken wir unser Gegenüber. Hinzu kommt: Für den ersten Eindruck gibt es keine

zweite Chance. Psychologen haben festgestellt, dass wir in den ersten Sekunden eine Unmenge Informationen über unser Gegenüber aufnehmen. Und diese Informationen beeinflussen langfristig unsere Handlungen und unsere Einstellung diesem Menschen gegenüber.«

Dies bestätigt, dass die Selbstdarstellung ein archetypisches, d. h. grundlegend menschliches Bedürfnis ist. Wir können es unter anderem auch daran erkennen, dass Märchen davon sprechen. Im ›Rumpelstilzchen‹ heißt es gleich zu Beginn:

»Es war einmal ein Müller, der war arm, aber er hatte eine schöne Tochter. Nun traf es sich, dass er mit dem König zu sprechen kam, und um sich ein Ansehen zu geben, sagte er zu ihm: ›»Ich habe eine Tochter, die kann Stroh zu Gold spinnen.‹«

Was dem Mädchen im weiteren erhebliche Schwierigkeiten bereitete. Hier ist sehr deutlich der Ausgangspunkt der Skriptgeschichte zu sehen, in welche die Müllerstochter verwickelt wurde. Der Minderwertigkeitskomplex des Vaters – ›ein Müller, der war arm‹ – veranlasste ihn dazu, ein Image auf Kosten seiner Tochter aufzubauen – ›die kann Stroh zu Gold spinnen‹. Das Mädchen wird also auf eine ganz bestimmte Art definiert – oder ›gedeutet‹, wie es in der Psychoanalyse heißt –, sie wird also festgelegt auf das, was der Vater will, nämlich das Unmögliche schaffen. Da Kinder nur allzu sehr bereit sind, viel bis alles für die Eltern zu tun und viel bis alles den Eltern zu glauben, wehrt sich die Müllerstochter auch nicht, als der König verlangt, sie möge ihre Fähigkeiten unter Beweis stellen, sie klärt ihn nicht auf, sondern versinkt in eine hilflose Weinerlichkeit, die wir ›Depression‹ nennen. PsychotherapeutInnen und BeraterInnen lernen viele solcher ›Müllerstöchter‹ kennen. Und es bleibt manchmal nicht aus, dass diese TherapeutInnen und BeraterInnen ihre Position als HelferIn verlassen und in die Rolle des Rumpelstilzchens schlüpfen, in der sie vom Retter zum Verfolger wechseln, wobei das ›Drama-Dreieck‹ wieder perfekt wäre, wie es in diesem Märchen geschildert ist.

Miteinander zu sprechen hat also nicht nur die Funktion des Informationsaustausches, sondern auch die der Selbstbestimmung. Es dient also der Bestätigung des Selbstbildes und darüber hinaus dem Wunsch nach einem Idealbild. Ich definiere mich im Gespräch und ich bastle gleichzeitig an einem Bild von mir, das die anderen von mir haben sollen, das sie vielleicht sogar beeindruckt. Wenn uns dieser Vorgang deutlich wird, dann verstehen wir, warum ›im Gespräch sein‹ so wichtig für die meisten Menschen ist. Denn schon ein kurzer Schwatz am Gartenzaun oder mit der Kassiererin im Supermarkt kann für einen Tag helfen, das Selbstbild zu bestätigen und das Idealbild ein wenig zu nähren. Demnach können wir auch besser verstehen, dass psychotherapeutische Gespräche so wichtig sind. In ihnen kann es allerdings nicht darum gehen, dass die TherapeutInnen sich ihrerseits definieren und bestätigen, wie es im Schwatz mit der Nachbarin, im geselligen Zusammensein mit Freunden, in Auseinandersetzungen mit PartnerInnen oder KollegInnen geschieht, sondern dass die therapeutischen GesprächspartnerInnen, wenn sie wirksam sein wollen, sich selbst zurücknehmen und lediglich die Bestätigung des Selbstbildes der KlientInnen aufmerksam begleiten und behutsam steuern.

Nichts anderes hat letztlich Freud mit der ›Abstinenzregel‹ gemeint. Im psychotherapeutischen Gespräch geht es nicht um die Bedürfnisse der TherapeutInnen, sondern allein um die der KlientInnen. Dass auch TherapeutInnen Bedürfnisse, Wünsche, Kümmernisse, usw. haben, ist keine Frage. Doch die therapeutische Situation ist nicht geeignet, diese dort zu befriedigen oder gar auszuagieren.

Auch in anderen Gesprächskonstellationen ist es nicht förderlich, wenn die Selbstdarstellung der Betreffenden allzu sehr im Vordergrund steht. Selbst in einem Vorstellungsgespräch ist es vorteilhafter, mit einem gesunden Selbstvertrauen in dieses Gespräch zu gehen und es nicht zum Auffüllen des täglichen Imagebedarfs zu nützen. Dies kann dann im Fitnesscenter oder am Stammtisch nachgeholt werden.

›Wer bin ich, wenn ich nicht du bin?‹

Das Bedürfnis nach Bestätigung und Anerkennung ist gar nicht hoch genug einzuschätzen. Es wird meistens unterschätzt. Das kleine Kind braucht erst einmal ganz viele, ganz sichere Zeichen dafür, dass es existiert. Nur so kann sich sein Bewusstsein aufbauen. Natürlich könnte ein Kind einfach nur leben, wenn es ausreichend ernährt und gepflegt wird. Doch zum Bewusstsein über sich selbst und damit auch über die Welt gelangt es erst, wenn es einen gewissen Abstand zwischen sich selbst und der Welt schaffen kann. Solange es eingebunden ist in die Dyade mit der Mutter, mag es ihm sehr gut gehen, es kann sich wohl und geborgen fühlen. Nur damit kann es eines Tages nicht in die Welt hinausmarschieren und sagen »hier bin ich!« »Ja, wer denn?« wird die Welt fragen. Und wenn es darauf keine Antwort weiß, wird die Welt nichts mit ihm anfangen können und es nicht beachten.

›Bewusstsein‹ setzt ein Gegenüber voraus. Sehr schön, weil bildhaft, kennen wir diesen Vorgang aus der Paradiesgeschichte. Bis zu dem Tag, als Gott Adam und Eva direkt ansprach, lebten diese beiden Menschen in schöner Eintracht mit der sie umgebenden Natur. Nicht, dass sie nicht nach Tieren gejagt oder selber gefressen worden wären, doch das war genausowenig eine Katastrophe, wie es eine ist, wenn der Löwe das Zebra reißt. Denn in dieser Zeit wurde die Welt von den Menschen als ein einziges großes Lebewesen betrachtet, das in einen wunderbaren Kreislauf eingebunden war. In ihm gab es ein stetiges Kommen und Gehen, Geborenwerden und Sterben. Er gehörte ganz selbstverständlich zur großen Mutter Natur. Der französische Ethnologe Lévy-Bruhl nannte das Verschmolzensein der Menschen mit ihrer Umgebung ›participation mystique‹.

Aus dieser ›Unschuld‹ heraus sprach Gott eines Tages Adam und Eva an und stellte sie einem Baum gegenüber. ›Von all den Bäumen dürft ihr essen, nur von diesem nicht.‹ ›Aha, das ist also ein besonderer, er ist nicht wie all die anderen Bäume. Mit diesem Baum verbindet Gott wohl etwas ganz Bestimmtes‹, mögen Adam und Eva sich vielleicht gedacht haben.

Wie unschuldige Kinder dies nun einmal tun, aßen sie gerade von der verbotenen Frucht, und plötzlich sahen sie, dass sie nackt waren. Sie waren es zwar vorher auch, nur jetzt sahen sie es. Sie sind zur Bewusstheit ›erwacht‹.

Genau dasselbe geschieht in der Bewusstheitsentwicklung eines jeden Menschen. Es ist zwar wunderschön, mit Mama eins zu sein, doch *Ich* bin nicht mit Mama eins. Wenn *Ich* aber nicht mit Mama eins bin, wer bin *Ich* dann? An dieser Stelle braucht das Kind die Bestätigung, die mit *Du* anfängt. *Du* bist da, und es ist schön, dass *Du* da bist. Schau, *Du* bist etwas Besonderes, *Du* bist nicht wie ich, *Du* bist allein wie *Du* bist.

Wobei hier das erste Mal auch schmerzlich im Kind spürbar wird: *Du* heißt auch: allein sein. Nicht äußerlich. Aber innerlich. *Du* bist anders als alle anderen. Dieser erst winzige Schmerz der Einsamkeit wird von nun an das Kind nicht mehr verlassen, im Gegenteil, er wird mit zunehmender Individualität wachsen. Deshalb träumen auch viele Menschen davon, doch bitteschön wieder ins Paradies eingelassen zu werden. Sie suchen dieses nicht mehr einzig und allein sein in jeder Abhängigkeit – ich meine hiermit keine pathologische, sondern den ganz normalen Impuls, dem und den anderen die Verantwortung zu überlassen. Sorge du für mich, dann kann ich mich wieder fühlen wie im Paradies. In den Psychospielen, vor allem in dem schon geschilderten ›Ja-aber-Spiel‹ und auch in blockierenden Transaktionen (s. nächstes Kapitel) kommt diese Erwartungshaltung deutlich zum Ausdruck.

Doch mit der Fähigkeit zur Bewusstheit, die unser Gehirn entwickelt hat, ist uns das Tor zum Paradies verschlossen. Jetzt müssen wir erkennen, dass es ein Gegenüber gibt, das anders ist als ich. Damit aber ist das Kind und auch später der Erwachsene darauf angewiesen, dass diese Andersartigkeit, die Einmaligkeit, ja, schlicht und einfach auch nur die Existenz dieser Person bestätigt, anerkannt und definiert wird. Sozusagen als ›Reisepass‹ fürs Leben. Deshalb brauchen wir ein Image, ein inneres Bild von uns, das uns ausweist als diesen einen, unverwechselbaren Menschen. Und wir brauchen nicht nur ein Image, das innere Bild, wir brauchen darüber hinaus auch ein gewisses ›Prestige‹. So wie der Müller im Märchen ›Rumpelstilzchen‹. Das ist völlig normal. Schlimm wird es erst, wenn für dieses Prestige jemand anderes, vor allem wenn Tochter und Sohn dafür herhalten müssen.

In vielen psychotherapeutischen Behandlungen geht es gerade darum: sich vom übergestülpten Prestige der Eltern zu befreien und das ganz eigene Sosein, das ›wahre Selbst‹ zu entdecken und zu leben.

(Über diesen spannenden Prozess hat meine Kollegin Angelika Glöckner [1999] ein recht unkonventionelles, originelles und versöhnliches Buch geschrieben, das wohl alle Leserinnen und Leser interessieren mag, die sich selbst in so einem Selbstwerdungsprozess befinden oder ihn mit Schmerzen und Erleichterung hinter sich gebracht haben.)

Das Prestige, das Ansehen, das wir in der Welt haben, gibt uns die nötige Stabilität, um auch mit schwierigen Situationen im Leben fertig zu werden. Es ›versüßt‹ die Individualität, in die wir hineinwachsen müssen. Wenn wir schon nicht im ›Paradies‹ bleiben können, dann wollen wir wenigstens etwas haben bzw. sein, was uns den Aufenthalt in der Welt erträglicher macht.

Teilen und teilhaben

Und noch etwas ermöglicht uns das Miteinandersprechen: Es lässt uns aus der Einsamkeit der Individualität wieder eintreten in die Gemeinschaft mit anderen Menschen. Indem wir uns den anderen mitteilen, ihnen etwas von uns erzählen, was uns bewegt, wie es uns geht, was wir erlebt haben, nähern wir uns ihnen wieder an. Wir öffnen uns den anderen, lassen sie teilhaben an unserem Glück und Unglück. So können wir das Unglück halbieren und das Glück verdoppeln. Wenn wir uns den anderen mitteilen, geben wir ihnen etwas, wir geben ihnen ein Stück von uns, von unserem Denken und Fühlen, unseren Einstellungen, Vorstellungen usw., wir lassen sie etwas über uns wissen. Wir bereiten damit den Boden dafür, dass auch wir etwas bekommen, dass uns die anderen teilhaben lassen an ihren Einstellungen, Vorstellungen, Gedanken und Gefühlen. Insofern enthält das mitteilende Gespräch das für uns alle so notwendige Geben und Nehmen. Dass Geben und Nehmen immer wieder ausgeglichen sein müssen, versteht sich von selbst. Denn wo eines vorherrscht und vor allem wenn ein einseitiger Zustand zu lange anhält, verliert aus so einer Schieflage heraus schnell unser seelisches Gleichgewicht die Balance und beginnt zu kippen. Deswegen ist es wichtig, uns den anderen nicht nur mitzuteilen, sondern auch neugierig darauf zu sein, was sie uns mitzuteilen haben, und ihnen auch zuzuhören.

Dass wir den anderen etwas über und von uns sagen, ist grundlegend für die Gemeinschaftsbildung und letztendlich auch für den Frieden. In Gruppen – welcher Art auch immer sie sein mögen – kann man erleben, dass Menschen, die teilnehmen, sich aber nicht äußern, nichts von sich preisgeben, nach einer gewissen Zeit mit Misstrauen betrachtet werden und schließlich auch Unmut und Feindseligkeit auslösen. Denn die anderen wissen nicht, mit wem sie es zu tun haben, wenn sich jemand nicht äußert. Sie können sich nicht orientieren, sich nicht auf ihr jeweiliges Gegenüber einstellen, sie tappen sozusagen im Dunkeln.

Recht deutlich wird diese Verhaltensweise Ausländern gegenüber. Menschen aus Ländern, die wir schon bereist haben, begegnen wir in der Regel offener und freundlicher als Menschen aus uns unbekannten Gegenden. Je besser wir jemanden kennen, desto weniger befangen können wir uns ihm/ihr gegenüber verhalten. Insofern schafft das Gespräch in gewisser Weise Vertrauen. Was nicht heißt, dass Gespräche unbedingt einfach, schön und gewinnbringend sind. Oft bewirken sie gerade das Gegenteil. Sie können in den jeweiligen Gesprächspartnern auch Dissonanzen hervorrufen, Zweifel und Unsicherheit auslösen. Jede/r hat schon ungute Gefühle nach bestimmten Gesprächen erlebt. Sei es, dass man sich ausgefragt, ausgelacht oder ausgetrickst, dass man sich abgewertet, nicht genügend ernst genommen oder gar gedemütigt vorkommt. All diese Eindrücke können Gespräche auch hinterlassen. Oftmals sagen sich Menschen, die solches erlebten, dass sie zu vertrauensselig, zu offen, zu naiv, zu mitteilsam, zu wenig aufmerksam gewesen seien, um nicht zu merken, dass der/die andere wohl etwas anderes im Sinn hatte als der/die betreffende GesprächspartnerIn.

Wobei wir am zentralen Punkt dieses Buches angekommen sind. Nachdem wir uns damit beschäftigt haben, wozu Gespräche dienen (können), soll jetzt die Frage im Vordergrund stehen, *wie* wir miteinander sprechen können, um nach Möglichkeit Gespräche zu unserer Zufriedenheit und zu unserem Gewinn zu führen. Mit Gewinn meine ich keinen materiellen, sondern einen seelischen und – noch besser – einen Herzensgewinn.

KAPITEL 2

Zu den Berne'schen ›Interventionsregeln‹

Eric Berne hat neben der Entdeckung des Lebensdrehbuchs, welches sich das Kind ›schreibt‹ und dann oft ein Leben lang daran festhält, der Analyse der drei Ich-Zustände, aus denen Menschen jeweils agieren, auch ein Set von Interventionen für hilf- und erfolgreiche Therapiestunden erarbeitet.

Meines Wissens sind diese ›Interventionsregeln‹ oder ›Basic Techniques‹, wie sie im Englischen genannt werden, einmalig in der Psychotherapieszene. Denn es handelt sich nicht nur um eher allgemeine Empfehlungen, wie, wann, warum, welche Interventionen zu welcher Zeit angebracht oder sogar erforderlich sind, sondern es sind acht genaue, folgerichtig aufeinander bezogene und sinnvoll aufgebaute Interventionen, die als Ganzes ein in sich abgeschlossenes Set ergeben, welches alle Möglichkeiten des therapeutischen Intervenierens abdeckt.

Insbesondere TherapeutInnen, BeraterInnen und TrainerInnen, doch auch alle anderen Menschen, die ein zielorientiertes Gespräch führen wollen, können von diesen Berne'schen ›Basic Techniques‹ unbedingt profitieren. Ich kenne keine besseren Gesprächsempfehlungen.

Im Folgenden werde ich sie darstellen, allerdings nicht streng in der von Berne vorgeschlagenen Reihenfolge. Er selbst meinte, es sei mitunter sinnvoller, die Aufeinanderfolge ein wenig zu verändern, was ich getan habe. Doch den großen Rahmen dieses Sets habe ich beibehalten, weil ich finde, es macht durchaus Sinn, sich von den ›einfachen‹ zu den ›höheren‹ Interventionen ›hinauf‹zuarbeiten.

Ein ›Power-Snack‹ zur Gesprächsführung

Bevor ich allerdings auf die einzelnen Interventionen eingehe, möchte ich einige Bemerkungen vorausschicken, die mir nicht nur für eine gelungene Gesprächsführung, sondern für Beziehungen, sowohl zu anderen als auch zu sich selbst und zur ›Welt‹, wichtig scheinen.

Wir leben in einer Zeit, in der sich alles immer schneller bewegt und komplexer wird. Die Tage eilen mit einer nie zuvor gekannten Schnelligkeit dahin, wir werden geradezu zugeschüttet von einer Informationsflut, die sich täglich wandelt, der wir uns nicht entziehen können – denn wem ist es vergönnt, sich auf eine einsame Insel zu flüchten, und auch die wird es bald nicht mehr geben. Hinzu kommen ständig neue verlockende Angebote für alle möglichen Lebensbereiche, die uns betören, von uns beachtet und auch konsumiert werden wollen. So ist es kein Wunder, dass manche Menschen ihre innere Stabilität verlieren bzw. Mühe haben, sie ausreichend aufrechtzuerhalten und den täglichen Anforderungen und Verlockungen standzuhalten. Das heißt, von uns wird immer mehr innere Kraft und Stärke verlangt, wenn wir nicht ›untergehen‹ wollen. Transaktionsanalytisch betrachtet können wir diese innere Power als

– ein klares, stabiles Erwachsenen-Ich verstehen, das nicht getrübt ist von unrealistischen Vorstellungen und Meinungen;
– ein wohlwollendes, fürsorgliches Eltern-Ich, das sich eher mit seinen Ansichten zurückhält und guten Rat nur auf Nachfrage erteilt;
– ein spontanes, sich frei fühlendes Kind-Ich, das die jeweilige Situation intuitiv erfasst und mit kreativen Einfällen darauf reagiert.

Der seelische Zustand, den wir in der heutigen, schnellen und komplexen Zeit brauchen, lässt sich beschreiben als

klar, wohlwollend, kreativ.

Dies mag unser Führer durch das Set der Gesprächstechnik sein. Bei jeder Art von Gespräch – sei es in der Psychotherapie, in der Partnerschaft, im Berufsleben –, in dem es um ein Ziel geht, in dem wir etwas Bestimmtes erreichen wollen, sollten wir an diese drei Eigenschaften denken, welche uns die nötige innere Stärke für unser Vorhaben bereitstellen.

Nun mögen Leserinnen und Leser einwenden, das sei ja schön und gut, aber würde denn das Denken an diese Eigenschafts-Komposition ausreichen, um sie auch aktivieren und anwenden zu können? Nein, natürlich vermag daran denken allein nicht sie zu mobilisieren. Es gehört schon noch etwas mehr dazu. Und genau hier liegt auch der schwierige Punkt: Wenn wir diese Ich-Zustands-Komposition jederzeit einnehmen könnten oder sie gar dauernd leben, bräuchten wir keine Hinweise mehr für eine gute Gesprächsführung, dann könnten wir – mehr oder weniger – machen, was wir wollten, und alles würde uns gelingen. Eric Berne nannte so einen Menschen ›autonom‹ und sprach davon, dass dieser autonome Mensch drei ›Power‹-Merkmale aufweise, nämlich

Bewusstheit, Spontaneität und Innigkeit.

Unter Autonomie verstand Berne nicht eine einsame Unabhängigkeit, sondern innere Freiheit, die so frei von irgendwelchen vermeintlichen Zwängen ist, dass sie sich bewusst, spontan und offen auf die anderen beziehen kann.

Diese Art von Autonomie ist das große Ziel, das wir anstreben können – wenn wir wollen. Nur hier liegt die Freiheit, die von vielen Menschen so gerühmt und ersehnt wird. Nicht der Abenteuerurlaub einmal im Jahr schenkt uns diese Freiheit, nicht die Macht, die wir in einer einflussreichen Position haben mögen, nicht ein Leben in partnerschaftlicher Ungebundenheit, sondern allein der innere Zustand der Autonomie, wie sie von Berne formuliert worden ist.

Natürlich ist er nicht der Einzige, der diesen hohen Entwicklungsstand des Menschen erkannt und beschrieben hat. Es handelt sich hierbei um altes Wissen aus allen Kulturen; es ist das, was seit Jahrtausenden in allen Weisheitslehren der Welt so definiert, wenn auch anders beschrieben wurde.

Die Kulturanthropologin Angeles Arrien (1996) schreibt darüber in ihrem schönen und interessanten Buch ›Der vierfache Weg‹:

»Meine Suche hat ergeben, dass überall auf der Welt drei Arten von Kräften unterschieden werden: die Kraft der Präsenz, die Kraft der Kommunikation und die Kraft der inneren Einstellung. Menschen aus schamanischen Gesellschaften glauben, dass eine Person, die alle drei Kräfte besitzt, ›große Medizin‹ verkörpert und nicht ignoriert werden kann.«

Wir erkennen diese drei Kräfte wieder in den drei Ich-Zuständen, wenn sie sich in der Grundeinstellung ›ich bin o. k. – du bist o. k.‹ befinden. Die ›Kraft der Präsenz‹ entspricht dem unbefangenen, freien, spontanen Kind-Ich. Man braucht nur einmal ein Kind bei einem Spiel zu beobachten: es ist unmittelbar wach, konzentriert, also ganz präsent. Die ›Kraft der Kommunikation‹ entspricht dem klaren Erwachsenen-Ich, das sich der Gegenwart des anderen nicht entzieht, sondern bereit ist, ihn/sie zur Kenntnis zu nehmen und in ihren Bedürfnissen zu respektieren. Und die ›Kraft der inneren Einstellung‹ entspricht dem wohlwollenden Eltern-Ich, das dem/den anderen stets mit Achtung und Toleranz begegnet.

Auch wenn es uns noch nicht, oder nicht durchgehend, möglich ist, ›große Medizin‹ zu verkörpern, können, sollten, müssen wir sie im Blick bzw. im Bewusstsein haben, wenn wir sie eines Tages repräsentieren wollen. Da Bilder immer mehr als Worte aussagen, weil Bilder intuitiv vom inneren Kind verstanden werden, also archetypische, im persönlichen Selbst eingegrabene Muster aktivieren (gehirnphysiologisch gesehen: in den stammesgeschichtlich älteren Hirnteilen, vor allem dem limbischen System gespeichert sind, aus dem auch unsere Gefühlsreaktionen kommen), können wir uns dieses psychische ›Triplett‹, das uns zur Autonomie führt, vorstellen als einen ›Power-Snack‹ – so heißt eine Eiskreation von Langnese. Das Kind in uns hat sicher keine Schwierigkeiten, ›große Medizin‹ als leckeres Eis zu sehen, das nicht dick, sondern klug macht. Wer würde sich diesen Snack denn so ohne weiteres entgehen lassen wollen?

Im dritten Teil dieses Buches gibt es noch Hinweise, wie wir am besten in den ›Ich-bin-o.-k.–du-bist-o.-k.‹-Zustand gelangen bzw. wo wir die ›große Medizin‹ in uns selber finden können.

Lernen durch Identifikation – ... oder: ›sei, was du werden kannst‹

Lernen ist schwierig, wenn das Ziel hoch und weit weg ist, wenn wir uns Schrittchen für Schrittchen dahin durchkämpfen müssen. Ermüdet von der Forderung unserer Zeit, lebenslang lernen zu müssen, sträuben sich bei vielen Menschen alle Fasern ihres Seins, immer wieder weiterlernen zu sollen. In allen möglichen Lebenszusammenhängen erhalten wir heute – durchaus gut und hilfreich gemeinte – vielfältige Angebote zum Aufstocken unserer Kenntnisse. Ob es um berufliche Fort- und Weiterbildung, um ›Eheschule‹, ›Partnerschaftstraining‹, ›Umgang mit ... Kindern‹, ›Rückenschule‹,

›Diät- und Schönheits-Pläne‹, ein ›Weinseminar‹, ›Bildungsreisen‹ oder ›Im Urlaub töpfern lernen‹ geht, wir werden aufgefordert und manchmal geradezu bedrängt, uns dies und das und jenes und das andere auch noch anzueignen, um ... ? ... endlich ›perfekt‹ zu sein? Sicher ist es gut, genügend Wissen in den Bereichen zu erwerben, mit denen wir täglich umgehen müssen, doch hinter den Verlockungen der Massenangebote an Lerninhalten könnte auch noch etwas anderes stecken: ein versteckter Minderwertigkeitskomplex. Dieser lässt ein Gefühl von Defizit in uns aufkommen, so, als seien wir erst wirklich annehmbar, wenn wir so viel als möglich kennen und können. Es entspringt der Erfahrung der bedingten Liebe, die viele von uns in ihrer Kindheit erlebten. »Wenn du ... schön brav bist ..., das richtige Händchen gibst ..., eine gute Note schreibst ..., Karriere machst ..., ein Haus baust ..., deine Kinder ordentlich erziehst ...« usw., usf., »dann ... hab’ ich dich lieb ..., freue ich mich über dich ..., bin ich stolz auf dich ..., bewundere ich dich ..., gehörst du ›zum Club‹ ...« usw., usf.

›Unter der Bedingung, dass ...‹
Dies ist das Lebensgefühl vieler Menschen, die in eine psychotherapeutische Behandlung kommen. Sie strengen sich oft ein Leben lang an, machen und lernen alles Mögliche, geben sich ›alle erdenkliche Mühe‹ und erreichen doch nicht, was sie am meisten ersehnen: das einfach nur wohlig und zufriedene Dasein, mit sich selbst und den anderen im Einklang zu sein. Aus dem ursprünglichen ›ich bin o. k. – du bist o. k.‹ wechseln als Folge der bedingten Liebe – die eigentlich gar keine wirkliche ist – die Positionen von ›ich bin nicht o. k. – du bist o. k.‹ in ›ich bin o. k. – du bist nicht o. k.‹ bis hin zu ›ich bin nicht o. k. – du bist nicht o. k.‹.
Ein zwar verstecktes, doch ständig lauerndes Minderwertigkeitsgefühl bestimmt das Lebensgefühl und das Verhalten dieser Menschen. Wenn wir jedoch schauen, was dem Minderwertigkeitskomplex gegenüberliegt, entdecken wir den ›Begabungskomplex‹. Die Jung’sche Psychoanalytikerin Ursula Eschenbach (1996) hat in ihrem Buch ›Der Ich-Komplex und sein Arbeitsteam‹ diese beiden miteinander in Beziehung stehenden Komplexe, die sich gegenseitig stören, aber auch anregen können, sehr anschaulich anhand vieler bildhafter Darstellungen von Kindern, Patienten und namhaften Künstlern beschrieben.

Einen massiven Minderwertigkeitskomplex können wir nicht mit noch so vielen Kursen, Fort- und Weiterbildungseinheiten, mit noch so großem Erwerb aller möglichen Kenntnisse entmachten. Im Gegenteil: Je mehr wir gelernt haben, desto mehr stellen wir fest, dass wir erst sehr wenig wissen und können. Nie werden wir wie Picasso malen, nie wie Goethe oder Schiller dichten, ja selbst unsere Töpferwaren werden wohl nie irgendwo ausgestellt und verkauft. Ein Grund mehr, uns unzureichend zu fühlen.

Und dennoch heißt Leben immerwährend dazulernen, sich entwickeln, reifen wie die Früchte des Gartens und der Felder. Leben ist nun einmal ›kommen, wachsen, reifen und gehen‹, ein Prozess, der aus einem Samenkorn, einer Eizelle zu einem lebendigen Organismus heranreift, seine Blüte entfaltet und wieder stirbt.

Die Frage hierbei ist jedoch: »Was ist die Blüte im menschlichen Leben?« Sicher nicht das Weinseminar oder eine Exkursion zur Akropolis, obwohl beides sehr interessant sein mag. Könnten wir nicht als ›Blüte‹ die Entfaltung zur Autonomie betrachten? Wenn wir den ›Ballast‹ aus unseren Köpfen schütteln, von dem Eric Berne gesprochen hat, ist es, als würden die letzten braunen Schalen von den Knospen abfallen, und die Blüte öffnet sich zu ihrer vollen Schönheit der Ursprünglichkeit. Insofern können wir – wieder bildhaft – die endlich gewonnene Autonomie in den Worten von Angelus Silesius beschreiben:

»Die Ros' ist ohn' Warum, sie blühet, weil sie blühet,
Sie acht't nicht ihrer selbst, fragt nicht, ob man sie siehet.«

Indem wir uns im Inneren die Bilder anschauen, die uns das zeigen, was wir anstreben, indem wir uns schon jetzt mit dem identifizieren, was wir werden wollen, sind wir es schon fast, bzw. dann wird Lernen ganz leicht und vor allem: dann katapultiert es uns nicht zurück in den Minderwertigkeitskomplex.

Dies ist auch die Essenz des im Folgenden beschriebenen Interventions-Sets: Der Therapeut/die Therapeutin soll nach Möglichkeit nicht nur die richtigen Interventionen zur richtigen Zeit geben, er/sie möge auch die Haltung einnehmen, die den Klienten/die Klientin zur Identifikation mit dem zu erreichenden Ziel veranlasst. Dass sich Klienten mit ihren Therapeuten identifizieren, ist so natürlich, wie dies Kinder mit ihren Eltern tun. Denn die Identifikation ist die beste Lehrmeisterin. Von dem großen Pädagogen

Pestalozzi soll der Ausspruch stammen: ›Erziehung ist … Vorbild, Vorbild, Vorbild.‹ Psychotherapie ist ja auch in gewisser Weise Erziehung, die pädagogische Ebene sollte im Bewusstsein der TherapeutInnen nicht ausgeblendet werden. Letztendlich, wenn man es ganz genau betrachtet, ist jeder Umgang mit Menschen ein bisschen Erziehung. Wir können ihn zumindest so für uns in Anspruch nehmen. Es heißt ja auch, dass Kinder sich – in kinderreichen Familien, im Kindergarten – untereinander ›erziehen‹. Warum sollte dies nicht auch für Erwachsene zutreffen? ›Das Leben schleift uns ab‹, heißt es.

Schlucken wir also die ›große Medizin‹ oder schlecken wir genussvoll den ›Power-Snack‹, machen wir uns immer wieder bewusst, dass wir heute schon sein können, was wir morgen werden möchten. Mit dieser Einstellung mobilisieren wir unsere Ressourcen, und eines Tages stellen wir vielleicht fest, dass die unsichtbaren ›Heinzelmännchen‹ in unserem Inneren die Arbeit schon getan haben und der Erfolg einfach da ist.

Spiel mit Schein und Sein – die perfekte Inszenierung

Noch etwas gibt es zu bedenken, wenn man die Arbeit mit den Interventionsregeln verstehen will:
TransaktionsanalytikerInnen gehen davon aus, dass die Menschen, die zu uns kommen, ihr Leben nach einem Skriptmuster ausgerichtet haben. Das heißt, sie spielen eine bestimmte Rolle auf ihrer imaginären Bühne. Wenn dieses Drehbuch ihnen jetzt aber eher Schwierigkeiten bereitet, passt die einst getroffene Entscheidung nicht mehr zu den Gegebenheiten heute. Das alte Stück packt nicht mehr, es lockt niemanden mehr hinter dem Ofen hervor, die Betreffenden betreten die imaginäre Bühne gewissermaßen vor leerem Zuschauerraum, sie fühlen sich unverstanden und einsam. Sie brauchen also eine neue, eine bessere Inszenierung.
Heißt das, sie brauchen ein neues, besseres Skript? Vielleicht. Denn ich gehe davon aus, dass letztlich jedes Leben ein Spiel ist, das Leben an und für sich und auch das Universum als Ganzes ein großes Spiel. Hiermit meine ich nicht die ›Psychospiele‹, wie sie in der Transaktionsanalyse verstanden werden. Ich denke vielmehr an das ›freie Spiel der Kräfte‹, an eine Dynamik der Natur, an Bewegungs-

muster, die das Lebendige ununterbrochen vollzieht, so als befinde es sich in einem einzigen großen Tanz.

Dies berichten uns schon lange die östlichen Religions-Philosophien – der indische Gott Shiva zertanzt das Weltall, damit es immer wieder neu entstehen kann; und Gott Krishna beglückt die Menschen mit dem Spiel ›Lila‹, um sie zu unterhalten, bis sie so weit sind, dieses Spiel, das die Welt ist, zu durchschauen und nicht mehr an ihr zu hängen – und heute auch die Erkenntnisse der modernen Physik, vor allem die aus dem Quantenbereich. Demnach gibt es nichts wirklich Festes und Festgelegtes, alles setzt sich zusammen aus verschieden dichten Schwingungen, aus Vibrationen, die erscheinen und wieder vergehen.

Worauf es so gesehen im Leben ankommt, ist meiner Meinung nach, sich möglichst leicht einschwingen zu können in das große Ganze oder, anders gesagt, die bestmögliche Inszenierung seiner/ihrer selbst zu kreieren für die Zeit, die der/die Einzelne als Person in dieser Periode, die wir Lebenszeit nennen, auftritt.

Die Frage lautet von daher: Welche Rolle spiele ich wie in welcher Umgebung, um möglichst viel Freude und Spaß an dieser Rolle zu haben, um gesund und heiter bleiben oder werden zu können?

Wenn ich meine Rolle perfekt spielen kann – und ich meine mit ›perfekt‹ so bewusst wie möglich –, wird das Leben einfach, leicht und heiter.

Diese ›Philosophie‹ passt sehr gut in die heutige schnelle, komplexe Zeit und wird in Zukunft sicher noch stärker zum Ausdruck gelangen. In der Transaktionsanalyse ist sie ja mit dem im Zentrum stehenden ›freien Kind‹, das unbefangen, spontan, kreativ und intuitiv ist, bereits ausgesagt.

Wie ich oben schon ausgeführt habe, definierte Berne den gesunden, autonomen Menschen als jemand, der über ausreichende Bewusstheit verfügt und so frei ist, Spontaneität und echte Nähe zuzulassen. Diese Definition ist der Leitfaden für die Psychotherapie mit Transaktionsanalyse bzw. für die ›perfekte Inszenierung‹, wie ich es nenne. Aber auch für Gespräche außerhalb des therapeutischen Rahmens hilft die ›Philosophie der perfekten Inszenierung‹, sich nicht so schnell ineinander zu verhaken, die ganze Sache – worum immer es gehen mag – nicht allzu wichtig zu nehmen und sich vor allem nicht darin zu ›verbeißen‹. Weil das weder den Zähnen noch der Leichtigkeit des Lebens gut täte.

Mit welchem Anliegen auch immer die Klienten kommen, ich betrachte es als meine Aufgabe, ihnen für den Lebensvollzug, den sie gerne für sich erreichen möchten, die dafür nötige Bewusstheit und Freiheit zu vermitteln. In diese Grunddimension lassen sich die individuellen Wünsche der Einzelnen mühelos einbetten.

Das wiederum bedeutet, dass ich als Therapeutin bewusst die ›Zügel des psychotherapeutischen Prozesses in die Hand nehmen‹ muss, dass ich also bewusst das Geschehen steuere. So laufe ich nicht Gefahr, in alte Skriptstrickmuster mit hineingewoben zu werden. Wir können uns das Ganze auch in einem einfachen, schönen Bild vorstellen: ein junges Pferd, das geschult wird. Es kommt zuerst an die Longe, an die lange Leine und wird im Kreis bewegt, um sich an das Geführtwerden und an den gleichmäßigen Schritt der verschiedenen Gangarten zu gewöhnen. Es soll sich dabei ›sammeln‹, d. h. zu innerer Ruhe und Ausgeglichenheit bei hoher Aufmerksamkeit und Konzentration gelangen. Konzentration wurde von jeher und bei allen Völkern durch Kreisbewegungen und Kreistänze geübt. Sie entspricht einem archetypischen Bedürfnis des Menschen, denn sie symbolisiert den Kosmos und seine Entstehung aus dem Keim im Zentrum oder – in der Sprache der Astrophysik – aus dem ›Urknall‹.

Wir kennen das Imkreisgehen deshalb aus vielen alten, Kultur übergreifenden Ritualen, aus Tänzen der ganzen Welt – bekannt geworden sind vor allem die Kreistänze der Derwische, der mystischen Tradition des alten Orient – die sich alle zum Zweck einer höheren Bewusstheit gedreht haben.

Ob es sich also um die Schulung eines eleganten Pferdes, um die Suche nach spiritueller Ekstase oder schlicht und einfach um gelungene Psychotherapie handelt, der Vorgang hierzu ist immer der gleiche: Wir müssen, um auf eine höhere Bewusstseinsstufe zu gelangen, die Energie kon-zentrieren, sie in einer Kreisbahn kohärent und immer stärker, immer feiner werden lassen, bis die Vibration so fein ist, dass sie ganz leicht gelenkt werden kann. Mit der gekonnten Anwendung der acht Berne'schen Interventionsregeln ist dies sehr gut möglich.

Das Pferd, das geübt ist, sich zu konzentrieren, gibt sich dann dem Zügel hin, es wird ›weich im Maul‹, es ›tritt unter‹, das heißt, es sieht aus, als schwebe es über dem Boden – es ist absolute Aufmerksamkeit.

Wenn man so etwas bei einem Pferd erreicht, warum sollte man es nicht auch bei einem Menschen können? Eine entsprechende Motivation ist natürlich Voraussetzung hierfür. Doch wer möchte nicht die Leichtigkeit des inneren Schwebens erleben? Was möglich wird, wenn der ›Ballast‹ aus dem Kopf entfernt ist.

Nachdem wir uns so ›aufgerüstet‹ haben, also in der Lage sind, eine entsprechende Haltung als GesprächspartnerIn einzunehmen, schauen wir uns im Einzelnen die von Berne vorgeschlagenen Interventionen an.

Wenn Sie mögen,
können Sie doch zuvor noch eine kleine Übung machen: Was immer sie gerade tun, vor allem, wenn Sie mit anderen Menschen in Kontakt sind, mit Ihrer Familie, Ihren Freunden, Kollegen oder auch fremden Menschen, stellen Sie sich vor, das, was Sie tun, findet auf einer Bühne in einem Theater statt. Sie und Ihre ›MitspielerInnen‹ stehen oben auf den ›Brettern, die die Welt bedeuten‹; unten im verdunkelten Zuschauerraum sitzt das Publikum. Nun stellen Sie sich vor, Sie könnten sich teilen: Sie agieren sowohl auf der Bühne, sitzen aber auch gleichzeitig im Zuschauerraum und sehen sich auf der Bühne in Aktion. Betrachten Sie sich und diejenigen, die mit Ihnen spielen, und versuchen Sie herauszufinden, um was für ein Stück es sich hierbei handeln könnte. Ist es ein Drama, eine Tragödie oder eine Komödie? Belustigt Sie es oder macht es Sie traurig oder gar ärgerlich? Und wie könnte das Drehbuch heißen?
Wenn Sie Spaß an dieser kleinen Übung haben, dann können Ihnen künftig eigentlich gar keine Pannen mehr in Gesprächssituationen passieren, denn dann sind Sie gefeit dagegen, sich, die anderen und die jeweiligen Situationen allzu ernst zu nehmen.

KAPITEL 3

Die Befragung und die Spezifizierung

Ich stelle hier und im Folgenden die einzelnen Interventionen paarweise vor, denn der inneren Logik dieses ›Gesprächs-Power-Sets‹ entspricht die Zweierbeziehung der verschiedenen Interventionsmöglichkeiten.

Erste Intervention: Die Befragung

Als erstes – das wird jedem einleuchten – bietet sich die ›Befragung‹ zur Eröffnung eines Gesprächs an. Es ist hiermit aber nicht ein Ausfragen gemeint und auch keine ›Anamnese-Erhebung‹, also kein Aufnehmen von Lebensdaten des Klienten/der Klientin, wie es bei anderen Psychotherapieverfahren in der Regel der Fall ist. Berne hat das Abfragen lebensgeschichtlicher Daten zu Beginn einer Psychotherapie ausdrücklich abgelehnt. Er meinte, durch diese Informationen würde der Therapeut/die Therapeutin nicht mehr in der Lage sein, gänzlich unbefangen, unmittelbar das Skript des Klienten/der Klientin zu erkennen. Er selbst hatte die Erfahrung gemacht, dass er das Wesentliche – im eigentlichen Sinn dieses Wortes, also das Wesen – des/der anderen am besten intuitiv erfasst und dass die Intuition durch zu viele Informationen nur gestört wird. Überdies würde die Intuition auch sehr eingeengt oder gar zugedeckt von einem Eltern-Ich, das mit Vorurteilen befrachtet ist. Lebensgeschichtliche Daten des Klienten/der Klientin können bei Therapeuten schnell solche Vor-Urteile auslösen, weil die Therapeuten ja durch ihre eigene Geschichte erlebt und in ihrer Ausbildung gelernt haben, welche Folgen diese oder jene Situation, in der das Kind gewesen ist, beim späteren Erwachsenen auslösen kann. Kann, aber nicht unbedingt muss.

Darum geht es: Die einzelne Lebensgeschichte ist so einmalig, dass man mit einer festgelegten Theorie sehr vorsichtig an sie herangehen sollte. Allein das, was jemand tut und sagt, wie er/sie sich verhält und zeigt, kann für die entsprechende Skriptentscheidung aufschlussreich sein, die das Kind in diesem Menschen einst getroffen hat. Die Skriptentscheidung herauszufinden ist das Agens in der Psychotherapie mit Transaktionsanalyse.

Die Befragung gilt also eher einer freundlichen Einladung in das gemeinsame Tun, oder sagen wir besser: in die Inszenierung des Stückes, das wir von jetzt an eine Zeit lang gemeinsam ›spielen‹ werden (wobei hier wieder nicht die Dynamik eines ›Psychospiels‹ gemeint ist).

Wenn die Skriptentscheidung dem Klienten/der Klientin bewusst wäre, könnte sie leicht erfragt werden, doch sie ist in der Regel nicht bewusst – allerdings bewusstseinsfähig. Dennoch wird sie gewissermaßen ›zur Schau getragen‹, denn Menschen richten ja nach dem Skript, das sie in ihrer Kindheit ›geschrieben‹ haben, ihr Leben ein. Sie brauchen und ›suchen‹ die entsprechenden MitspielerInnen, und manchmal wollen sie auch die einmal getroffene Entscheidung auflösen und durch eine neue ersetzen. Wichtige Hinweise auf die Art des Skripts finden sich in dem, wie Menschen ihr Äußeres gestalten, wie sie sich kleiden, frisieren, Frauen sich schminken, wie sie gehen, stehen, sitzen, sprechen, welche Worte sie verwenden usw. Manchmal steht auch recht Aufschlussreiches auf dem T-Shirt. Eric Berne hat die Besonderheiten des Äußeren, also das, was sozusagen ›aus dem Rahmen‹ oder was ›auffällt‹, ›Skriptzeichen‹ genannt. Es lohnt sich, danach Ausschau zu halten. Es sind die Merkmale, die uns ›in die Augen springen‹, die uns ›stolpern‹ lassen.

Aus diesen Überlegungen heraus fragt der Transaktionsanalytiker/die Transaktionsanalytikerin zuerst nach dem Skript des Klienten/der Klientin, und zwar so lange, bis er/sie es wirklich herausgefunden hat. Natürlich will man nicht direkt wissen: »Wie sieht Ihr Skript aus? Was beinhaltet es?« Die wichtigste ›Frage‹, die nicht nur TransaktionsanalytikerInnen, sondern alle TherapeutInnen fragen sollten, ist die ›fragende Beobachtung‹. Am besten wäre natürlich die reine, von Vorurteilen, Theorien und Konzepten ungetrübte Beobachtung, also das Sehen ohne den ›Ballast‹ im Kopf. Was nicht heißt, dass der Therapeut/die Therapeutin sein/ihr Gegenüber anstarrt wie ein Raubvogel, der gerade zum Flug auf eine Beute ansetzt. Sigmund Freud nannte den Zustand, in dem sich idealerweise der Therapeut/die Therapeutin während des Gesprächs befindet – ich habe es weiter oben schon gesagt: ›gleich schwebende Aufmerksamkeit‹. Besser kann man diese Haltung nicht bezeichnen.

Die psychische Energie für die ›gleich schwebende Aufmerksamkeit‹ oder die – verbal nicht ausgesprochene – Frage: »wer bist du?« stellt das Erwachsenen-Ich in Verbindung mit dem Kind-Ich des Therapeuten/der Therapeutin ihm/ihr zur Verfügung, denn das unbefangene, unmittelbar schauende Kind sieht vieles, was einem erwachsenen Menschen oft entgeht. Doch das Erwachsenen-Ich muss klar und bereit sein, das vom Kind Geschaute aufzunehmen, um es so nach und nach zu einem spezifischen Bild, das den Klienten/die Klientin besser beschreibt, als er/sie es in Worte zu fassen vermag. Nicht nur beim allerersten Kennenlernen sollte die aufrichtig gestellte Frage: »Wer bist du?« im Kopf des Therapeuten/der Therapeutin auftauchen, sondern im Grunde stets im entsprechend wachen Bewusstsein die Beziehung begleiten.

Diese für alle Beziehungen so wichtige Frage sollte nicht allein TherapeutInnen vorbehalten bleiben, alle Menschen können sie ständig stellen, nicht nur ihrem Gegenüber, sondern allen Wesen und Dingen, vor allem auch sich selbst. Denn nur so wird der entsprechende Bewusstseinszustand im Sinne der ›großen Medizin‹ aufrechterhalten. Gerade in Partnerschaften, vor allem in langjährigen Beziehungen, wie einer ›alten Ehe‹, ist diese Frage von hoher Bedeutung, je länger, desto mehr. Denn Menschen, die schon lange zusammen sind und miteinander leben, glauben sich ›durch und durch‹ zu kennen, stets zu wissen, was der/die andere will oder nicht, was in ihm/ihr vorgeht usw.

Da gibt es die hübsche, sehr bezeichnende Geschichte von dem alten Ehepaar, das nach 30 oder 40 Ehejahren zufällig über ihre Vorlieben beim täglichen Frühstück spricht. Und da stellt sich heraus, dass der Mann dachte, seine Frau möge lieber die untere Hälfte des Brötchens statt die obere. Obwohl er eigentlich am liebsten die untere Hälfte selber gegessen hätte, verzichtete er seiner Frau zuliebe darauf und aß die obere. Sie dagegen hätte am liebsten die obere Hälfte gegessen, verzichtete jedoch ebenfalls ihrem Mann zuliebe darauf und aß brav die ihr zugeteilte, aber nicht gewünschte Hälfte des Brötchens.

Sie meinten einander genau zu kennen, ohne sich jedoch miteinander darüber auszutauschen. Im Schwäbischen nennt man so eine Haltung ›vorbeiopfern‹. Doch wenn schon jemand bereit ist, für jemand anderen etwas zu opfern, dann sollte es auch ein richtiges Opfer sein und keines, das am Eigentlichen vorbeigeht.

Dazu ist also die Frage: »Wer bist du?« und »Was willst du?« nötig. Sie kann weitergeführt werden mit der Frage: »Magst du dich mir zeigen?« Und zur Bekräftigung könnte noch signalisiert werden: »Ich interessiere mich für dich, ich möchte dich gerne kennen lernen.«

Wie gesagt, diese Einstellung darf nicht nur zu Beginn eines Gesprächs, eines Treffens, einer wie auch immer gearteten Kommunikationseinheit vorhanden sein, sie sollte immer wieder neu, immer wieder interessiert, ein Leben lang, unausgesprochen, und auch gelegentlich verbal, gestellt werden.

In der Therapie mit Transaktionsanalyse steht zu Beginn einer jeden Stunde – nicht nur zu Beginn der Behandlung, da aber besonders! – die Frage nach dem, was der Klient/die Klientin möchte. Diese unbedingte Abklärung des Behandlungs- bzw. Gesprächsziels wird, vielleicht ein wenig streng korrekt, ›Vertrag‹ genannt. Zu Beginn einer jeden Kommunikationseinheit steht also ein ›Vertrag‹, der gemeinsam erarbeitet und formuliert wird. Auch hier finden wir wieder die Maßgabe Bernes, doch zuerst den ›Ballast‹ aus dem Kopf zu entfernen, bevor wir in eine Interaktion mit anderen gehen. Nur so ist eine Kommunikation gewährleistet, die zu beiderseitiger Befriedigung verläuft.

Also fragt der Therapeut/die Therapeutin: »Was wollen Sie?« Die meisten Menschen sind auf so einen Therapiebeginn nicht gefasst, und manche reagieren mit Abwehr darauf. Deshalb kann es angebracht sein, diese grundsätzliche Frage ein wenig zu verändern, z. B. »Was wollen Sie … erreichen, verändern, bearbeiten?« Oder: »Was ist Ihr Ziel? Wo wollen Sie hin?«

Hier finden wir auch wieder die Erfahrung, dass die Identifikation mit dem Ziel schon der halbe Weg dorthin ist, so wie wir uns mit der ›großen Medizin‹ identifizieren und schon fast weise sein können.

Manche Menschen reagieren allerdings auf die Frage: »Was wollen Sie?« verständnislos, weil ihnen schon in der frühen Kindheit das eigene Wollen abgesprochen wurde. Kinder durften bei den alten Erziehungsmethoden nichts ›wollen‹, sie hatten schlicht und einfach das zu tun, also das zu wollen, was die Eltern wollten. Bei diesen Menschen ist dann auf die Frage überzugehen: »Was ist der Grund, weshalb Sie zu mir kommen?«

Unter TransaktionsanalytikerInnen gibt es das Bonmot, dass man eine Therapie im Grunde allein mit drei Fragen durchführen könnte. (Drei Fragen, die gestellt werden und beantwortet werden müssen, ist übrigens ein häufiges Märchenmotiv:)
Die drei wichtigen, transaktionsanalytischen Fragen lauten:
1. »Was wollen Sie?« bzw. »Was wollen Sie verändern?«
2. »Was sind Sie bereit, dafür zu tun?«
3. »Wie geht es Ihnen damit?« bzw. »Wie fühlen Sie sich dabei?«
Nach diesem Ablauf folgt ein zweiter, dann ein dritter Durchgang usw., so lange, bis der/die Betreffende glücklich und zufrieden ist.
Diese Überlegung ist im Grunde recht gut, sie lässt sich allerdings auf Grund des ›Ballasts‹, den wir alle im Kopf mit uns herumtragen und den wir nicht bereit sind aufzugeben, nur schwer durchführen. Doch können wir durchaus diese drei Fragen anvisieren (statt des vielen ›Ballasts‹) und mit ihnen die entsprechenden, unserer Kultur angepassten Fragen stellen.
Mit der ersten Intervention, der ›Befragung‹, ist also eine *Einladung* gemeint. Sie soll so formuliert werden, dass der/die Angesprochene sich zum Gespräch eingeladen fühlt.
Will beispielsweise die Ehefrau mit ihrem Mann ein Gespräch führen, das über den täglichen Informationsaustausch hinausgehen soll, will sie mit ihm Grundsätzliches, vielleicht ihre Beziehung, besprechen, platzt sie mit ihrem Anliegen nicht einfach nur so heraus, womöglich noch, wenn er mit etwas ihm Wichtigen beschäftigt ist, z. B. gerade die Lieblingssportsendung im Fernsehen anschaut oder ein neues Computerprogramm einspielt. Vielmehr lädt sie ihn zu dem Gespräch mit ihrem Wunsch und der Frage ein:
»Ich möchte gerne einmal etwas mit dir besprechen, was mir sehr wichtig ist …« oder »Ich habe das Bedürfnis nach einem ausführlichen Gespräch mit dir …« »… und bitte dich, mir zu sagen, wann du Zeit dafür hast …« oder »… und möchte gerne von dir wissen, ob du das auch willst und wann wir uns zusammensetzen können?«
Das klingt auf den ersten Blick ein wenig förmlich, und manche Leserin wird vielleicht sagen: »So reden wir nicht miteinander, das fände mein Mann komisch.« Mag sein, doch diese Meinung würde dem ›Ballast‹ im Kopf entsprechen, dem gewohnten Muster ›so reden wir nicht‹. Es wäre dagegenzuhalten: ›Warum eigentlich nicht?‹ ›Warum nicht einmal etwas anderes ausprobieren, ein wenig frischen Wind über die eingefahrenen Geleise wehen lassen?‹

Auch Kindern und Jugendlichen gegenüber ist es durchaus angebracht, sie mit einem freundlich vorgebrachten Wunsch und der anschließenden höflichen Frage um einen Gesprächstermin zu bitten – auch und gerade wenn ein ›ernstes‹ Thema ansteht, z. B. so: »Ich möchte gerne mit dir über ... sprechen – wann ist es dir recht?« Kinder sind eigene Persönlichkeiten und haben ein Recht, als solche genau so respektvoll behandelt zu werden, wie man mit Erwachsenen umgeht.

Scheuen wir uns nicht, unser Verhalten und unseren Sprachgebrauch zu verändern. Gerade die Sprache ist ja ein wichtiges Ausdrucksmittel und sagt viel über das aus, was im Inneren des Menschen vorgeht. Man braucht nicht überaus eloquent zu sein oder sich in geschliffenen Redewendungen zu üben. Viel wichtiger ist, dass man ohne unnötige Umschweife direkt das sagt, worum es einem geht. Wenn man sein Anliegen in Frageform kleidet, dann gibt man ihm damit die nötige Geschmeidigkeit und lässt dem anderen gleichzeitig die Freiheit, nicht sofort, sondern zu einem von ihm/ihr bestimmten Zeitpunkt darauf einzugehen.

Die Frage zu Beginn eines Gesprächs stellt also eine Öffnung dar, so wie zu Beginn eines Buches oft ein Vorwort steht, ein Theaterstück mit einem Prolog oder eine Oper mit einer Ouvertüre eingeleitet wird.

Der große abendländische Philosoph Sokrates verstand es, ›durch geschicktes Fragen und Antworten die in einem Menschen liegende richtige Erkenntnis herauszuholen‹ (Philosophisches Wörterbuch 1969). Diese von ihm entwickelte Kunst wurde griechisch ›Maieutik‹ genannt = ›Hebammenkunst‹.

Warum sollten wir uns nicht auch dieser Kunst bedienen und damit vielen gesunden ›Gesprächskindern‹ auf die Welt helfen?

Zweite Intervention: Die Spezifizierung

Im Falle eines psychotherapeutischen Gesprächs geht es nach der einleitenden Frage und der gegebenen Antwort, mit der Intervention der ›Spezifizierung‹ weiter. Sie empfiehlt sich, sowohl aus Gründen der gesteigerten Aufmerksamkeit als auch zur Sicherheit vor ›Psychospielen‹. Zum Beispiel:

»Habe ich Sie richtig verstanden, Sie meinten ...?« Oder:
»Führen Sie das doch bitte noch ein bisschen näher aus.« Oder:
»Sagen Sie doch noch mehr dazu.« Oder:
»Mir ist noch nicht ganz klar, worum es Ihnen geht.« Oder:
»Ich möchte mir noch ein genaueres Bild dieser Situation machen.«

Die Spezifizierung dient zum einen der Genauigkeit dessen, was der Klient/die Klientin möchte, zum anderen beugt sie einem möglichen Widerruf der zuvor gegebenen Antwort und damit auch einem Widerstand vor. Denn manchmal antwortet der/die Betreffende schnell auf die eingangs gestellte Frage, merkt dann jedoch, schon ein bisschen mehr gesagt zu haben, als ihm/ihr hinterher vielleicht recht ist, und leugnet möglicherweise im Laufe des weiteren Gesprächs das Gesagte oder verdrängt es und weiß es dann nicht mehr. Die Spezifizierung hält das bisher Ausgeführte also fest, verhindert, dass es wieder im Unbewussten versinkt, und trägt somit auch zur Aufrechterhaltung des Bewusstseins bei. Was ja im Sinne der ›großen Medizin‹ sehr erwünscht ist.

Aber auch wenn es sich bei einem Gespräch nicht um ein therapeutisches handelt, baut die Spezifizierung entsprechend mehr Aufmerksamkeit und Bewusstheit auf. Das schadet niemandem. Wenn also die Ehefrau, der Ehemann, die Mutter, der Vater, die Kollegin, der Kollege oder wer auch immer mit wem zu sprechen wünscht, die Antwort auf die Frage, die das Gespräch einleitet und zum Gespräch einlädt, spezifiziert – »du sagtest also ...« – sind die beiden Gesprächs- und BeziehungsteilnehmerInnen sich schon ein Stück näher gekommen. Weil durch die Spezifizierung auch das Interesse des/der Fragenden noch einmal bekundet wird und die beiden nun schon etwas gemeinsam haben, nämlich die spezifizierte bzw. bestätigte Antwort auf die Gesprächseinladung.

Man kann den Beginn eines Gesprächs – Befragung und Spezifizierung – mit einer Einladung zum Essen vergleichen:
- Frage: »Hast du Lust, morgen zu mir zum Abendessen zu kommen, wenn ja, wann würde es dir passen?«
- Antwort: »Ja, ich komme gerne, sagen wir um sieben Uhr.«
- *Spezifizierung*: »Schön, ich freue mich, also dann bis morgen, sieben Uhr.«

Für die therapeutische Situation könnte es so aussehen:
- TherapeutIn, Befragung: »Was möchten Sie für sich (heute) bearbeiten?«
- KlientIn: »Ich möchte gerne herausfinden, warum ich mich immer wieder so über meinen Vorgesetzten aufrege.«
- TherapeutIn, *Spezifizierung:* »Heißt das, Sie regen sich nicht nur gelegentlich, sondern sehr oft über Ihren Vorgesetzten auf?«
- KlientIn: »Ja, eigentlich immer, egal was er tut oder sagt.«

Der Therapeut/die Therapeutin fordert den Klienten/die Klientin auf, präzise zu sein, sich festzulegen. Denn es könnte sein, dass der Klient/die Klientin im Laufe dieser Arbeit an einen Punkt kommt, der ihm/ihr unangenehm ist, weil z. B. deutlich wird, dass er/sie etwas auf den Vorgesetzten projiziert und sich eigentlich darüber ärgert, was er/sie an sich selbst nicht mag. Auf Grund der Spezifizierung kann er/sie dann nicht sagen:
»Ach, so schlimm ist es ja gar nicht, ich rege mich nur gelegentlich über ihn auf.«
Die Projektion aus dem ›Schattenbereich‹ muss also angeschaut werden.
Auch zum Schutz des Therapeuten/der Therapeutin bzw. des therapeutischen Prozesses kann eine Spezifizierung der Antwort auf die eingangs gestellte Frage wichtig sein, nämlich dann, wenn der Therapeut/die Therapeutin sich nicht ganz sicher ist, ob er/sie sein/ihr Gegenüber wirklich richtig verstanden hat. Wenn z. B. jemand auf die Frage, worum es denn (heute) geht, nicht nur mit einem Satz, sondern gleich mit einer ganzen Kaskade von Sätzen antwortet, ist es wichtig, dass der Therapeut/die Therapeutin mit der Spezifizierung den Punkt des Geschehens, der relevant ist, herausholt, z. B.:
»Geht es Ihnen jetzt in erster Linie um die Beziehung zu Ihrem Mann oder um die zu Ihren Kindern?«
Zu beachten ist allerdings, dass die Spezifizierung nicht übertrieben wird, dass sie nicht zu einer ›Überdetaillierung‹ ausartet. ›Überdetaillierung‹ nennt man in der Transaktionsanalyse ein Kommunikationsverhalten, das nicht bei der angesprochenen Sache bleibt, sondern so genannte ›Nebenschauplätze‹ einrichtet. Also jemand ›entwischt‹ aus der Beziehung mit seinem/ihrem Gesprächspartner, indem er/sie beginnt, übermäßig ins Detail zu gehen, z. B.: »… wenn

du darüber mit mir reden möchtest, dann müssten wir erst einmal genau abklären, was du von … hältst, was es für dich bedeutet, warum du mit mir darüber sprechen willst, was deine genauen Gründe sind. Und überhaupt, was versteht man denn schon unter …« Diese Art zu kommunizieren entspricht einer ›passiven Haltung‹. Das heißt, der/die Betreffende ist nicht bereit, sich offen, direkt, verantwortungsvoll in das Gespräch und damit in die Beziehung einzulassen, sondern sich auf ›Nebenschauplätze‹ zu entziehen. Der/die Betreffende scheut die Eindeutigkeit und klare Stellungnahme zum Inhalt des Gesprächs, verschleiert das Gesagte lieber im ›Nebel der Uneindeutigkeit‹, um vom Gesprächspartner/von der Gesprächspartnerin nicht auf eine klare Aussage festgelegt zu werden. Die meisten Sätze, in denen das unpersönliche ›man‹ verwendet wird, deuten auf so eine innere Passivität hin, und das Gesprächsgegenüber wird nicht lange Lust haben, in dieser Weise weiterzureden, denn es ist nicht nur anstrengend, es vergeudet nicht nur die wertvolle Beziehungsenergie, sondern es wird auch schnell langweilig. So bleibt der/die ›Überdetaillierende‹ bald wieder für sich allein, fühlt sich aus dem Kreis der anderen ausgeschlossen, weil sich niemand lange für ihn/sie interessiert, und klagt dann vielleicht: »Da sieht man's mal wieder …, mich mag/versteht niemand.« Es ist zu vermuten, dass er/sie in einem ›Einsamkeitsskript‹ gefangen ist, wobei die ›Schuld‹ für die Einsamkeit, in die der/die Betreffende gerät, stets bei den anderen gesucht wird.

Also Achtung bei Menschen, die gerne übermäßig stark ins Detail gehen – sie lassen in aller Regel jedes Gespräch ins Leere laufen.

Auch das Gegenteil der Detaillierung, nämlich die Generalisierung, kann ein intensives vernünftiges Gespräch unmöglich machen. Zum Beispiel:

Zum Kollegen/zur Kollegin: »Ich möchte gerne mit Ihnen über die Urlaubsvertretung sprechen, die Sie ja für mich übernehmen, können wir das gleich machen?«

Antwort: »Ach, Urlaubsvertretungen sind immer schwierig.«

Der/die Antwortende ist also nicht auf die Frage des Kollegen/der Kollegin eingegangen, sondern hat eine generelle Aussage gemacht und damit das Gespräch gestoppt, bevor es noch richtig begonnen hat. In der Transaktionsanalyse nennt man die Überdetaillierung und die Übergeneralisierung ›blockierende Transaktionen‹. Ein bisschen ins Detail zu gehen und auch mal eine generalisierende, d. h. verallgemeinernde Aussage zu machen, ist ja in Ordnung, nur wenn es übertrieben wird bzw. wenn der/die Betreffende dazu neigt, mehr oder weniger ständig mit solchen Kommunikationsabläufen zu operieren, finden Gespräche schnell ein Ende und sind auf Dauer unbefriedigend.

Neben der ›Überdetaillierung‹ und der ›Übergeneralisierung‹ gibt es noch eine dritte Form der blockierenden Kommunikation: die ›tangentiale Transaktion‹. Hierbei handelt es sich um verschiedene Ebenen, auf denen sich zwei Gesprächspartner befinden. Man kann dies recht gut bei Interviews, vor allem wenn PolitikerInnen befragt werden, hören: Die Befragten antworten nicht direkt auf die gestellten Fragen, sondern haarscharf ›daneben‹, tangential. Wenn man nicht genau hinhört, kann man meinen, beide reden vom selben Thema, doch bei kritischem Hinhören merkt man, dass sie eigentlich von unterschiedlichen Dingen sprechen. Natürlich – doch leider – ist dieses Gesprächsverhalten auch in Partnerschaften sehr verbreitet. Jeder hat seine eigenen Vorstellungen und Ansichten im Kopf, hört nicht wirklich dem/der anderen zu und spricht sozusagen aus dem ›Ballast‹ heraus statt aus dem freien, klaren Kopf.

Ein Beispiel: Ein Ehepaar baut das gemeinsame Haus um, um mehr Platz für die älter werdenden Kinder zu schaffen. Der Ehemann ärgert sich, dass seine Frau die Handwerker nicht genügend beaufsichtigt, sodass einiges schief läuft. Sie meint, er will, dass sie kräftig mit anpackt, doch ihr fehlt die Zeit und auch die Kraft dazu, denn mit der täglichen Hausarbeit ist sie voll ausgelastet. Wenn er abends – müde von der Berufsarbeit – nach Hause kommt, stellt er ärgerlich fest, dass dieses und jenes nicht oder falsch gemacht ist, und sagt ihr das. Sie ist auch müde, hört ihm nicht genau zu, sondern fühlt sich nur angegriffen, verteidigt sich, verliert dabei aber schnell ihre Haltung und beginnt zu weinen oder auch zu schreien. Das versteht er nun überhaupt nicht, denn er will ihr ja nur sagen, worauf sie bei den Handwerkern achten soll. Das Ende eines solchen ›Gesprächs‹ ist jedes Mal seine Aussage: »Mit dir kann man nicht reden!«

Die – gute – Alternative wäre hier: Sie hört genau zu, was er will, spezifiziert, was ihr unverständlich ist, und sagt klar und eindeutig, was sie machen will und kann. Er hört genau zu, was sie zu sagen hat, spezifiziert, was er nicht verstanden hat, und fragt nach, ob sie bereit ist, bzw. Kapazität frei hat, die Aufgaben zu übernehmen, die erforderlich sind, damit der Umbau bald abgeschlossen werden kann.

Ein Einwand, den ich häufig höre, wenn ich auf diese Art der Gesprächsführung aufmerksam mache, ist:
»So zu sprechen ist doch unnatürlich in einer Partnerschaft – so redet man höchstens in geschäftlichen Zusammenhängen, wenn es um wichtige Dinge geht, z. B. um Verträge.« Meine Antwort lautet dann:
»Ist eine Partnerschaft denn unwichtiger als eine geschäftliche Verbindung? Und braucht das, was man in einer Partnerschaft miteinander vereinbart, weniger Verbindlichkeit?«

Die Unzufriedenheit, die viele Menschen gerade in nahen Beziehungen erleben, kommt ja gerade daher, dass die Partner einander signalisieren:
»Was wir beide zu besprechen haben, hat keine Bedeutung.«
Das ist sehr schade und auch schlimm, denn das heißt ja letztlich, dass die Betreffenden sich selbst nicht ernst nehmen. Von daher ist es gerade in der psychotherapeutischen Behandlung besonders wichtig, dass der Therapeut/die Therapeutin ganz präsent, uneingeschränkt aufmerksam im Gespräch mit den KlientInnen ist.
Welche Möglichkeiten gibt es, mit solchen blockierenden Transaktionen umzugehen, wenn wir nicht einfach das Gespräch abreißen lassen wollen?
Man könnte eine *Grundregel* für die Arbeit mit den ›Basic Techniques‹ formulieren:

Im Zweifelsfall wieder von vorne anfangen

Und dies empfiehlt sich auch bei blockierenden Transaktionen – zurückkehren zur Befragung und Spezifizierung. Ein Weitergehen auf der Interventionsskala würde eher ins Abseits führen. Wenn die Energie des anderen blockiert ist, also für den weiteren Gesprächsprozess nicht zur Verfügung steht, kann sie auch nicht genutzt werden. In so einem Fall würde nur der Therapeut bzw. derjenige, der das Gespräch begonnen hat und es auch zu einem guten Ergebnis bringen will, die eigene Energie für etwas ausgeben, was sich nicht lohnt und am Ende frustriert zurückbleiben.
Den ersten beiden Interventionen kommt von daher eine große Bedeutung zu. Sie entscheiden, wie das Gespräch verläuft, sie stellen

sozusagen den festen Unterbau für den weiteren Verlauf der Kommunikation dar. Wenn dieser Unterbau jedoch nicht stimmt, wenn er durch blockierende Transaktionen ›untergraben‹ wird, kann das dann Folgende nicht standhalten, es würde bei der nächsten kleinen Hürde kippen. Also lohnt ein Fortfahren nicht. Wann immer eine Unklarheit, ein Widerstand in einem Gespräch auftaucht, bedeutet Weitermachen ›vergebliche Liebesmüh‹, und das meint: zurück zum Anfang. So wie man manchmal beim ›Mensch-ärgere-dich-nicht-Spiel‹ zurück zur Ausgangsposition gehen muss.

Wenn aber alles gut läuft, der Gesprächspartner/die Gesprächspartnerin sich kooperativ zeigt, die Grundlage für das weitere Gespräch also klar ist, dann können die zwei nächsten Interventionsmöglichkeiten eingesetzt werden.

KAPITEL 4

Die Bestätigung und die Konfrontation

Vorweg ist zu sagen, dass Eric Berne die ›Bestätigung‹ erst an die sechste Stelle der ›Basic Techniques‹ und die Konfrontation bereits an die dritte Stelle gesetzt hat. Er vertrat aber auch die Ansicht, dass man die Interventionsregeln, die sehr wohl auf einer ›gesprächstechnischen Logik‹ aufgebaut sind, nicht unbedingt in der Reihenfolge anwenden müsse, in der er sie beschrieben hat. Ich habe die Erfahrung gemacht – sowohl mit KlientInnen als auch mit anderen Personen –, dass es meistens besser und leichter geht, wenn die Bestätigung schon bald, also nach der Klärung des Gesprächszieles, erfolgt. Um die Konfrontation schon an dritter Stelle zu bringen, bedarf es einer relativ gut entwickelten Ichstärke bei dem jeweiligen Gegenüber, über das viele Menschen der heutigen Zeit nicht in ausreichendem Maße verfügen.

Unter Ichstärke ist nicht ein egoistisches oder egozentrisches Verhalten zu verstehen – dieses würde gerade auf eine Ichschwäche zutreffen. An dieser Stelle scheint mir ein kleiner

Exkurs über das Ich

angebracht, wie es psychoanalytisch verstanden wird.

Das Ich enthält die Orientierungsfunktionen, mit deren Hilfe wir Menschen uns in uns selbst und in der Welt zurechtfinden. In der Psychologie C. G. Jungs sind es vier Funktionen, die ein gut entwickeltes Ich ausmachen: die Empfindung (oder reine Wahrnehmung), die Intuition, das Fühlen und das Denken. Eine dieser Funktionen ist bei den meisten Menschen sehr gut, die anderen in Abstufungen nicht so gut oder auch sehr wenig entwickelt. Das Ziel einer guten psychotherapeutischen Behandlung und erst recht das Lebensziel der Individuation, also die Entfaltung der Persönlichkeit zu ihrer Ganzheit, ihrer Vollständigkeit, beinhaltet unter anderem, die Entwicklung aller Funktionen anzuregen. Das schon erwähnte Buch ›Der Ich-Komplex und sein Arbeitsteam‹ von Ursula Eschenbach enthält viele Anregungen zu diesem Thema.

Auch der Jung'sche Analytiker Murray Stein (2000) gibt in seinem Buch ›C. G. Jungs Landkarte der Seele‹ eine gut verständliche Beschreibung des Ichs:

»Das Ich bündelt das menschliche Bewusstsein und verleiht unserem bewussten Verhalten seine Zielgerichtetheit und sein Ziel. Weil wir ein Ich haben, haben wir die Freiheit, Entscheidungen zu treffen, die sich möglicherweise über unsere Instinkte der Selbsterhaltung und Fortpflanzung hinwegsetzen. Das Ich enthält die Fähigkeit, große Materialmengen im Bewusstsein zu bewältigen und zu manipulieren. Es ist ein starker assoziativer Magnet und ein organisierender Faktor. Weil die Menschen eine solche Kraft im Zentrum des Bewusstseins besitzen, sind sie imstande, große Datenmengen zu integrieren und zu steuern. Ein starkes Ich ist ein Ich, das große Mengen bewusster Inhalte fassen und systematisch ordnen kann. Ein schwaches Ich dagegen kann nicht viel derartige psychische Arbeit leisten und unterliegt eher Impulsen und emotionalen Reaktionen. Ein schwaches Ich wird leicht abgelenkt, was dazu führt, dass dem Bewusstsein die Bündelung und konsistente Motivation fehlt.«

Dritte Intervention: Die Bestätigung

Im Kapitel über die Skriptentscheidung habe ich ausgeführt, wie wichtig es für das kleine Kind ist, dass es genügend Aufmerksamkeit von der Mutter erhält, dass es gesehen wird, weil es sich nur dadurch in seiner Existenz bestätigt fühlen kann. In der psychotherapeutischen Behandlung geschieht etwas ganz Ähnliches: Der Klient/die Klientin erleben bedeutsame Kindheitssituationen noch einmal, sie fühlen sich dem Therapeuten/der Therapeutin gegenüber zum Teil wieder so, wie sie sich als Kind der Mutter gegenüber gefühlt haben. Die frühe Kindheit wird sowohl im Inneren der Psyche als auch im therapeutischen Prozess wiederholt, und der Therapeut/die Therapeutin wirkt auf die Seele der KlientInnen wie einst die Mutter. Das ist ein ganz natürlicher und nicht zu vermeidender Zustand, er soll auch nicht vermieden werden. Denn gerade im Wiedererleben der damaligen Situation, in der Bewusstwerdung sowohl der schmerzhaften Defizite als auch der Schließung dieser Defizite durch die therapeutische Arbeit beginnt die Heilung.

Deshalb ist es von hoher Bedeutung, dass der Therapeut/die Therapeutin in erster Linie das innere Kind des Klienten/der Klientin sieht und diesem das vermittelt, was es damals dringend gebraucht hätte und schmerzlich vermisste. Und da die allermeisten Menschen unter zu geringer Anerkennung, einem mangelhaften Selbstwertgefühl leiden – vor allem die, welche eine Psychotherapie aufsuchen –, ist es wichtig, dass sie zunächst diese Anerkennung als Stütze ihres Ichs erhalten.

Zudem baut die Transaktionsanalyse ganz bewusst pädagogische Inhalte in die Therapie mit ein. Lob – oder ›stroke‹, wie es im Englischen heißt – wird gezielt in der psychotherapeutischen Behandlung benutzt. Natürlich nur da, wo es auch hingehört. Der Therapeut/die Therapeutin hat also sehr genau darauf zu achten, an welcher Stelle ein ›stroke‹ angebracht und hilfreich ist, an welcher er jedoch kontraindiziert wäre. Wenn z. B. jemand über ein selbstdestruktives Verhalten berichtet »… da hab’ ich mal wieder ziemlich viel Alkohol getrunken … zum Glück hat mich die Polizei nicht bei der Heimfahrt mit dem Auto erwischt …«, ist weder ein bestätigender Satz von Seiten des Therapeuten/der Therapeutin angebracht, noch auch nur ein mildes Lächeln erlaubt. Beides würde das Skript verstärken, das auf einen ›Verlierer‹ hinausläuft. Skriptverstärkende Interventionen sind absolut tabu! Eine einzige Intervention, die ein selbstdestruktives Verhalten des Klienten/der Klientin bestärkt, kann monatelange mühselige Therapiearbeit zunichte machen. Nach dem gerade geschilderten Satz »… da hab ich mal wieder zu viel getrunken …« würde sich eine Konfrontation anbieten, etwa so: »Ist es wirklich Glück, wenn Sie im angetrunkenen Zustand nicht von der Polizei erwischt werden? Ist es nicht eher Leichtsinn und mangelnde Akzeptanz Ihrer selbst, wenn Sie sich in Gefahr bringen?« (Konfrontationen können auch in Frageform gegeben werden.)

Falls so eine selbstdestruktive Aussage jedoch sehr früh in der therapeutischen Sitzung gebracht wird, würde ich sie noch nicht konfrontieren, sondern im Gedächtnis behalten und erst dann intervenieren, wenn ich sicher sein kann, dass genügend Vertrauen und eine positive Beziehung zwischen mir und dem Klienten/der Klientin aufgebaut ist.

Dieses Vertrauen und die positive Beziehung baut sich am ehesten auf, wenn das Kind im Klienten/in der Klientin entsprechend ›genährt‹ wird. Doch, wie gesagt, es ist enorm wichtig, dass nur das bestätigt wird, was förderlich für die Entwicklung des/der Betreffenden ist. Nach einer guten Spezifizierung »… ja, es ist schon so, dass ich mich permanent über meinen Vorgesetzen ärgere, ich brauche ihn nur von weitem zu sehen …« wäre zum Beispiel als Bestätigung angebracht:

»Es ist schön (es ist hilfreich für unsere Arbeit), dass Sie sich so genau bewusst machen, was in Ihnen vorgeht.« Oder (in einem anderen Fall):

»Toll, wie Sie sich Ihrem Chef gegenüber behauptet haben.«

Ausdrücke wie »toll«, »klasse«, »super« usw. mögen ein bisschen salopp klingen, doch sie sind recht gut geeignet, das Kind des anderen zu erreichen, besser als dies ›erwachsene‹ Formulierungen können, wie »Das haben Sie gut gemacht«. Auch wenn das – durchaus wohlwollende – Eltern-Ich den Klienten/die Klientin lobt wie einst Mama, Papa oder der Lehrer/die Lehrerin in der Schule, kommt dies nicht so gut an wie das fröhliche, innere Kind des Therapeuten/der Therapeutin, das sich mit dem Kind des Klienten/der Klientin freut. Denn das Eltern-Ich-Lob ›riecht‹ immer nach Leistung, nach ›noch besser werden‹, aber genau darum kann es in einer psychotherapeutischen Behandlung nicht gehen. Es empfiehlt sich vielmehr, einfach zu sagen:

»Oh ja, das kenne ich auch.« Oder:

»Das kann ich gut verstehen.«

Natürlich wirkt auch ein freundliches Kopfnicken oder ein Lächeln bestätigend. Aber bei diesen Ausdrucksformen ist wiederum sehr genau zu beachten, wann sie eingesetzt werden. Wenn zum Beispiel jemand erzählt, wie er oder sie von einem anderen Menschen beschimpft oder beleidigt wurde, oder wenn er/sie darüber spricht, dass ihm/ihr mal wieder ein dummes Missgeschick passiert ist, sind Lächeln und Kopfnicken völlig fehl am Platz. Denn damit würde nur das negativ Erlebte bestätigt und das jeweilige Skript bestärkt. Ein Therapeut/eine Therapeutin, der/die das Skript, das meistens einen destruktiven Ausgang anstrebt, bestätigt und bestärkt, ist schlechter als gar kein/e Therapeut/in. Manchmal lachen KlientInnen, wenn sie etwas Trauriges, Schmerzvolles oder Destruktives berichten, oder sie erzählen es, als sei es eine witzige Geschichte. Da muss man als TherapeutIn sehr aufpassen, nicht einfach gedankenlos mitzulachen, denn das würde ebenfalls das ungute Skript verstärken. In der Transaktionsanalyse wird so ein Lachen über eigene

Missgeschicke ›Skriptlachen‹ genannt. Da Lachen wie eine ›Streicheleinheit‹ für das Gehirn ist, da es beruhigend auf das zentrale Nervensystem wirkt – wie in verschiedenen wissenschaftlichen Studien herausgefunden wurde –, bedarf es gerade hierbei großer therapeutischer Aufmerksamkeit. Wenn das Gehirn im Hinblick auf selbstdestruktives Verhalten ›belohnt‹ wird, speichert es genau diese Erfahrung besonders fest in sein System ein.

Als ›*goldene Regel*‹ könnte man also aufstellen:

> Bestätigung ist äußerst wichtig, doch es darf nur das Hilfreiche und Fördernde bestätigt werden.

Auch in einem anderen Gesprächs-Setting als dem psychotherapeutischen ist die Bestätigung angebracht. Jeder Mensch freut sich, wenn er vom anderen gesehen, beachtet und gewürdigt wird. Niemand vergibt sich etwas, wenn er/sie dem/der anderen signalisieren: »Ich sehe dich, ich höre, was du sagst, ich akzeptiere dich.« Der Satz:

»Ich finde es toll (prima), dass wir so offen miteinander reden« oder »Schön, dass du dich auf das Gespräch mit mir einlässt« passt immer, gleichgültig ob das Gegenüber Ehemann oder Ehefrau, Sohn oder Tochter, Freund oder Freundin, Kollege oder Kollegin ist. Ein kleines ›Gesprächsbonbon‹ zwischendurch versüßt jedes Gespräch, tut jeder Beziehung gut.

Manchmal braucht der/die andere auch gar nichts anderes als eine Bestätigung.

Zum Beispiel rief mich vor ein paar Tagen meine Tochter an, die gerade eine neue Beziehung zu einem Mann begonnen hat. Diese Beziehung gestaltet sich jedoch nicht so einfach, weil sie keine guten Erfahrungen mit der Beziehung davor gemacht hatte. Nun will sie vorsichtig sein und weiß manchmal nicht so recht, wie sie sich am besten verhält. Also rief sie an mit der Bitte: »Ich möchte deinen Rat.«

Aus Erfahrung weiß ich, dass dies eine heikle Sache ist, und fragte erst einmal, worum es *genau* (Spezifizierung!) geht. Sie las mir einen Brief des möglichen neuen Partners vor. Ich fragte nach ihren Reaktionen darauf. Sie berichtete von ihren Gefühlen, die sowohl angenehm als auch unangenehm waren, und sie sprach von ihren ersten Gedanken einer möglichen Reaktion auf diesen Brief. ›Oh je‹, dachte ich da, ›wenn sie so reagiert, macht sie möglicherweise einiges kaputt‹, und ich fürchtete mich vor ihrer Frage:»Was soll ich denn jetzt tun?« Ich nahm – aus Erfahrung mit ihr – an, dass sie entweder meinen Rat im Moment annehmen, sich jedoch nicht daran halten, oder sofort argumentieren würde, dass sie so nicht reagieren könne. Ich forderte sie auf, noch ein bisschen mehr von ihren Gedanken und Gefühlen zu sprechen. Dann kam die gefürchtete Frage, ich zögerte noch ein bisschen mit meiner Antwort, da sagte sie:»Weißt du, was ich mir überlegt habe, wie ich reagieren könnte?« –»Nein, sag mal, was dir eingefallen ist.« Und sie gab – sich selbst – genau die Antwort, die ich ihr gegeben hätte. So brauchte ich diese nur noch zu bestätigen. Mir war daraufhin klar, dass sie eigentlich keinen Rat von mir gewollt hatte, sondern eine Bestätigung.

Es ist also eine gute Möglichkeit, in einem Gespräch nicht zu schnell voranzugehen und vor allem nicht alles gleich auszusprechen, was einem in den Sinn kommt. Viel besser ist es, den Gesprächspartner, in diesem Fall die Gesprächspartnerin, anzuregen, selbst eine Lösung zu finden. Dies gelingt mit aufmerksamem Zuhören, verständnisvollem Nachfragen, klarem Spezifizieren und reichlichem Bestätigen da, wo es etwas zu bestätigen gibt. Doch nicht jedes Gespräch gestaltet sich so konstruktiv, und es wird oft erforderlich, einen Schritt weiter zu gehen.

Vierte Intervention: Die Konfrontation

Eine Konfrontation ist eine Gegenüberstellung. Etwas – ein Sachverhalt, eine Unstimmigkeit in dem, was jemand gesagt oder getan hat, ein Widerspruch, der aus dem Gesagten deutlich wurde – wird dem/der Sprechenden ›gegenübergestellt‹, damit er/sie es sich genau ansehen und in sein/ihr inneres System einordnen kann. Gerade mit dieser Intervention wird Bewusstheit geschaffen, denn Bewusstsein braucht ein Gegenüber, etwas, das man betrachten kann. Bewusstheit ist eine Erkenntnisfunktion, und Erkenntnis geschieht nur, wenn etwas erkannt wird. Von daher gesehen ist also die Konfrontation eine sehr wichtige Intervention, die nicht zu unterschätzen ist. Andererseits braucht sie viel Fingerspitzengefühl, ja, sie erfordert eine gewisse Kunstfertigkeit, sonst verfehlt sie ihre Wirkung bzw. richtet manchmal auch Schaden an – wenn sie zum falschen Zeitpunkt und zu unsensibel gegeben wird. An dieser Stelle ist es besonders wichtig, sich als TherapeutIn der eigenen Befindlichkeit dem Klienten/der Klientin gegenüber bewusst zu sein, also die Qualität der ›Gegenübertragsreaktion‹ zu beachten. Ist diese aggressiv getönt, was durchaus der Fall sein kann, denn auch Therapeuten sind nur Menschen mit allgemein menschlichen Regungen, kann die Konfrontation zu hart und damit erschreckend ausfallen. Aber auch in einer nichttherapeutischen Gesprächssituation kann eine ärgerliche Hintergrundtönung die Konfrontation unwirksam werden lassen.

Dies ist zu beachten, wenn man diese Intervention wirklich effektvoll ›in Szene setzen‹ will, wozu sie nicht nur hervorragend geeignet ist, sondern wie sie unbedingt gegeben werden soll. Ich bereite sie vor, indem ich nach der Bestätigung eine kleine Schweigepause einlege. So wie es ein guter Schauspieler tut, der die Bedeutung des nächsten Wortes mit einer winzigen Satzpause davor erhöht. Sie wird ja ganz offiziell ›Kunstpause‹ genannt. Ich unterbreche allerdings an dieser Stelle nicht den Augenkontakt zum Gegenüber. Das ist ganz wichtig, denn mit dem Augenkontakt wird die Energie-Kohärenz aufrecht gehalten. Eine Konfrontation hat kaum eine Chance, angenommen zu werden, wenn der Energieaustausch zwischen den beiden Gesprächspartnern nicht stimmt. Da die Konfrontation in der Regel ein hohes Maß an Introspektionsbereitschaft voraussetzt, also darauf angewiesen ist, dass der/die Betreffende sich nicht vor der Selbstreflexion scheut, ist es gerade hier nötig, die Beziehungsenergie zu halten. Dies geht nur über die volle Aufmerksamkeit im offenen Augenkontakt. Was sich bei dieser Intervention zwischen den beiden abspielt, ist ausschlaggebend für das weitere Gespräch und oft auch für die Beziehung. Deshalb ist bei der Konfrontation höchste Sensibilität und Überlegung vonnöten.

In der Therapie mit Transaktionsanalyse heißt es, dass eine Konfrontation nur bei einem entsprechenden ›Vertrag‹ gegeben werden darf, das heißt, der Klient/die Klientin muss zu Beginn der Behandlung dem Konfrontieren zugestimmt haben. Das ist mit einer Frage zu klären, die beispielsweise lautet: »Möchten Sie, dass ich Ihnen sage, wenn mir eine Unstimmigkeit über das, was Sie sagen oder tun, auffällt?« Eine Konfrontation ohne so einen ›Vertrag‹ – die Formulierung lässt sich variieren – wirkt wie ein Überfall aus dem Hinterhalt, was einem Vertrauensbruch gleichkäme.

Auch in anderen Gesprächssituationen sollte ein entsprechender ›Vertrag‹ mit dem Gegenüber getroffen werden. Zum Beispiel: »Mir ist ein Widerspruch (eine Unstimmigkeit) aufgefallen. Möchtest du sie hören?« Oder:

»Mir fällt da gerade etwas auf, was mir wichtig für unser Thema (unser Gespräch) erscheint, möchtest du, dass ich es dir sage?«

Mit so einer Frage wird ebenfalls die psychische Energie des Gegenübers erhöht, denn er/sie ist jetzt entweder neugierig oder auch beunruhigt, auf alle Fälle aufmerksam und ›wach‹. Der offene Augenkontakt, der in dieser Wachheit stattfindet, ruft sehr viel Nähe in den beiden Gesprächspartnern hervor, die Energie, die in diesem Augenblick zu spüren ist, habe ich im Kapitel über die Zeitstruktur als ›Intimität‹ beschrieben. Sie entsteht, wenn beide GesprächspartnerInnen ohne Voreingenommenheit, ohne sich ›bedeckt‹ zu halten, einander begegnen. Diese Offenheit füreinander entspricht der höchsten psychischen Energie: der ›unpersönlichen Liebe‹, die als nicht erotisch-sexuelle Liebe der ›Agape‹ entspricht und auch mit dem Begriff ›Empathie‹, wie er in der Psychologie verwendet wird, verwandt ist. Wenn der/die Konfrontierende hingegen sein/ihr Gegenüber in ein ›Psychospiel‹ einladen würde, wäre es ihm/ihr höchstwahrscheinlich nicht möglich, einen offenen Augenkontakt herzustellen. Für die Konfrontation könnte als *goldene Regel* gelten:

»Wer konfrontieren will, muss absolut wahrhaftig sein.«

Dann kann sie eine sehr starke Wirkung erzeugen.

Hier sei noch einmal auf die unbewussten Motive des Therapeuten/der Therapeutin bzw. des/der Konfrontierenden hinzuweisen. Eigene aggressive Regungen, die von einem Gegenüber ausgelöst werden, das diese vielleicht durch passives Verhalten provoziert, hinter der eine versteckte, nicht zugelassene Wut lauert, sind nichts Schlimmes. Sie können jedoch das Gespräch in eine Sackgasse führen, wenn sie nicht erkannt werden. Nur wer weiß, welche Motive ihn/sie leiten, kann ein Gespräch bestimmt, weil bewusst, zum angestrebten Erfolg führen.

Mögliche Einleitungsformulierungen für die dann nachfolgende Konfrontation sind:

»Mir ist da gerade etwas aufgefallen …«
»Ist Ihnen schon einmal aufgefallen, dass …?«
»Kann es sein, dass …?«
»Ich sehe hier einen Widerspruch …«
»Sind Sie bereit, sich das einmal näher anzuschauen?« Oder auch:
»Sie haben meine Frage nicht beantwortet, hat das einen bestimmten Grund?«

In der nicht-therapeutischen Situation besteht die Konfrontation weniger darin, dass dem Konfrontierten seine eigenen inneren und äußeren Mechanismen analysiert werden – obwohl dies natürlich auch hier erfolgen kann –, sondern oftmals darin, dass derjenige, der das Gespräch initiiert hat, an dieser Stelle von sich, von ihren Wünschen, Befindlichkeiten, Bedürfnissen und/oder Frustrationen berichtet. Zum Beispiel wird vor den Gesprächspartner hingestellt: »Seit einigen Tagen geht es mir nicht so gut. Ich erlebe dich mir gegenüber als gleichgültig (ablehnend, feindselig) und möchte gerne von dir wissen, wie du dich mir gegenüber erlebst. Magst du mir das sagen?« Oder:
»Du hast innerhalb einer Woche zwei (drei) Termine abgesagt, die wir ausgemacht hatten. Ich kann deine genannten Gründe gut verstehen und akzeptieren. In mir tauchten allerdings Fantasien auf, dass du nicht die wirklichen Gründe gesagt hast. Diese Fantasien können mit meiner Geschichte zu tun haben, deshalb möchte ich sie gerne mit dir zusammen anschauen. Bist du dazu bereit?«
Hier ist also die Konfrontierende nicht die Beobachterin, wie im Falle einer Psychotherapie, sondern die Betreffende ist in das Geschehen involviert, sodass die Konfrontation das Innenleben von beiden betrifft, was sie nicht weniger heikel macht.

Im Laufe der Jahre habe ich es mir angewöhnt, der Konfrontation ein leichtes humorvolles ›Mäntelchen‹ umzulegen. Dieser Humor ist ganz leicht ironisch gefärbt, wirklich nur ein Häuchlein von Ironie, die nicht in meinen Worten, wohl aber in meiner Stimme und in der Mimik zum Ausdruck kommt.

Damit nehme ich der Konfrontation ihre ›kalte Schärfe‹, die sie oft auslösen kann. Sie jedoch nur warm und mild zu bringen, wäre nicht geeignet, denn so würde sie ihre Wirkung als aufrüttelnde, neue Energie mobilisierende Kraft verfehlen. Sie braucht eine gewisse Schärfe, um wirken zu können. So würde zum Beispiel auch eine Bihunsuppe ohne das Gewürz ›Sambal Olek‹ nicht den Geschmack bekommen, der sie auszeichnet.

Mein Erwachsenen-Ich vermittelt meinem Gesprächspartner/meiner Gesprächspartnerin mit der Konfrontation an und für sich:
»Du siehst, du bist mir wichtig, denn ich höre dir genau zu. Deshalb konnte mir auffallen, dass …«
Mit dem Häuchlein Ironie, das ich der Konfrontation hinzufüge, signalisiere ich darüber hinaus aus meinem wohlwollenden Eltern-Ich:
»Schau her, ich traue dir zu, dass du dich mit dieser Sache auseinander setzt.«
Und mit der Energie aus dem freien Kind-Ich:
»Weißt du, so wild ist das alles nicht, nimm es nicht allzu ernst.«
Die meisten Menschen leiden ja deswegen, weil sie ein Drama aus ihrem Leben machen. Mit der Bereitschaft, über sich selbst auch lachen zu können, steigen sie aus dem Drama aus und gewinnen das ›freie Spiel der Kräfte‹, das ihnen eine Neuinszenierung ihres Skripts für ein besseres, leichteres Leben ermöglicht.

Ob eine Konfrontation ›angekommen‹ ist, erkennt man – laut Berne – am befreienden Lachen oder einsichtsvollen Schweigen. Das befreiende Lachen ist natürlich kein Skript- oder ›Galgen‹-Lachen und das einsichtsvolle Schweigen ist kein gekränktes, d. h. Widerstands-Schweigen. Es ist also sehr wichtig, den Klienten/die Klientin nach gegebener Konfrontation genau zu beobachten und in sich selbst nachzufühlen. Das eigene Gefühl – das echte, klare, das im Bauch zu spüren ist, nicht das Ersatzgefühl, das man an den ›Lieblingssätzen‹ im Kopf erkennt – sagt am besten, ob das Gegenüber in einer guten Weise betroffen reagiert. Die Betroffenheit kann an den Augen abgelesen werden, denn jemand, der/die zu einer Einsicht gekommen ist, wendet den Blick nicht ab und findet auch keine Argumente, mit denen er/sie versucht, die Konfrontation als unsinnig zu erklären.

Wird die Konfrontation nicht angenommen, sondern verbal oder mit ablehnender Haltung, Mimik, Gestik zurückgewiesen, wäre ein Weitergehen mit den nun folgenden Interventionen nicht nur sinnlos, sondern auch Skript-verstärkend. Der Therapeut/die Therapeutin würde dem Klienten/der Klientin hinterherstolpern, statt den Prozess zu lenken. In der Vorstellung des Reiters mit seinem Pferd bestimmte dann das Pferd die Richtung, in die es läuft. Und die meisten Pferde laufen, lässt man die Zügel los, zurück in den Stall. Dies mag als Bild dafür dienen, dass im Stadium der Konfrontation viele Gespräche scheitern. Wird die Konfrontation als Anklage erlebt, zieht sich der/die Betreffende ärgerlich, gekränkt in sich selbst zurück oder geht zum Gegenangriff über. Versteht jemand die Konfrontation als Kritik oder erzieherische Maßnahme, verhält er/sie sich vielleicht ›ertappt‹, fühlt sich schuldig, hilflos oder gar gedemütigt und schweigt.

Der Angriff, die Rechtfertigung und das gekränkte Schweigen sind die ›Hauptübeltäter‹ eines Gesprächs, denn sie beenden, ja zerstören es. Auch wenn die Beteiligten an dieser Stelle noch weiter miteinander reden oder brüllen, weinen, toben, Geschirr zerschlagen – dies natürlich nicht während einer psychotherapeutischen Sitzung –, geht das Gespräch in seiner eigentlichen Bedeutung als ›sich selbst und einander besser kennen lernen, sich selbst und einander besser verstehen‹ kaputt. Deshalb scheuen viele Menschen Gespräche, deren Thema ›unsere Beziehung‹ ist. Vor allem Männer versuchen, sich um diese Art von Gesprächen zu drücken, sie finden es in der Regel überhaupt nicht spannend, über ›Beziehung zu reden‹, erklären solches als ›völlig unnötig‹ und reagieren oft auf so ein Ansinnen gelangweilt, irritiert, gereizt, müde, während die meisten Frauen erst richtig wach und munter werden, wenn sie eine Gelegenheit wittern, sich mit dem Partner über ihre Beziehung auszutauschen. Sie sind dann natürlich entsprechend enttäuscht, wenn aus dem Austauschen ein ›Schlagabtausch‹ wird, während der Mann ›es ja im Vorhinein wusste, dass reden nichts bringt‹. Reden über die Beziehung, meint er damit, nicht reden über seine Arbeit oder sein Hobby. Leider erlebt er meistens die Beziehung härter und frustrierender als seine Arbeit, und sein Hobby ist sie auch nicht. Das ist sehr bedauerlich, denn ›miteinander sprechen‹ wird nicht nur in der Völker- und Gesellschaftspolitik immer wichtiger, sondern auch in den privaten Beziehungen. Weil wir inzwischen so zivilisiert geworden sind – geworden sein sollten –, dass wir bei Unstimmigkeiten nicht mehr einfach draufhauen, so wie es Menschen tun, die innerlich noch so undifferenziert sind, dass sie weiterhin versuchen, ihre Probleme mit Gewalt zu lösen.

Es ist sicher deutlich geworden, dass die ›Konfrontation‹ eine *sehr sensible Intervention* ist, die viel Fingerspitzengefühl und wohl auch

Liebe oder wenigstens ein gesundes Maß an Respekt und Mitgefühl für die anderen braucht. Ist sie allerdings gelungen – das wird, wie schon ausgeführt, sicht- und spürbar am weiterhin offenen Augenkontakt, an der hohen Energie, die als Nähe zu spüren ist –, wurde die schwierigste Klippe schon genommen, und es besteht erst einmal ein Grund zum ›Feiern‹. Zumindest tut es jetzt beiden Gesprächspartnern gut, wenn es eine kleine ›Atempause‹ gibt.

Das ›Kunststück‹ der Atempause besteht allerdings darin, Entspannung zu schaffen, ohne die Spannung, die durch die Nähe entstanden ist, zu vermindern oder gar erschlaffen zu lassen. Deshalb sollte keiner der Gesprächspartner an dieser Stelle oder überhaupt während des Gesprächs aufstehen und den Raum verlassen, aber auch nicht plötzlich von einem anderen Thema zu sprechen beginnen. Für den weiteren Verlauf des Gesprächs ist es ganz entscheidend, dass die Energie nach der Konfrontation ›gehalten‹ wird. Es sollte kein Ausweichen geben, so wie ein Pferd am Zügel nicht ›ausbrechen‹ darf, also den Kopf nach oben recken und mit den Beinen unwillig dahinschlurfen. Im Gegenteil, die Energie des Gesprächs muss nach der Konfrontation – durch die nächste Interventionsart – noch erhöht werden, sonst droht das während der Konfrontation Erkannte nur allzu schnell wieder ins Vergessen des Unbewussten zurückzusinken und wäre für dieses Mal verloren. Es müsste in einem neuen, vielleicht dann mühseligeren, Durchgang nochmals geschaffen werden. Zum Glück gibt es eine Intervention, die uns das ersparen kann, die uns hilft, das Gespräch weiter spannend zu gestalten.

KAPITEL 5

Die Illustration und die Erklärung

Durch die paarweise Anordnung der acht Interventionen wird die Dynamik der Konfrontation als 4. Intervention deutlich. Sie steht an oberster Stelle der ersten vier und teilt somit die acht Interventionen. Das heißt, nach der Konfrontation beginnt ein neuer Zyklus, der erste ist zunächst einmal abgeschlossen.

Berne sprach davon, dass die ersten vier Interventionen dazu dienen, die ›Tür zu öffnen‹, und die zweiten vier, die ›Tür offen zu halten‹. Wenn die Tür erst einmal geöffnet ist, kann man sozusagen einen Fuß hineinstellen, um sie offen zu halten – ein alter Trick des Vertreters, der an der Haustür etwas verkaufen möchte. Nun sind Therapeuten keine Vertreter, die den Klienten etwas ›verkaufen‹ wollen, im Gegenteil, ein guter Therapeut wird nicht von sich aus wissen, was der Klient braucht, um gesund und glücklich zu sein. Dennoch ist es ihm ein Anliegen, das Richtige in einem angemessenen Zeitrahmen zu unternehmen, zum Wohle des Hilfe Suchenden. Und dazu gehört nun einmal, das Setting so zu gestalten, dass eine gute ›Arbeitsgemeinschaft‹ entsteht, in der Vertrauen, Nähe, Wärme (nicht übertriebene!) und Engagement die treibenden Kräfte sind, um so ›große Medizin‹ wirksam werden zu lassen. Die ersten vier Interventionen dienen dazu, dieses Ziel zu ermöglichen.

Doch damit sind wir weder am Ende des therapeutischen Prozesses noch des Interventions-Settings. Was jetzt folgt, ist die zweite Runde, die entweder in jeder oder in einer bestimmten Therapiestunde angewendet wird oder auch erst in einem fortgeschrittenen Stadium der Therapie. Es kann sein, dass es zu Beginn eines therapeutischen Prozesses in vielen Stunden nur bis hierher geht, es kann sogar sein, dass der Therapeut/die Therapeutin in vielen Stunden nur mit den ersten drei Interventionen operiert, weil die jeweilige ›Tür‹ vielleicht ein wenig ›klemmt‹. Für sehr früh und von daher schwer gestörte KlientInnen gibt es noch ein extra Interventions-Set, das ich später beschreibe.

Wenn wir also von zwei Interventions-Zyklen ausgehen, die aufeinander aufbauen, dann stellt der zweite Zyklus gewissermaßen die

›höhere Ebene‹ des ersten dar. So heißt es zum Beispiel auch in der Astrologie, dass die ersten sechs Häuser eines Horoskops die erste Lebenshälfte und die Ich-Entwicklung betreffen, während ab dem siebten Haus die zweite Lebenshälfte und die Du-Beziehungen stärker in den Vordergrund rücken.

Fünfte Intervention: Die Illustration

Wenn nun die Konfrontation gut angenommen worden ist, wenn das Gegenüber weder ›flüchtet‹ noch ›angreift‹, sondern vertrauend in der Beziehung bleibt, die Beziehungsenergie also aufrechterhält, dann ist es Zeit für ein ›Bonbon‹, für eine kleine ›Belohnung‹. Schließlich haben bis hierhin die beiden Gesprächspartner schon ein gehöriges Stück Arbeit geleistet. Nun dürfen sie sich etwas Schönes gönnen. Wohlgemerkt: ohne die Energie erlahmen zu lassen. Die Intervention der Illustration ist hierfür bestens geeignet. Denn sie lässt aufatmen, bietet Entspannung, mobilisiert jedoch auch genügend Spannung, Neugierde und Aufmerksamkeit, sodass der Prozess nicht unterbrochen wird.

Transaktionsanalytisch betrachtet aktiviert die Illustration die Energie im freien Kind – sowohl des Klienten/der Klientin als auch des Therapeuten/der Therapeutin. Denn Illustrationen sind Bilder, und diese entstehen im Kind-Ich.

Um die Wirkung der einzelnen Interventionen noch verständlicher zu machen, sei hier ein kleiner Ausflug in die Überlegungen Bernes über die ›Herkunft‹ der drei verschiedenen Ich-Zustände eingefügt. Sehr klar hat dies Leonhard Schlegel (1993) im ›Handwörterbuch der Transaktionsanalyse‹ ausgeführt:

»Berne unterschied *drei psychische Organe:* die *Archäopsyche,* die *Exteropsyche* und die *Neopsyche.*

Die *Archäopsyche* drücke sich in der kindlichen Haltung aus; die *Exteropsyche* drücke sich in einer elterlichen Haltung aus; die *Neopsyche* drücke sich in der erwachsenen Haltung aus.

Die Bezeichnungen Archäopsyche und Neopsyche wurden von Berne in Analogie zu den stammesgeschichtlich alten Hirnrindenteilen (archäopallium) und zu den phylogenetisch neuen Anteilen der Hirnrinde (neopallium) gebildet. Das Wort Exteropsyche bil-

dete Berne nach der Vorstellung, dass deren ›Inhalt‹ von außen (extero), nämlich von den Eltern, übernommen worden sei.«
Mit diesen Überlegungen hat Berne im Grunde schon das vorweggenommen, was heute die Wissenschaftler über die Arbeitsweise des menschlichen Gehirns herausgefunden haben. Einer dieser Hirnforscher, der sehr interessiert an der Psychoanalyse ist und in regem Austausch mit Psychotherapeuten steht, Gerhard Roth, Universität Bremen, sagte in einem Interview mit Wolfgang Borgmann von der ›Stuttgarter Zeitung‹ u. a.:
»Der Optimismus der psychoanalytischen Therapie ist wohl nicht in der Weise berechtigt, dass man allein mit Zuhören, mit Verbalisieren und Diskutieren schwere psychische Probleme beheben könnte. Sprache hat nur eine sehr begrenzte Einflussmöglichkeit auf die Verhaltenssteuerung. Es hat sich gezeigt, dass die Netzwerke, die im unbewussten Gehirn vorhanden sind, nicht in der Weise schnell verändert werden können wie die Netzwerke, die in unserer Großhirnrinde, also in unserem bewussten Teil des Gehirns, vorhanden sind. Unser Bewusstsein wird durch Netzwerke getragen, die schnell lernen und schnell vergessen können. Das Unbewusste hat Netzwerke, die langsamer und im Wesentlichen emotional lernen, aber nur schwer, wenn überhaupt, vergessen. Diese sind dann gegen Therapien auf der Grundlage von Gesprächen weitgehend resistent. Das heißt, den Patienten nur reden lassen, mit ihm diskutieren, ist keine allein selig machende Therapie.«
Transaktionsanalytisch übersetzt heißt dies: Die Archäopsyche, die Heimat des Kind-Ichs, entspricht weitestgehend den Netzwerken des Unbewussten, das nichts – oder nur sehr wenig – vergisst. C. G. Jung hat aus der Erfahrung und dem Material vieler Behandlungen, die er durchführte, diesen Teil der Psyche das ›Kollektive Unbewusste‹ genannt, in dem die Menschheitserfahrungen an und für sich gespeichert sind. Direkte Veränderungen können hier natürlich nicht, von niemandem erreicht werden, denn die Vergangenheit kann nicht verändert werden. Zu dieser Vergangenheit gehört aus der Geschichte der Bewusstseinsentwicklung auch die Welt der Bilder. Das bildhafte Denken ist viel älter als das abstrakte. Was in einem Bild beschrieben oder dargelegt wird, stimuliert also die Netzwerke des Unbewussten im Gehirn, in dem auch die Emotionen gespeichert sind. Deshalb heißt es in der Psychologie C. G. Jungs, dass Bilder, vor allem solche, die als Symbole erscheinen, starke Ener-

gieträger sind. Dem Bild einer Mutter, speziell dem der Mutter-gottes, wird höchste Verehrung entgegengebracht, das Bild eines kleinen Kindes weckt den Beschützerinstinkt, und die Fahne einer Nation als Symbol für das Vaterland verlangt Achtung und Respekt – ›bis in den Tod‹ (Rilke).

Wollen wir also in der psychotherapeutischen Behandlung nicht nur Einsicht erreichen, wozu das Erwachsenen-Ich in der Lage ist – denn Einsicht allein, meinen die Hirnforscher, genügt für die Ver-änderung, die eine gute Psychotherapie ausmacht, nicht –, müssen wir die Region des Gehirns ansprechen, die Emotionen hervorruft, die ein hohes Maß an psychischer Energie zur Verfügung stellt. Die-se beziehen wir aus der Archäopsyche.

Um möglichen Missverständnissen vorzubeugen, sei es noch einmal betont: Im Kind-Ich selbst kann nichts verändert, Erfahrungen der Vergangenheit können nicht gelöscht und auch nicht geändert wer-den. Doch das innere Kind kann aus dem Reservoir der Archäo-psyche, aus dem kollektiven Unbewussten über symbolträchtige Bilder die Energie mobilisieren, die das Erwachsenen- und das El-tern-Ich ›erschüttern‹, wie ein Erdbeben die Erde, und somit alte Lieblingsüberzeugungen einstürzen lassen, wie nicht besonders sta-bil gebaute Häuser bei einem starken Beben der Erde zusammen-fallen können. Genau das war ja die Aufgabe der antiken Dramen und Tragödien: über das Erschrecken und den Schauder die Seele der Betrachter zu läutern, zu reinigen, um so das Mitgefühl zu wecken, das zur ›Umkehr‹, zu neuen Ansichten und zum veränder-ten Verhalten führt.

Das heißt nun nicht – um wieder zur Intervention der Illustration zurückzukommen –, dass die Illustration schrecklich und schauer-lich sein muss. Ich habe die Aufgabe des antiken Dramas nur zur entsprechend drastischen Anschauung für die Wirkungsweise die-ser Intervention genutzt. Womit ich gleich auch eine Illustration ge-bracht habe.

Dass die Illustration nach einer – gelungenen! – Konfrontation sinn-voll ist, liegt nicht nur daran, dass sie entspannend bei aufrechter-haltener Energie wirkt, sondern auch daran, dass die Konfrontation schon eine gewisse Erschütterung der Ich-Zustände erzeugt. Des-halb kann diese für Menschen mit einem schlecht entwickelten Selbstwertgefühl so schwer verdaulich sein. Die Illustration über-nimmt dann sozusagen die Aufgabe eines Digestifs, einer Verdauungshilfe – wobei ich dies wiederum durch eine Illustration anschaulich gemacht habe.

Alles, was man sich bildhaft vorstellen kann, ›illustriert‹ das Gesagte. Deshalb ist es natürlich wichtig, eine dem Vorausgegangenen entsprechende Illustration zu verwenden. Wie in einer Zeitschrift, einer ›Illustrierten‹ ja auch das passende Bild zum Text gesetzt wird und nicht irgendeines, das vielleicht dem Schriftsetzer gerade gut gefällt.

Die Illustration mag somit eine, das bisherige Geschehen beschreibende Metapher sein, ein Vergleich mit einem Märchen, ein Hinweis auf entsprechende alte oder auch heute gebräuchliche Rituale, eine kleine Geschichte oder Anekdote.

In der Psychologie C. G. Jungs wird diese Gesprächstechnik ›Amplifikation‹ (= Erweiterung, weitere Ausführung, Ausmalung, Betrachtung einer Sache unter verschiedenen Gesichtspunkten) genannt. Man wendet sie dort gerne in der Arbeit mit Träumen an, jedoch erst, nachdem der Klient/die Klientin seine/ihre eigenen Einfälle, Assoziationen und Überlegungen zum jeweiligen Traum erschöpfend dargelegt hat.

Die Intervention der Illustration dient der Festigung der Einsicht, die aus der Konfrontation erwachsen ist, d. h., durch die Illustration kann die in der Konfrontation gewonnene Einsicht stärker ins Bewusstsein geschleust und verankert werden. Sie kann, wenn sie gut gewählt ist, das zur Veränderung nötige Mitgefühl – womit kein Selbstmitleid gemeint ist – hervorrufen und weiterhin vermag sie dem Kind-Ich so viel Freude bereiten, dass seine Motivation für die gewünschte Veränderung verstärkt wird. Auch das Vertrauen zum Therapeuten/zur Therapeutin gewinnt eine noch stabilere Grundlage. Das innere Kind fühlt sich wirklich verstanden, es entwickelt über eine schöne Illustration regelrecht Spaß an der therapeutischen Arbeit.

Es muss allerdings auch hier wieder darauf geachtet werden, dass die Illustration ›ankommt‹. Nicht nur das Kind-Ich soll Spaß haben und das Erwachsenen-Ich sich freuen, vor allem das Eltern-Ich sollte sich wohlwollend zeigen. Ein missmutiges, nörglerisches oder besserwisserisches Eltern-Ich – wieder an den averbal gezeigten Reaktionen zu erkennen, z. B. einer zweifelnd gerunzelten Stirn, Abwenden des Blickes, zusammengekniffenen Lippen oder über der

Brust verschränkten Armen, die wie ein unüberwindlicher Schutzwall wirken (Illustration!) – macht die schönste Illustration zunichte. So ein missmutiges Eltern-Ich wird, wenn es nicht kooperativ ist, das Kind hinterher ›strafen‹, indem es ihm z. B. Unreife vorwirft oder ihm Schuldgefühle bereitet, sich ›auf so etwas Unsinniges, Lächerliches, Kindisches eingelassen zu haben‹. Ja, es kann dem Kind vermitteln, dass es sich ›von einem unseriösen Therapeuten/einer nicht ernst zu nehmenden Therapeutin verführen ließ, Spaß zu haben, statt ernsthaft zu arbeiten‹. Es gibt leider noch viele Erwachsene mit so einem strengen Eltern-Ich, die finden, dass ernsthafte Arbeit keinen Spaß machen kann und darf. TransaktionsanalytikerInnen, die durchaus seriöse, kompetente und wirkungsvolle psychotherapeutische Arbeit leisten, halten dem entgegen, dass eine Therapiestunde, in der nicht wenigstens ein Mal herzhaft gelacht wurde, keine gute Therapiestunde war. Ich stimme dem zu, denn lachen entspannt und versöhnt, es streichelt die Seele. Und es hilft, das Skript, das in der Regel viel Tragisches enthält, zu entdramatisieren. Was nicht heißt, dass es in der Therapie mit Transaktionsanalyse nur lustig zugeht oder die KlientInnen nicht ernst genommen werden. Im Gegenteil: Es ist streng darauf zu achten, dass der Therapeut/die Therapeutin nicht an der falschen Stelle lacht, vor allem dann nicht, wenn KlientInnen eine ›Galgen-Transaktion‹ bringen wie z. B.: »Gestern habe ich mich ›wieder selber ausgetrickst … ha, ha, ha …« Oder:»Das geschieht mir gerade recht, dass ich mal wieder einen Unfall gebaut habe … ha, ha … so blöd kann auch nur ich sein … ha, ha …« An solchen Stellen muss der Therapeut/die Therapeutin ernst bleiben und sofort oder später, bei passender Gelegenheit dieses Galgenlachen konfrontieren.
(Über das Galgenlachen habe ich im Kapitel über die Bestätigung schon geschrieben, doch da dieser Punkt in einer Psychotherapie so wichtig ist, nehme ich hier nochmals dazu Stellung.)
Beispielsweise erzählt eine Klientin lachend, dass ihr Mann sie wieder massiv wegen ihrer »allzu lässigen Haushaltsführung« gerügt hatte. Da er sehr penibel und zwanghaft ist, prüft er stets nach, ob auch die Schränke innen immer sauber ausgewischt sind. Wenn die Frau dies nicht zu seiner vollen Zufriedenheit macht, weil ihr oft die Zeit dazu fehlt, »hält er mir eine saftige Gardinenpredigt«.
Sie lacht beim Erzählen, als sei diese Situation spaßig. Ich konfrontiere sie mit ihrem widersprüchlichen Verhalten:

»Sie erzählen von der Rüge Ihres Mannes, als sei dies für Sie eine lustige Angelegenheit.«
Da wird sie ernst und meint sichtlich betroffen:
»Ja, das stimmt. Das habe ich noch gar nicht so gesehen. Doch wenn ich darüber nachdenke, fällt mir auf, dass ich dies oft mache – etwas Trauriges lachend zu erzählen.«
Meine Konfrontation ist also angekommen. Ich warte einen Augenblick, dann sage ich:
»Da fällt mir die Figur des ›Bajazzo‹ ein, des lustigen Gauklers, der auf der Bühne lachen muss, obwohl ihm weh ums Herz ist.«
Sie lächelt ein wenig, ihr Gesicht wirkt jetzt gelöst, nicht mehr so verkrampft wie es aussah, als sie lachte, obwohl ihr eigentlich zum Weinen zumute war. Sie meint nachdenklich:
»Ja, so komme ich mir oft vor. Als spiele ich auf einer Bühne den Leuten etwas vor, was aber gar nicht meinem wirklichen Sein entspricht.«
(Ich werde später bei den folgenden Interventionen weiter von dieser Frau berichten.)
Die Illustration eignet sich auch gut, das Lieblingsmärchen des Klienten/der Klientin zu erfragen, z. B.:
»Fällt Ihnen nach dem, was sie gerade erkannt haben, eine Geschichte oder ein Märchen ein? Sie hatten doch sicher als Kind ein Lieblingsmärchen oder eine Lieblingsgeschichte. Vielleicht finden wir da noch einiges, was zu Ihrer Lebensgeschichte passt.«
So wird die – *gelungene!* – Konfrontation nicht nur aufgelockert, sie erhält auch noch eine tiefere Bedeutung – auf leichte Art –, denn das bildhafte Material wird aus den Tiefenschichten der Seele heraufgeholt.
Es ist allerdings darauf zu achten, dass man sich bei der Illustration nicht allzu lange aufhält und sich möglicherweise in literarischen Betrachtungen verliert, in Geschichten schwelgt oder von einer Anekdote mit einem »àpropos, da fällt mir noch etwas ein …« zur nächsten hüpft. Eric Berne meinte, bei der Intervention der Illustration möge sich der Therapeut/die Therapeutin an die ›*Theaterregel*‹ erinnern:

›Ein Komödiant sollte niemals zu lange auf der Bühne bleiben.‹

Und er fügte noch hinzu, dass es für einen Therapeuten besser sei, überhaupt nicht weiterzumachen als ›auf den Bauch zu fallen‹.

118

Da die Illustration meistens Spaß macht, ist es natürlich verführerisch, hier länger zu verweilen. Dies würde allerdings ihre Wirkung schmälern, weil die Aufmerksamkeit des Klienten/der Klientin bald nachließe und so die nötige Energie-Konzentration verloren ginge. Die Wirkung der von Berne vorgelegten ›Basic Techniques‹ liegt gerade darin, dass sie nacheinander die verschiedenen Ich-Zustände aktivieren und somit nicht nur für die Aufrechterhaltung der psychischen Energie sorgen, sondern auch dafür, dass alle drei Ich-Zustände angesprochen werden und somit das psychische Gesamtsystem Impulse für die gewünschte Veränderung erhält.

Sechste Intervention: Die Erklärung

Durch die Illustration wurde also viel Energie im Kind-Ich mobilisiert. Da es jedoch wichtig ist, dass die psychische Energie alle drei Ich-Zustände besetzt, muss jetzt verständlicherweise der Ich-Zustand beachtet werden, der dem Kind-Ich ›gegenüber‹liegt, denn die menschliche Psyche ist auf Dualität, auf das Gegensatzprinzip ausgerichtet. Wenn sich jemand in einem ›unausgeglichenen Seelenzustand‹ befindet, ist seine innere Energie – die Libido, wie es in der Psychoanalyse heißt – in einer Fixierung gefangen, das heißt, sie befindet sich überwiegend auf der einen Seite, in einem bestimmten Ich-Zustand, während die andere Seite, der entsprechende gegenüberliegende Ich-Zustand, nur mangelhaft mit Energie versorgt ist. Eltern und Kinder ergeben ein Ganzes. Wenn Kinder zu lange nur unter sich beschäftigt sind, kommen sie möglicherweise auf dumme Gedanken und hecken Streiche aus oder sie fühlen sich verlassen. Wenn Eltern zu lange nur unter sich sind, verfallen sie schnell in das Psychospiel ›Ist es nicht schrecklich?‹, sie sehen alles, was falsch läuft, oder sie beginnen mit einer strengen Prinzipienreiterei. Will man eine gelingende Psychotherapie ermöglichen oder ein gutes Gespräch führen, das ein vernünftiges Ergebnis ergibt, ist es also nötig, die Gesamtpersönlichkeit energetisch zu ›füttern‹. Der Illustration muss von daher die Gegenkraft folgen, und das ist die ›Erklärung‹. Der inneren Mutter, dem inneren Vater sollte nunmehr erklärt werden, dass ein Vorteil darin liegt, wenn das Kind sich amüsiert, wenn es fröhlich ist und es ihm gut geht. Wenn dies nicht der Fall ist, kann man das Eltern-Ich motivieren, doch für das Wohlergehen des Kindes Sorge zu tragen.

Dem Eltern-Ich der Frau, die sich auf die Illustration des Bajazzos dahingehend geäußert hat, dass sie sich oft so vorkomme, als spiele sie den Leuten etwas vor, was ihr gar nicht entspräche, kann der Therapeut/die Therapeutin zum Beispiel sagen:
»Ihr inneres Kind agiert also oft nicht frei und unbeschwert, sondern eher in einer Rolle, die gar nicht seine eigene ist.«
Oder, eine andere Möglichkeit:
»Kinder entscheiden sich oft, den Leuten lieber eine Rolle vorzuspielen, statt einfach nur sie selbst zu sein.«
Wenn hierauf eine Zustimmung, zum Beispiel: »Ja, das verstehe ich« oder auch nur ein zustimmendes Kopfnicken erfolgt, dann kann die nächste Intervention kommen. (Ich schreibe später noch darüber.)
Die Erklärung gibt dem Therapeuten/der Therapeutin eine gute Gelegenheit, sich direkt an das Eltern-Ich zu wenden und bei ihm für das innere Kind zu ›werben‹. Nicht jede Mutter, nicht jeder Vater, will unbedingt nur das Beste für ihr/sein Kind, bzw. das, was Vater und Mutter für ihr Kind wollen, braucht nicht wirklich das Beste für dieses Kind zu sein. Denn die Eltern wurden ja ihrerseits geprägt von elterlichen und anderen äußeren Einflüssen, sodass sie annehmen können, ihre Art mit dem Kind umzugehen sei die beste. Doch jedes Kind kommt als ein ganz eigenes Wesen, als ein Individuum auf die Welt, das einmalig ist und von daher auch einzigartige Bedürfnisse und Wünsche hat.
Dies dem Eltern-Ich zu erklären, führt – wenn es gut geht, d. h. wenn dieses Eltern-Ich sich kooperativ zeigt – dazu, dass es ein verändertes Verständnis für das innere Kind erlangt. Was absolut notwendig ist, denn kein Mensch kann sich weiterentwickeln, kein Kind kann sich frei entfalten, wenn die Eltern – es geht hier um die verinnerlichten Eltern, also um das, was die Betreffenden von ihren Eltern mitgenommen haben – es daran hindern, ihm diese Entfaltung verbieten. Deshalb ist es nötig, auf das Eltern-Ich des Klienten/der Klientin unbedingt mit großer Sorgfalt einzugehen, es ganz ernsthaft in das therapeutische Geschehen einzubeziehen. Wozu sich, wie gesagt, die Intervention der Erklärung sehr gut eignet.
Hier ist allerdings darauf zu achten, dass die Erklärung nicht schulmeisterlich ausfällt, dass der Therapeut/die Therapeutin mit der Erklärung zwar das Eltern-Ich des Klienten/der Klientin anspricht, je-

doch nicht mit diesem in Konkurrenz geht, nach dem Motto: ›Ich weiß es besser als du!‹ Darauf würde das Eltern-Ich des Klienten/der Klientin sicher verstimmt reagieren, und so wäre dem inneren Kind nicht gedient.

Man könnte deshalb als ›*goldene Regel*‹ hier sagen:

›Erkläre einfach, klar, kurz – und ohne Zeigefinger.‹

Berne meinte, der Therapeut/die Therapeutin ist dann am erfolgreichsten, wenn er/sie zum Klienten/zur Klientin stets so spricht, dass es ein siebenjähriges Kind verstehen würde. Das heißt: wenig Substantive, gar keine Fremdwörter, kurze, einfache Sätze, eine klare Stimme, die weder zu laut noch zu leise ist, ruhige Bewegungen und ein offener, freundlicher Gesichtsausdruck – ohne übertriebenem, ununterbrochenem Lächeln, das bald zu einer unnatürlichen Maske erstarren würde, ohne Stirnrunzeln oder angestrengt zusammengekniffenen Augen, ohne einer unbeweglichen, steifen Körperhaltung – einfach ganz natürlich, wie eine Mutter oder ein Vater dem Kind gegenübersitzt und ihm aufmerksam lauscht.

Gerade bei der Intervention der Erklärung ist es wichtig, nicht in ein langatmiges Intellektualisieren zu verfallen, weil dies das Kind im Gegenüber langweilen und damit die für das weitere Vorgehen notwendige energetische Spannung erlahmen lassen würde. Ein guter Merksatz für die Erklärung ist:

›*Keep it short and simple*‹, was man zur ›*Kiss*‹-Formel abkürzen kann.

Aber auch im nichttherapeutischen Gespräch bietet die Erklärung eine gute Möglichkeit, an dieser Stelle das Anliegen, um das es im Gespräch geht, noch einmal klar zu definieren. Zum Beispiel – vielleicht nach einem gemeinsamen Lachen über eine lustige Illustration: »Weißt du, mir ist das Gespräch mit dir deshalb so wichtig, weil du mir wichtig bist (weil es mir um eine gute Beziehung zu dir geht).« Oder:

»Mir wird während unseres Gesprächs eigentlich jetzt erst so richtig klar, wie wichtig mir das Gespräch ist (du mir bist).«

Ich habe ja weiter oben ausgeführt, dass es sinnvoll ist, die acht von Berne beschriebenen Interventionen nicht nur paarweise anzuordnen, sondern sie auch in zwei Gruppen einzuteilen. Mit der Gruppe der ersten vier Interventionen möchte der/die Gesprächsführende sein/ihr Gegenüber erst einmal für das Gespräch gewinnen, also

›einen Fuß in die Tür setzen‹. In der zweiten Gruppe geht es dann ›zur Sache‹, da sollen die Motivation und der Inhalt des Gesprächs wirklich klar werden. Insofern steht der Intervention ›Befragung‹ der ersten Gruppe die Intervention ›Illustration‹ der zweiten Gruppe gegenüber, und die Intervention ›Spezifizierung‹ entspricht der Intervention ›Erklärung‹. Die Erklärung ist somit eine Spezifizierung auf einer ›höheren Ebene‹. Sie lässt das bisherige Geschehen erst richtig deutlich werden. Und sie bereitet gleichzeitig schon einmal den Boden vor für die nachfolgenden Interventionen.

KAPITEL 6

Die Interpretation und die Kristallisation

Wir kommen zur letzten Runde der ›Basic Techniques‹ und damit natürlich auch zum Höhepunkt des therapeutischen Geschehens bzw. eines Gesprächs. Hier werden sozusagen die ›höheren Weihen‹ verliehen. Deshalb bedürfen die letzten beiden Interventionen besonderer Sorgfalt. Wenn bis hierhin alles gut gegangen ist, wenn das Gegenüber sich bereitwillig auf die verschiedenen Gesprächsstationen eingelassen hat, dann ist sehr viel erreicht. Es gibt allerdings noch eine schwierige Hürde zu nehmen. Diese beschreibe ich mit den nachfolgenden zwei Interventionen.

Doch zunächst noch einmal zur Erinnerung: Der Gesprächsverlauf mit den acht Interventionen kann sich auf jede Therapiestunde beziehen, man kann ihn jedoch auch unter dem Gesichtspunkt eines gesamten Psychotherapieprozesses sehen. Das heißt: Oftmals verlaufen die Therapiestunden in der Anfangssituation eines psychotherapeutischen Prozesses lediglich mit den Interventionen der Befragung, Spezifizierung und Bestätigung. Das genügt auch völlig. Manchmal, wenn der Klient/die Klientin sehr aufgeschlossen und bereit ist, kräftig mitzuarbeiten, kann auch zu Beginn schon zur Konfrontation mit anschließender Illustration übergegangen werden. Und noch später wird der Therapeut/die Therapeutin angeregt, alle acht Interventionen in einer Stunde anzuwenden, um einen möglichst intensiven Prozess zu fördern.

Auch in anderen Gesprächen kann man nach diesem Muster verfahren. In einem ›kleineren Gespräch‹, zum Beispiel zwischen einem Ehepaar, in einer Partnerschaft, Freundschaft etc. genügen die ersten drei, vier oder fünf Interventionen. Wenn in einem Gespräch ›größere‹ Angelegenheiten, Inhalte mit weit tragender Bedeutung ›verhandelt‹ werden, empfiehlt es sich, wirklich alle acht Interventionen anzuwenden. Weil gerade die letzten beiden das Gesprächsergebnis festigen können.

Siebte Intervention: Die Interpretation

In der psychotherapeutischen Arbeit geht es bei der Interpretation um den Zusammenhang zwischen dem, was gerade im Gespräch passiert, und dem, was ›darunter‹ liegt. Meistens betrifft es etwas, das früher in der Kindheit geschehen ist. Der/die Interpretierende, in diesem Fall der Therapeut/die Therapeutin, schiebt sich gewissermaßen ›zwischen‹ (›inter‹ heißt ja ›zwischen‹) das, was heute ist, und das, was gestern war. Oder zwischen das, was bewusst, und das, was unbewusst ist. Er/sie schiebt sich dazwischen und zeigt die Ähnlichkeit auf, die beides verbindet: das Heute mit dem Gestern, das Bewusste mit dem noch Unbewussten.

Insofern ist die Interpretation die interessanteste – im wahrsten Sinne des Wortes ›inter esse‹ = ›dazwischen sein‹ –, die anspruchsvollste, aber auch die schwierigste, ja, man könnte sagen: die ›Königin‹ unter den acht Interventionen. In der (klassischen) Psychoanalyse wird sie ›Deutung‹ genannt, und jeder Psychoanalytiker/jede Psychoanalytikerin weiß, dass es eine hohe Kunst ist, die richtige Deutung zum richtigen Zeitpunkt zu geben.

Die Interpretation erfordert nicht nur ein hohes Maß an Intuition und Sachkenntnis bei dem/der, der/die sie verwendet, sondern auch einen entsprechenden Blick für die jeweiligen Zusammenhänge, sozusagen den ›Durchblick‹ durch die Zeiten bzw. den Blick für die Verbindung des Bewusstseins mit dem Unbewussten. Eine Interpretation kann nur dann vorgenommen werden, wenn man in der Lage ist, Ähnlichkeiten zu erkennen.

Zum Beispiel kann ich die Frau, die lacht, obwohl ihr nicht zum Lachen zumute ist, jetzt fragen:

1. »Wen hat denn das kleine Mädchen damals zum Lachen bringen müssen?«
   Sie antwortet – mit einer kläglich kindlich klingenden Stimme: »Den Papa. Dann hat er nicht so viel mit der Mama geschimpft.«
   Oder:
2. Ein Mann möchte sich in einer Therapiestunde darüber klar werden, wie er sich seinem Vorgesetzten gegenüber so verhält, dass er sich nicht ständig mit ihm in ungute Auseinandersetzungen verwickelt, was auf Dauer seine Stellung gefährdet. Nachdem er die ersten sechs Interventionen gut angenommen hat, nimmt

jetzt, als er den zuletzt stattgefundenen Krach mit seinem Chef schildert, sein Gesicht den Ausdruck eines trotzigen Kindes an, und ich frage:

»Kann es sein, dass Sie sich Ihrem Chef gegenüber so verhalten wie damals als kleiner Junge Ihrem Vater gegenüber?«

Auch diese Intervention nimmt er gut an, was an einem tiefen Ausatmen zu hören und am nun wieder entspannten Gesichtsausdruck zu sehen ist.

Ein anderes Beispiel:

3. Eine Frau spricht darüber, dass sie sich von ihrem Freund oft nicht verstanden fühlt, und möchte herausfinden, woran das wohl liegen könnte. Es stellt sich heraus, dass sie ihm meistens gar nicht sagt, wie es ihr geht, was sie fühlt und bewegt. Ich frage sie, wie es ihr geht, wenn sie mit mir in der Stunde über ihre Gefühle spricht, und sie antwortet, dass es ihr dabei gut gehe, dass sie sich danach wie befreit fühle.

Ich *bestätige*, dass sie sehr lebendig von sich erzählt. Sie lacht, aber danach sieht sie traurig aus.

Ich *konfrontiere* sie mit dem Wechsel ihres Gesichtsausdrucks. Sie schweigt nachdenklich.

Ich *illustriere* auf das entsprechende Lied der Operette ›Land des Lächelns‹ bezogen:»Doch wie's da drinnen aussieht, geht niemand was an?« Ja, meint sie, das könne auch ihr Motto sein.

Der *Erklärung*:»Klar, man muss ja auch nicht jeden in sein Inneres schauen lassen«, stimmt sie ebenfalls zu. Doch dann laufen Tränen über ihr Gesicht, und da sie nun aussieht wie ein kleines, einsames Mädchen,

interpretiere ich:»Wäre es für Sie als Kind gut gewesen, so mit Ihrer Mutter reden zu können, wie Sie heute mit mir sprechen?« Sie nickt, und ich lasse sie eine Zeit lang in Ruhe.

An diesen drei Beispielen wird deutlich, dass die Interpretation eine sehr intime Angelegenheit ist, denn mit ihr kann man in die geheimsten Regungen der Seele eindringen. Nicht nur lebens-*geschichtliche* Zusammenhänge lassen sich mit dieser Intervention deutlich machen, auch lebens*notwendige* Entscheidungen treten hervor. Transaktionsanalytisch gesehen kann mit Hilfe der Interpretation die einst getroffene Skriptentscheidung, die ja auch ›Überlebensschlussfolgerung‹ genannt wird, erkannt und aufgedeckt werden.

Die Interpretation bringt also die einst getroffene Entscheidung ans Tageslicht, setzt diese ins Licht des Bewusstseins und öffnet somit die Tür für eine mögliche Veränderung des Skripts. Die Voraussetzung dafür ist allerdings, dass die Interpretation angenommen wird, dass der betreffende Mensch bereit ist, sich bzw. sein inneres Muster und sein äußeres Verhalten wirklich zu erneuern.

Ich habe es schon mehrmals betont: Echte, d. h. anhaltende, Veränderung ist nur mit hohem psychischen Energieaufwand möglich. Das heißt, seelische Veränderungen können am besten durch starke Gefühle erreicht werden.

Wir kennen Berichte von Menschen, die sagen: »Nach diesem Schicksalsschlag war ich nicht mehr der Alte.« Oder: »Die schwere Krankheit hat mich verändert.«

Allein seelische Erschütterungen haben die Macht, unser Inneres durcheinander zu bringen, das bisherige Puzzle des Lebens wie in einem Kaleidoskop auseinander fallen und sich neu wieder zusammensetzen zu lassen. Doch es müssen nicht unbedingt Schicksalsschläge oder schwere Erkrankungen sein. Es gibt ja auch noch die starke seelische Bewegtheit, die durch die höchste psychische Energie, die wir kennen, die Liebe, ausgelöst wird.

Mit der Intervention der Interpretation haben wir diese Stufe der Energiespannung, die der Liebe gleicht, erklommen. Vorausgesetzt natürlich, unser Gesprächspartner/unsere Gesprächspartnerin ist so weit mitgegangen und vor allem hat auch die Interpretation angenommen. Woran können wir hier erkennen, dass wir ›angekommen‹ sind? Nach der Interpretation genügt nicht ein einsichtsvolles Schweigen oder befreites Lachen als Reaktion. Hier geht es um mehr, hier müssen wirklich alle drei Ich-Zustände voll aktiviert sein: das Kind weiß, dass es erkannt, gesehen, verstanden ist. Nicht nur vom Therapeuten/von der Therapeutin, sondern vor allem von der inneren Mutter, dem inneren Vater. Wodurch ein starkes Gefühl des Miteinanderverbundenseins hervorgerufen wird. Und das Erwachsenen-Ich ist Zeuge dieses Vorganges, was ein Gefühl von Ehrfurcht in ihm auslöst. Zu sehen, wie ein Kind endlich die liebende Mutter, den liebenden Vater wieder findet, wie es sozusagen beglückt ›nach Hause‹, in die Arme seiner Eltern läuft, löst eine starke seelische Bewegtheit aus. Es ist so, als schauen wir uns im Fernsehen die Zu-

sammenführung von Familien an, die durch einen Krieg auseinander gerissen wurden.
Als ›goldene Regel‹ kann man sich für die Interpretation merken:

›Die Interpretation berührt den Trigger-Point.‹

Das ist die Stelle, die wehtun kann, die aber auch, wenn sie behutsam aufgelöst wird, sehr viel Erleichterung bringt. So ruft eine gut platzierte, sensibel formulierte Interpretation nicht selten Tränen hervor, aber auch tiefes Ausatmen und eine Körperhaltung, die sowohl locker als auch aufrecht und in guter Weise gespannt ist. Auf das tiefe Ausatmen folgen lange, ruhige Atemzüge, welche die innere Entspannung hören und sehen lassen, und die Tränen weichen nach einer kleinen Weile einem glücklichen Lächeln.
Würde der Klient allerdings an dieser Stelle in ein fürchterliches Schluchzen ausbrechen oder sich gar in Weinkrämpfen schütteln und sein Atmen wäre eher das eines Walrosses, das gerade aus dem Wasser auftaucht, müssten wir dies als ein Zeichen sehen, dass die Interpretation stark abgewehrt wird. Was durchaus vorkommen kann, wenn das innere Eltern-Ich noch nicht bereit ist, das innere Kind liebend anzunehmen. Was gäbe es dann zu tun? Natürlich käme nur eines in Frage: zurück zum Ausgangspunkt. Zum Beispiel mit der schlichten Frage: »Was ist jetzt?«
Meistens kommt in so einem Fall lange keine Antwort, weil der/die Betreffende gar nicht weiß, was in ihm/ihr los ist, er/sie fühlt sich einfach verwirrt und hilflos. Dies ist dann jedoch ein Zeichen dafür, dass das Erwachsenen-Ich sich weitgehend ausgeklinkt hat, weil es noch nicht stark genug ist (siehe den kleinen Exkurs in Kapitel 4 über das Ich), dem hoch differenzierten Prozess der inneren ›Eltern-Kind-Zusammenführung‹ zu folgen. Bei Menschen mit einer so genannten ›frühen‹ oder ›Borderlinestörung‹, die also in ihrer Persönlichkeitsstruktur auf der Grenze zwischen den Bereichen ›Neurose‹ und ›Psychose‹ gewissermaßen stecken geblieben sind, kann eine zu früh gegebene Interpretation solche verwirrenden Gefühlsstürme auslösen, weshalb in solchen Fällen vor dieser Art der Intervention zu warnen und auch abzuraten ist. Meistens kann man bei diesen Menschen nur bis zur Intervention der Bestätigung, allenfalls noch der Konfrontation gehen. Schon eine Illustration kann zu viel Emotion erzeugen, als dass sie noch sinnvoll wäre. Ich werde im nächs-

ten Kapitel noch einiges darüber schreiben, was Menschen brauchen, die kein voll entwickeltes Ich ausgebildet haben.
Bis jetzt habe ich die Interpretation lediglich für den psychotherapeutischen Bereich beschrieben. Wie nun ist sie anzuwenden in anderen Gesprächen? Dazu ist nötig, noch einiges vom Wesen dieser Intervention zu sagen.

Die Interpretation dient – das habe ich oben ausgeführt – der ›Zusammenführung‹ eines nun verständnisvollen Eltern-Ichs mit dem natürlichen, freien Kind-Ich, so wie es gewesen ist, bevor es seine Skriptentscheidung getroffen hat, die sein Leben einschränkte bzw. die es auf ein ganz bestimmtes Fühl-, Denk- und Verhaltensmuster festlegte. Durch die Interpretation soll das Ursprüngliche wiederhergestellt werden, welches das Kind bei seinem Eintritt in dieses Leben angetroffen hat.

Wenn jemand eine psychotherapeutische Behandlung aufsucht, dann möchte er/sie diesen ursprünglichen Zustand dort wiederfinden, weil er im Laufe des Lebens verloren gegangen ist. Aber auch Menschen, die sich keiner Psychotherapie aussetzen, möchten sich immer wieder so erleben, wie sie sich gefühlt haben, als ›die Welt noch in Ordnung war‹. Wer kennt denn nicht die Sehnsucht nach der ›heilen Welt‹? Viel beschworen in Happy-Ends von Märchen und anderen Geschichten, viel besungen in Schlagern und vor allem in der Volksmusik. Weil *alle* Menschen sich, auch diejenigen, die nicht mit den Differenzierungsmöglichkeiten ihrer Seele befasst sind, nach der ›heilen Welt‹ sehnen. Dies bedeutet, dass jeder Mensch empfänglich ist für eine Deutung seiner selbst, seines unmittelbaren, natürlichen inneren Kindes.

So gesehen ist es im Grunde keine große Kunst, gegen Ende eines gut gelaufenen Gesprächs den kleinen Jungen, das kleine Mädchen des Gesprächsgegenübers anzusprechen.

Zum Beispiel:

»Ach, es ist einfach schön, mit dir zu reden, du hast eine sehr verständnis- und auch liebevolle Seite.« Oder:

»Heute ist mir erst so richtig deutlich geworden, welche Qualitäten du hast – es macht Freude, mit dir zu sprechen.« Oder:

»Jetzt sehe ich erst so richtig, wie umsichtig (großherzig) Sie sind.«

Natürlich ist es wichtig, dass diese Sätze nicht als ›falsche‹ Komplimente – in der Transaktionsanalyse heißen sie ›Plastik-Strokes‹ – gesagt werden, um dem/der anderen zu schmeicheln. Das kann man vermeiden, indem man sich bewusst macht, dass jeder Mensch einmal ein Kind war und dass jedes Kind zunächst ›unschuldig‹ auf die Welt kommt, das heißt, grundsätzlich o. k. ist. An jedem Menschen, auch wenn dieser uns irgendwelche Schwierigkeiten bereiten sollte oder, besser gesagt, wir es uns mit diesem Menschen schwer machen, gibt es etwas, meistens sehr vieles, was nicht nur in Ordnung, sondern sogar außergewöhnlich, bemerkens- und liebenswert ist. Das herauszustreichen ist Aufgabe der Interpretation.

Insofern ist diese Intervention das Instrument, das die versteckten schönen Seiten eines Menschen aufspürt, so wie das ›Trüffelschwein‹ die edlen Pilze aus den tieferen Schichten der fruchtbaren Erde herausholt. Es gilt also, an dieser Stelle des Gesprächs das ›innere Trüffelschwein‹ zu aktivieren und das natürliche, freie Kind im Gesprächspartner/in der Gesprächspartnerin zu entdecken und ins Licht des Bewusstseins zu heben. Nichts dient mehr dazu, die Beziehung zu einem Menschen zu festigen oder auch erst lebendig werden zu lassen als das Heraufholen seiner/ihrer inneren Qualitäten. Dies wirkt absolut erotisierend, wenn wir Eros im Sinne des Beziehungen stiftenden Götterboten sehen, der mit seinen gezielt gesetzten Pfeilen die Herzen der Getroffenen in Liebe entfacht.

›In Beziehung sein‹ heißt demnach: auf die Suche nach den verborgenen Schätzen der Menschen zu gehen und diese dem- oder derjenigen zu präsentieren. Nicht umsonst wird davon gesprochen, dass letztlich der psychotherapeutische Prozess ein erotischer ist, denn Eros heißt Beziehung, und um Beziehung geht es immer in der Psychotherapie. Deswegen kommen die Menschen ja, weil sie gerade in diesem Bereich mehr oder weniger Defizite aufweisen, mehr oder weniger Schäden davongetragen haben.

Hier liegt natürlich auch eine große Gefahr: Da in einer guten therapeutischen Beziehung die Liebe im Klienten/in der Klientin aufblüht, was nur möglich ist, wenn der Therapeut/die Therapeutin seiner-/ihrerseits mit Liebe handelt, kann dies von beiden auch falsch verstanden und im schlimmsten Fall als übergriffig erlebt werden. Dass dies nicht geschieht, weil damit der ganze mühsam gestaltete Prozess zunichte gemacht werden würde, ist es überaus wichtig, die energetische Spannung zwischen den beiden – oder in einer Gruppe auch zwischen mehreren – Gesprächspartnern aufrechtzuerhalten.

Spannung kommt jedoch nur da zustande, wo es eine bestimmte Distanz gibt. Ein Band wird erst gespannt, wenn es an beiden Seiten gehalten und auf seine ganze Länge ausgedehnt wird. Wenn wir es einfach nur zwischen uns legen würden, wäre es als Verbindung sinnlos. Ein Auto beispielsweise, das abgeschleppt wird, kommt nur dann ins Rollen, wenn das Abschleppseil gespannt ist. Das heißt, es braucht Raum zwischen den Menschen, wenn sie sich miteinander auf die energetische Höhe, die wir Liebe nennen, begeben wollen.

Somit dürfte klar geworden sein, dass wir zu Recht die Interpretation als ›Königin‹ unter den Interventionen bezeichnen können, denn sie entspricht dem weiblichen Prinzip, das in erster Linie durch ›Beziehung‹ definiert ist. In den meisten Frauen – Ausnahmen bestätigen die Regel – scheint es so etwas wie ein ›Beziehungs-Gen‹ zu geben. Was leicht einzusehen ist, denn es sind (noch!) die Frauen, welche Kinder zur Welt bringen und diese, zumindest in deren erster Lebenszeit, versorgen. Da die Interpretation sowohl mit dem Unbewussten als auch dem Bewussten in Beziehung tritt, ist sie als Hauptbeziehungsfunktion im Bild der ›Königin‹ durchaus korrekt beschrieben. In der Psychologie C. G. Jungs heißt die Beziehungsfunktion ›Anima‹, sie ermöglicht vor allem der männlichen Psyche den ›königlichen‹ Zugang zum Gefühlsbereich und zur Kreativität. Da eine Königin natürlich einen König an ihrer Seite hat, wenden wir uns jetzt der nächsten Intervention zu.

Achte Intervention: Die Kristallisation

Sie ist die letzte der ›Basic Techniques‹, die Berne für einen Therapieverlauf zusammengestellt hat. Hier, in der Kristallisation, fließt nun alles zusammen, was mit den vorangegangenen Interventionen jeweils herausgearbeitet worden ist. Insofern stellt die Kristallisation den ›krönenden‹ Abschluss so einer Gesprächssequenz dar. Wir können, um beim Bild von Königin und König zu bleiben, hier ruhig von einer ›Hochzeit‹ sprechen. Die ›Königin‹ der Interpretation öffnet die seelische Schatzkammer, der ›König‹ der Kristallisation holt die Kronjuwelen hervor. Denn in der Kristallisation findet der Prozess, der von der ersten über die darauf folgenden Interventionen gelaufen ist, jetzt seinen Abschluss in einer Zusammenschau.

Hat der/die Betreffende die Interpretation einsichtsvoll, nachdenklich, vielleicht auch traurig, angenommen, kann der Therapeut/die Therapeutin die entscheidenden Punkte des bisherigen Geschehens zusammenfassen, sie ›kristallisieren‹ zu einer umfassenden Einsicht. Zum Beispiel:

»Ihnen ist heute deutlich geworden, dass erwachsen werden ein Prozess ist, der meist nicht ohne Schmerzen verläuft. Er verlangt, dass man einiges hinter sich lässt – z. B. den Wunsch nach der idealen Mama –, dass man auf alte, eingefahrene Verhaltensmuster verzichtet zugunsten von neuen, besseren und vor allem, dass man für alles, was man tut oder nicht tut, die volle Verantwortung übernimmt.«

Die Kunst, eine gute Kristallisation zu formulieren, besteht darin, sich dazu auf eine Gratwanderung zwischen Moral und notwendigem Hinweis zu begeben. Denn natürlich steckt in der Kristallisation als Endpunkt des Interventionssets auch das, was in vielen Geschichten als ›die Moral von der Geschicht’ …‹ genannt wird. Hier erweist sich die eigene Lebenserfahrung bzw. die gut gelungene Lehranalyse des Therapeuten/der Therapeutin als Schutz vor einem möglichen Moralisieren. Für den Klienten/die Klientin ist es in diesem Stadium der hohen Energie, die alle Sinne relativ weit öffnet, leicht zu spüren, ob in der Aussage der Kristallisation Lebensweisheit durchklingt, die aus erfahrenem eigenen Leid herrührt, oder ob der Therapeut/die Therapeutin diese Intervention ›aus dem Lehrbuch‹ gibt.

Die Kristallisation soll die Öffnung für eine Skriptveränderung schaffen, denn im vorangegangenen Geschehen sind dem Klienten/der Klientin die Zusammenhänge deutlich geworden, die ihn/sie damals als kleinen Jungen/kleines Mädchen veranlasst haben, sich für dieses entsprechenden Denk-, Fühl- und Verhaltensmuster zu entscheiden, das wir ›Skript‹ nennen. Erst wenn er/sie diese Dynamik kennen gelernt hat, sie also nicht nur theoretisch weiß, sondern in diesem Prozess noch einmal erlebte, kann er/sie sich entschließen, die als Kind getroffenen Schlussfolgerungen aufzugeben und sich neu im Leben zu orientieren.

Die drei Beispiele, die ich im Abschnitt über die Interpretation beschrieben habe, können nun folgendermaßen kristallisiert werden:

1. Ein Kind, das erlebt, wie grob und grausam die Mutter vom Vater behandelt wird, das Angst hat, selbst Objekt des brüllenden, schlagenden Vaters zu werden, hat sich, da es von Natur aus mit einem eher sonnigen Gemüt gesegnet ist, vorgenommen, ihren ganzen Charme und Witz einzusetzen, um den Vater aufzuheitern und so die Mutter und auch sich selbst zu schützen. Aus diesem Mädchen wird eine Frau, die stets lacht und vergnügt aussieht, ganz egal, wie es ihr geht.

2. Ein kleiner Junge, dessen Vater, Oberstudienrat, für seinen Sohn »nur das Beste« will und ihn entsprechend fordert, was dem Kleinen oft zu viel wird, findet für sich als ›Lösung‹ eine hartnäckige Widerstandshaltung, an der sich der Vater ›die Zähne ausbeißt‹ und endlich darauf verzichtet, das Äußerste von seinem Sohn zu verlangen. Diese Widerstandshaltung wird jedoch leider zur Lebenshaltung des erwachsenen Mannes und er stößt damit andere Menschen, vor allem solche, die in der Hierarchie über ihm stehen, vor den Kopf, was zu endlosen Schwierigkeiten im Arbeitsleben führt.

3. Ein Mädchen wächst bei einer allein erziehenden, berufstätigen Mutter auf, die meistens nicht zu Hause ist, wenn die Kleine von der Schule nach Hause kommt, und die am Abend zu müde ist, um sich die kleinen Alltagsberichte ihrer Tochter anzuhören. Am Wochenende gibt es dann so viel im Haushalt zu tun, dass auch wenig, oft keine Zeit zum Erzählen und Kuscheln mit der Mutter bleibt. Die Kleine verschließt ihre Gefühle, ihre äußeren und inneren Erlebnisse in sich selbst und ist auch später nicht mehr in der Lage, andere Menschen an dem zu beteiligen, was in ihr vorgeht.

Die Kristallisation könnte in allen drei Fällen etwa folgendermaßen lauten:
»Sie sehen, die Schwierigkeiten, die Sie heute haben, liegen in Ihrer Kindheit begründet. Das kleine Mädchen/der kleine Junge hat sich damals für ein ganz bestimmtes Verhalten entschieden, was auch vollkommen in Ordnung war, denn er/sie hat sich damit bestmöglich an seine Familie angepasst. Heute nun stimmt dieses Verhalten nicht mehr, da wäre ein anderes sinnvoller. Was für das Kind ein Schutz war, kann für den Erwachsenen ein Gefängnis sein.«

Manchmal wird es dem/der Betreffenden nach der Kristallisation aber doch angst und bange und er/sie erschrickt über seine/ihre eigene Courage – nach dem Motto: ›so genau wollte ich es gar nicht wissen‹. Denn es geht ja auch darum, lieb gewordene Gewohnheiten aufzugeben und noch nicht zu wissen, wie das, was danach kommt, aussieht und sich anfühlt. Außerdem besteht bei vielen Menschen eine – wohl instinktive – Angst davor, den elterlichen Geboten zuwider zu handeln, selbst wenn diese das heutige Leben einschränken. Manche Klienten können eine Skriptveränderung als Undankbarkeit oder gar ›Verrat‹ an den Eltern erleben. Auch das Mitleid mit den Eltern spielt eine große Rolle bei einer möglichen Neuentscheidung für den eigenen Lebensvollzug. »Wenn Mama so leiden musste, kann ich doch jetzt nicht glücklich sein.« Oder: »Mein Vater hat nicht das erreicht, was er für sich wollte – wie könnte ich das dann heute …?«

Berne sagt, dass sich so ein Erschrecken nach der Kristallisation oft in psychosomatischen Reaktionen äußert, z. B.:
»Komisch, jetzt bekomme ich wieder Kopfweh.«
»Auf einmal drückt es mich wieder im Bauch.«
Daraus ergibt sich die ›*goldene Regel*‹ für die Kristallisation:

›Auf psychosomatische Reaktionen ist zu achten.‹

Die Kristallisation sollte deshalb nicht am Ende einer Therapiestunde gegeben werden, sodass der Therapeut/die Therapeutin noch auf die Wirkung reagieren kann.

Scheint die Kristallisation angenommen zu sein, empfiehlt es sich trotzdem nachzufragen. »Wie geht es Ihnen damit?« »Wie fühlen Sie sich jetzt?«

Kommt eine negative oder unsichere Reaktion, kann sie folgendermaßen aufgefangen werden:
»Ja, ich kann verstehen, dass Ihnen das zusetzt, es ist ja auch keine Kleinigkeit, was Sie sich heute erarbeitet haben. Wir können es gerne noch eingehender besprechen.« Oder:
»Mir ist bewusst, dass ich Ihnen einiges gesagt habe, an dem Sie noch zu knabbern haben. Doch es bleibt uns genügend Zeit, darüber zu sprechen. Wenn es heute nicht mehr reicht, können wir auch nächstes Mal noch in Ruhe darüber reden.«

Jede Therapiestunde sollte so beendet werden, dass der Klient/die Klientin einigermaßen beruhigt nach Hause gehen kann. Ob mit oder ohne Kristallisation: es empfiehlt sich immer, ca. 10 Minuten vor Ende der Sitzung nachzufragen, ob für heute noch etwas fehlt, ob er/sie noch etwas braucht, ob er/sie heute erreicht hat, was er/sie wollte. Wenn nicht, können Therapeut/Therapeutin mit dem Klienten/der Klientin vereinbaren, dies gleich zu Beginn der nächsten Stunde ins Gespräch* bringen. Dies darf dann natürlich nicht vergessen werden.

Zusammenfassend seien jetzt hier noch einige Möglichkeiten für die entsprechenden Interventionen in einer psychotherapeutischen Behandlung angegeben. Ich schildere absichtlich keine spezielle Gesprächssituation, denn ich will nicht den Eindruck erwecken, als seien die Formulierungen der Interventionen abhängig vom Gesprächsinhalt oder gar der Psychodynamik. Je offener, freier und durchaus auch in gewisser Weise inadäquat zum Gesagten des Klienten/der Klientin die Intervention gehalten ist, desto wirksamer ist sie, denn sie soll die festgefahrenen Bahnen im Gehirn des/der Betreffenden lockern. Ich schreibe darüber noch mehr im Kapitel 3 (Beziehungspartner Gehirn) im dritten Teil.

1. Befragung

»Was ist Ihr Anliegen (heute)?« – »Was wollen Sie (in Ihrem Leben) verändern?« – »Was ist (heute) wichtig für Sie?«
(Falls man nach einer nicht angenommenen Intervention zum Ausgangspunkt zurück kommen muss, empfehlen sich Fragen wie):
»Wie fühlen Sie sich jetzt?« – »Wie geht es Ihnen damit?« »Wo sind Sie jetzt gerade?«

2. Spezifizierung

»Habe ich sie richtig verstanden, Sie meinten ...?« »Führen Sie das doch bitte noch ein wenig näher (genauer) aus.« – »Mir ist noch nicht ganz klar, worum es Ihnen geht«. – »Ich möchte noch besser verstehen, worum es Ihnen geht.«
(Achtung: Nicht überspezifizieren lassen. Gegebenenfalls stoppen mit): »Halt, stopp, das ist jetzt ein bisschen zuviel/zu schnell für mich.« »Moment, schauen wir doch noch einmal ganz genau hin.«

3. Bestätigung

»Ja, das kann ich gut verstehen.« – »Ja, das kenne ich.« – »Ich hätte mich in dieser Situation wohl ähnlich gefühlt.« – »Da haben Sie ganz richtig gehandelt.« – »Ja, schön, das gefällt mir.« – »Klasse, wie Sie sich da verhalten haben.« – »Mir gefällt gut, wie Sie …«.

4. Konfrontation
»Mir ist da gerade etwas aufgefallen: …«. – »Ist Ihnen schon einmal aufgefallen, dass ….«. – »Ich sehe hier einen Widerspruch, nämlich …«. – »Sind Sie bereit, sich das einmal näher anzuschauen?«

5. Illustration
»Dazu fällt mir eine kleine Geschichte ein…«. – »Das erinnert mich an …«. – »Das lässt sich im folgenden Bild doch ganz gut verdeutlichen…«

6. Erklärung
»Ein Kind hat ja noch nicht so viele Möglichkeiten zu handeln …«. – »Für einen Mann in Ihrer Stellung ist es ja auch schwierig, entsprechend zu reagieren.« – »Als Frau sollte man sich auch so einer Situation nicht aussetzen.« – »In der Psychologie versteht man darunter …«

7. Interpretation
»Kann es sein, dass Sie sich heute Ihrem Chef gegenüber so verhalten, wie damals Ihrem Vater gegenüber?« – »Hätten Sie so viel Aufmerksamkeit, wie Sie heute gerne hätten, eigentlich damals als Kind von Ihren Eltern gebraucht?« – »Gilt Ihre Wut, die Sie heute spüren, eigentlich der Mama von damals?«

8. Kristallisation
»Ihnen ist heute deutlich geworden, dass …«. – »Heute haben Sie sich viel Wichtiges erarbeitet, nämlich …«. – »Zusammenfassend geht es also, bei dem, was wir heute besprochen haben, um …«.

Wenn Ihnen das aufeinander aufbauende Prinzip dieser acht Interventionsregeln geläufig ist – und das geht schnell, wenn Sie es einige Male anwenden – fallen Ihnen ganz leicht Ihre eigenen Formulierungen ein. Letztendlich ist ja das Gelingen einer Psychotherapie davon abhängig, dass Therapeut/Therapeutin und Klient/Klientin auf der selben Wellenlänge schwingen, das heißt, dass ein Beziehungsmuster hergestellt werden kann, das klar, leicht und einfach ist, in dem beide sich wohl und frei fühlen. Dazu gehört natürlich, dass der Therapeut/die Therapeutin so eine klare Beziehung zu sich selbst hat, also über seine/ihre alten Muster und Gewohnheiten Bescheid weiß und auch in der Lage ist, einen guten, energetisch aufbauenden Bezug zum Unbewussten an und für sich herstellen kann. Darüber geht es nun im folgenden dritten Teil.

KAPITEL 7

Die archetypische Grundlage der Interventionsregeln

Bevor wir uns anschauen, in welches menschliche ›Grundmuster‹ die Berne'schen Interventionsregeln eingebunden sind, hier zunächst noch die schon angekündigten Tipps für den Umgang mit so genannten früh bzw. schwer gestörten Menschen, wie man sie in Psychiatrischen Kliniken findet. Doch nicht nur bei diesen Menschen sind die folgenden Interventionen hilfreich, sie bewähren sich auch dort, wo man wenig Zeit hat, mit Menschen zu sprechen, d. h. wo man mit ihnen weder psychotherapeutische noch private Gespräche führen kann, z. B. in der Sprechstunde des Arztes für Allgemeinmedizin oder eines Facharztes/einer Fachärztin.

Die drei, stets Gewinn bringenden, Interventionen lauten:

beruhigen – bestätigen – ermutigen.

In der Regel sind Menschen in den genannten Situationen eher aufgeregt oder beunruhigt. Sie brauchen zunächst einmal ein paar Worte, die ihre innere Ruhelosigkeit ›auffangen‹, z. B.:
»Es ist gut, dass Sie zu mir gekommen sind.« Oder:
»Jetzt sprechen wir mal in aller Ruhe miteinander.«
›In aller Ruhe‹ heißt nicht ›lange‹. Falls vom Gegenüber jetzt ein Redestrom hervorbricht, der endlos zu werden droht, kann dieser mit der Bestätigung unterbrochen werden:
»Das ist sicher hilfreich für Sie, wenn Sie mal alles erzählen, was Sie bedrückt. Doch dafür reicht die Zeit im Rahmen unserer Gesprächsmöglichkeit leider nicht aus.«
Und dann kann gleich die Ermutigung folgen:
»Wie wäre es, wenn Sie sich jemanden suchen, der Ihnen lange zuhört, z. B. einen Psychotherapeuten/eine Psychotherapeutin. Vielleicht gibt es auch einen guten Freund/eine gute Freundin, der/die dazu bereit ist. Gehen Sie doch mal auf die Suche. Scheuen Sie sich nicht davor, denn wir alle brauchen entsprechende Gesprächspartner.«

Mit diesen drei Interventionen wird vor allem das Kind-Ich angesprochen. Menschen mit viel Unruhe in sich selbst sind auch sehr unsicher. Von daher muss das innere Kind erst einmal beruhigt werden. Das tut jede Mutter, wenn ihr Kind schreit, obwohl es satt und trocken ist. Es braucht die beruhigende Stimme der Mutter, um sich nicht allem, was auf es einstürmt, so ausgeliefert zu fühlen.

Des Weiteren sucht das Kind so lange nach Bestätigung seiner selbst, bis es sich mit sich selbst und in der Welt sicher und angenommen fühlt.

Und dann muss es auch immer wieder ermutigt werden, das zu lernen, was es mit der Zeit innerlich unabhängig von der Bestätigung durch andere macht. Das innere Kind in jedem von uns ist immer mal wieder auf diese ›mütterliche Trias‹ angewiesen, das sollten wir nicht unterschätzen.

Die Basic Techniques als Doppelspirale

Wenn wir uns nun die ›klassischen‹ acht Interventionen noch einmal zusammenfassend betrachten, sehen wir, dass die Energiespannung durch die Art der jeweiligen Intervention sich – wenn der Prozess gut läuft – ganz ›automatisch‹ erhöhen muss:

Mit der *Frage* spricht der Therapeut/die Therapeutin keinen bestimmten Ich-Zustand an (er/sie achtet jedoch genau darauf, welcher die ›Führung‹ übernimmt).

Mit der *Spezifizierung* wird das Erwachsenen-Ich aufgefordert, zu präzisieren.

Mit der *Bestätigung* kann das Kind-Ich Vertrauen aufbauen.

Mit der *Konfrontation* kann sich das Erwachsenen-Ich auseinander setzen, doch auch das Eltern-Ich wird überprüft, inwieweit es kooperativ ist.

Mit der *Illustration* wird dem Kind-Ich Gelegenheit geboten, sein Vertrauen zu stärken, sich zu entspannen und Spaß zu erleben.

Mit der *Erklärung* ist das Erwachsenen-Ich auf einer höheren Ebene gefordert.

Mit der *Interpretation* nun werden alle drei Ich-Zustände gleichermaßen aktiviert.

Mit der *Kristallisation* sollen alle drei Ich-Zustände in der hohen Aktivierung gehalten werden.

So schraubt sich also die Spirale nach oben, die Interventionen werden von Stufe zu Stufe komplexer.

Und nun wage ich mich an einen Vergleich, der vielleicht zunächst einmal ein wenig abenteuerlich klingt, dennoch meine ich, wir sollten uns so frei fühlen, auch einmal an die Grenzen des Denkbaren, ins scheinbar Undenkbare hinein, zu gehen.

Dass Bilder mehr sagen als tausend Worte, ist inzwischen ja deutlich geworden. Und ich will wieder ein Bild bemühen, um die acht Interventionsregeln noch eindrücklicher zu schildern, denn sie ›schreien‹ geradezu danach, angewendet zu werden.

Wenn wir uns die paarweise Ordnung der ›Basic Techniques‹ genau anschauen, merken wir, dass die jeweils erste Intervention des ›Paares‹ und die jeweils zweite sich in der Struktur ähneln, nur dass sie jeweils eine nächsthöhere Energiestufe aktivieren. Also:

die *Bestätigung* ist die höhere Stufe der *Befragung*;
die *Konfrontation* ist die höhere Stufe der *Spezifizierung*;
die *Illustration* ist die höhere Stufe der *Bestätigung*;
die *Erklärung* ist die höhere Stufe der *Konfrontation*;
die *Interpretation* ist die höhere Stufe der *Illustration*;
die *Kristallisation* ist die höhere Stufe der *Erklärung*.

Das Bild, das ich Ihnen nun unter diesem Gesichtspunkt zum noch besseren Verständnis der acht, paarweise angeordneten Interventionsregeln anbiete, ist die *Doppelspirale*, und diese liegt in der allerersten, in ihrer ursprünglichen Form als Doppelhelix der DNS, Träger der genetischen Information, vor.

Wir könnten also sagen: Die innere Ordnung der ›Basic Techniques‹ gleicht dem Aufbau unserer genetischen Struktur. Diese implizite Ordnung der acht Interventionsregeln verbürgt meiner Ansicht nach deren Stimmigkeit und Qualität.

Warum ich das Bild der Doppelspirale wähle? Es hat sich mir beim Schreiben aufgedrängt, d. h., es hat sich während des Schreibens von selbst (wir werden im dritten Teil des Buches noch einiges vom ›Selbst‹ erfahren) entwickelt, sozusagen in mir kristallisiert. Ich verstehe diesen Vorgang so, dass in der Psyche des Menschen nicht nur Chaos herrscht, wie man so allgemein annimmt – man spricht ja auch analog zur Weltenschöpfung, die aus dem ›Tohuwabohu‹ entstand, von der ›Ursuppe‹ –, sondern dass dieses scheinbare Chaos von einer ihm innewohnenden Ordnung durchzogen ist. Der Physiker und Nobelpreisträger David Bohm nannte dies: ›die implizite Ordnung‹. Im kreativen Prozess – und auch die Erschaffung der Welt ist ja ein großer schöpferischer Vorgang – *kristallisiert* sich aus dem ›Chaos‹ die Ordnung heraus, die dem, was geschaffen wird, immer schon zu Grunde liegt.

Um es mit anderen Worten zu sagen: Man braucht nicht zu warten, bis man über das, an dem man arbeitet, ganz genau Bescheid weiß. Man kann einfach einmal anfangen, sich mit einem Thema zu beschäftigen. Wenn man dabei offen bleibt für das, was während dieses Prozesses von innen aufsteigt, dann lernt man schließlich das Wesen oder die innewohnende Ordnung dieser Sache immer mehr und besser kennen.

Insofern ist sowohl das therapeutische als auch jedes andere wahrhaftig geführte Gespräch ein kreativer Vorgang, ein schöpferischer Prozess, der das Wesen, die implizite Ordnung des Themas aus sich heraus entfaltet, sichtbar werden lässt. Wichtig ist allerdings dabei, dass man sich die nötige Ruhe dafür nimmt, dass man vor allem – darauf will ich immer wieder ganz explizit hinweisen – die Energie, die sich aus der Beziehung ergibt, wie im Herstellen eines Lasers kohärent werden lässt. Dies geschieht, indem man sich ganz in diese Beziehung hineinbegibt, sie bewusst aufrecht hält. In wacher Präsenz und mit Hilfe einer Technik, wie sie die acht Interventionsregeln bieten, wird die psychische Energie wie von selbst verstärkt. Aus diesem energetischen Strom wird dann die neue Erkenntnis geboren. Nichts anderes geschieht ja auch im physischen Bereich bei der Geburt eines Kindes. Die neue Erkenntnis ist sozusagen das ›Baby‹, das dann natürlich weiter gepflegt und gehegt werden muss. Das heißt, die neue Erkenntnis muss wirklich im Bewusstsein verankert werden, um nicht wieder im Unbewussten zu versinken. Dazu gehört dann eine entsprechende Achtsamkeit im Alltag. Die schönste Erkenntnis nützt nämlich nichts, wenn sie nicht in den ganz banalen Alltag überführt wird, wenn sie nicht genommen wird, um das Tun des/der Betreffenden entscheidend zu verändern.

Eine lange Tradition von Konzentrations-Ritualen

Menschen haben entsprechende Techniken zum Erlangen hoher Konzentration schon immer angewendet – mehr oder weniger bewusst. Wir finden dasselbe Prinzip in vielen Ritualen, sakraler oder weltlicher Natur, z. B.

in der Liturgie der Kirche, den rituellen Jahres- oder persönlichen Festen, die sich oft bedingen – das Weihnachtsfest zum Beispiel entspricht einem jeden Geburtstagsfest;

in den Tänzen um das Feuer, welches die Energie symbolisiert;

im Kreistanz der Derwische, den Mystikern des Islam;

bei den Alchemisten, die versuchten, aus natürlichen Materialien Gold herzustellen bzw. den ›Stein des Weisen‹ zu finden;

im Ritus des Tantra, wie ihn der Tibetische Buddhismus praktiziert;

beschrieben von Plato im ›Gastmahl‹ und – last but not least – eben im Ritual der acht, von Berne vorgeschlagenen, Interventionsregeln.

Immer, bei allen diesen rituellen, die Schöpfung nachahmenden, Vorgängen handelt es sich um die allererste, die Urschöpfung, und die begann im organischen Bereich mit der Doppelspirale, der DNS. Da jedoch – das wissen wir heute – das Geistige dem Materiellen entspricht, versteckt sich der Urkeim des Lebens nicht nur in der genetischen Information, sondern auch in der Doppelhelix eines jeden geistigen kreativen Prozesses. Wir können dafür auch das Bild der Weberin nehmen, die im Hin- und Herschieben des Schiffchens das Gewebe eines Stoffes herstellt. Sie zieht die Fäden zu einem mehr oder weniger dichten Gewebe wie zwei Menschen, die miteinander in Beziehung stehen, ihr Beziehungsgespinst ›spinnen‹. Deshalb wurde das Schicksal früher – wir finden es noch in den Märchen, z. B. bei ›Dornröschen‹ und ›Schneewittchen‹ besonders eindrucksvoll – als göttliche Spinnerinnen bzw. Weberinnen dargestellt.

Und da Beziehung auch Schicksal ist – dort, wo wir hineingeboren werden, beginnt unser ganz persönliches Schicksal –, können wir alle Bilder, die den schöpferischen Prozess beschreiben, zu Hilfe nehmen, um die geheime Ordnung, die ihm selbst zu Grunde liegt, zu erkennen.

Was dies nun für das persönliche Leben, für das therapeutische und auch das nichttherapeutische Gespräch heißt? Ich meine, dasselbe, was in der Intervention der Kristallisation geschieht: Wenn wir erkennen, wie die Muster des persönlichen Lebens, des eigenen Schicksals ›gewoben‹ sind, können wir entscheiden, ob wir dieses Muster weiter spinnen oder ihm eine neue Struktur geben wollen. Dazu kann uns das Wissen über das überpersönliche Muster, das universelle Gewebe der göttlichen Weberin, hilfreich sein. Es bindet den Einzelnen in das allumfassende kosmische Geschehen mit ein. Wir stehen nicht mehr alleine da, scheinbar isoliert, einem individuellen Schicksal ausgeliefert, sondern wir sehen, das wir Teil eines großen Ganzen sind, dass in einem jeden von uns die gleiche Ordnung verborgen liegt, die alles, was lebt, miteinander verbindet. Ich möchte dies noch belegen mit einem Auszug aus dem schon erwähnten Buch von Angeles Arrien:

»Meine Forschungen haben ergeben, dass praktisch alle schamanischen Traditionen sich der Kraft der vier Archetypen bedienen, um in Harmonie und Einklang mit ihrer Umwelt und ihrer eigenen, inneren Natur zu leben. Die vier Archetypen sind der Krieger, der Heiler, der Seher und der Lehrer. Da jeder dieser Archetypen mit den tiefsten mythischen Wurzeln der Menschheit in Verbindung steht, können wir ebenfalls Kraft aus ihrer Weisheit schöpfen. Wenn wir lernen, diese Archetypen in uns selbst zu leben, werden wir beginnen, uns selbst und unsere zerstückelte Welt zu heilen.

Die folgenden vier Prinzipien, die alle auf einem Archetyp beruhen, stellen zusammen das dar, was ich den *Vierfachen Weg* nenne:

1. *Zeige dich oder entscheide dich, präsent zu sein.* Präsent sein ermöglicht uns den Zugang zu den menschlichen Quellen der Kraft, der Ausstrahlung und der Kommunikation. Das ist der Weg des Kriegers.
2. *Achte auf alles, was Herz und Sinn hat.* Das aufmerksame Achten auf alle Dinge öffnet uns für die menschlichen Quellen der Liebe, Dankbarkeit, Anerkennung und Bestätigung. Das ist der Weg des Heilers.
3. *Sag die Wahrheit ohne Vorwurf oder Urteil.* Urteilsfreie Wahrheitsliebe bewahrt uns unsere Aufrichtigkeit und trägt zur Entwicklung unserer Intuition und inneren Seherkraft bei. Das ist der Weg des Sehers.
4. *Sei offen für das Ergebnis, hänge nicht am Ergebnis.* Offenheit und Nichtverhaftetsein helfen uns, die menschlichen Quellen der Weisheit und Objektivität wiederzufinden. Das ist der Weg des Lehrers.« (S. 28, 29).

Schöner kann man gar nicht ausdrücken, was Angeles Arrien hier in den vier archetypischen Wegen beschreibt, die wir ganz leicht auch auf die – paarweise angeordneten – acht Interventionsregeln übertragen können.

Kapitel 8

Abschließende ›Kommunikations-Weisheiten‹

Zu Beginn dieses zweiten Teils habe ich von Laotse den Satz zitiert: ›Der Weise wirkt, ohne etwas zu tun, und lehrt, ohne etwas zu sagen.‹ Wie können wir diesen Ausspruch jetzt verstehen, nachdem wir die acht von Berne vorgeschlagenen Interventionsregeln kennen gelernt haben?

Weisheitslehrer wie Laotse sollen ernst, aber nicht auf der äußeren Ebene wörtlich genommen werden. Natürlich reden wir miteinander und tun auch dies und jenes. Das Äußere ist nur in zweiter Linie wichtig, wenn überhaupt. Meistens jedoch sind wir in dem Denken befangen, dass es nichts Wichtigeres gibt als das, was ich tue und sage, und das sollte von allen Menschen unbedingt ernst genommen werden.

Dagegen aber stehen Geschichten von Weisheitslehrern, die ziemlich viel Unsinn reden, verrückte Sachen machen und doch in einer Art und Weise auf Menschen wirken, die diese sich nicht erklären können.

›Verrückte‹ Methoden katapultieren uns aus den gewohnten Bahnen

Auch in der Psychotherapie gibt es Verfahren, die ein bisschen verrückt klingen, weil sie aus paradoxen Interventionen bestehen oder, zum Beispiel in der Hypnotherapie, als Einstimmung in einen tranceähnlichen Zustand auch mit unzusammenhängenden Sätzen, die keinen Sinn ergeben, arbeiten. Begibt sich ein eher misstrauischer Mensch in so eine Sitzung, wird er vielleicht das, was da geschieht, als Unsinn abtun und nicht wiederkommen. Dann hätte er aber eine interessante und lehrreiche Erfahrung versäumt.

Viele geniale Psychotherapieformen sind intuitiv von Menschen gefunden worden – oder diese Formen haben die dafür offenen Menschen aufgesucht –, ohne zunächst zu wissen, dass sie damit einen Glückstreffer gelandet haben. Meistens wurden und werden sie auch zunächst von den etablierten Kollegen, die sich der Konvention verpflichtet fühlen, abgelehnt oder gar verspottet – was deren Angst vor dem Neuen, Ungewissen zeigt. Wenn wir jedoch die ungewöhnlichen, ausgefallenen Psychotherapiemethoden näher und genauer betrachten, können wir Erstaunliches feststellen: Das meiste daraus finden wir in uralten Techniken der Schamanen, Priester, Heiligen und Heiler. Über berühmte Zen-Meister gibt es viele Geschichten darüber, wie sie ihre Schüler mit unerwarteten Reaktionen verblüffen und sie damit veranlassen, die alten, eingefahrenen Denkstrukturen aufzugeben. Die ebenfalls im Zen-Buddhismus üblichen ›Koans‹, das sind logisch unlösbare Denkaufgaben, haben denselben Zweck. Heute liefert uns auch die moderne Hirnforschung eine erste Erklärung, warum die Methoden, die uns auf das diskursive Denken ausgerichtete Menschen lächerlich oder sogar verrückt erscheinen lassen, so wirksam sind. Wenn dem Gehirn nämlich nicht mehr die gewohnten Denkmuster angeboten werden, wenn man es veranlasst, seine alten Bahnen zu verlassen, muss es notwendigerweise nach neuen Möglichkeiten Ausschau halten und wird kreativ. Es ist also ganz gut, ab und zu in unserem Kopf einiges zu ver-rücken.

Aber wir müssen uns nicht erst mit der Hirnforschung beschäftigen, um zu begreifen, dass etwas anderes auf unser Wohlbefinden und auf die Wiederherstellung des gesunden psychischen Gleichgewichts wirkt als das, was Menschen zu uns sagen, und seien diese und das Gesagte auch noch so gescheit. Es ist ganz einfach:

Wonach wir alle ein Leben lang streben, ist das Wissen mit den dazugehörenden Gefühlen, dass wir gesehen, angenommen und geliebt sind. Auf diese Signale achten wir mit besonderer Aufmerksamkeit, auch wenn uns dies nicht bewusst ist. Wir tasten den Menschen, der mit uns spricht oder sonstwie mit uns zu tun hat, mit den Ohren und Augen nach Hinweisen auf seine Präsenz und seine Liebe ab. Wobei wir hier nicht die erotische und sexuelle Liebe, sondern in erster Linie eine allgemeine Menschenliebe, Mitgefühl verstehen müssen.

Die Art der Beziehung bestimmt das Gespräch

Es kommt also auf die Beziehung an, die wir zu dem Menschen aufbauen, mit dem wir ein Gespräch führen, das gut sein soll – sei es ein therapeutisches oder nichttherapeutisches. Bevor man in ein wichtiges Gespräch einsteigt, könnte man sich selbst folgende Fragen beantworten:

1. Was empfinde ich für meinen Gesprächspartner/meine Gesprächspartnerin?
2. Hege ich ihm/ihr gegenüber irgendeinen Groll?
3. Wenn ja, ist es mir möglich, mich von diesem Groll frei zu machen?
4. Was empfinde ich mir selbst gegenüber?
5. Hadere ich aus irgendeinem Grund mit mir selbst?
6. Ist es mir möglich, auch das loszulassen?
7. Gelingt es mir, Wohlwollen für mein Gegenüber und Liebe für mich selbst aufzubringen?

Wenn man die Fragen 3, 6 und 7 nicht – ganz ehrlich! – mit »Ja« beantworten kann, wäre es besser, den Gesprächstermin zu verschieben und zunächst die Gründe zu erforschen, die für das »Nein« verantwortlich sind. Denn, da kann man sicher sein, die averbalen Merkmale der Ablehnung, des Grolls, die man – unbewusst – aussendet, kommen beim Gegenüber ganz sicher so an, dass er/sie sich – auch unbewusst – innerlich zurückzieht oder sich verschließt.

Hier seien noch einige Hilfen gegeben, die das Annehmen sowohl der eigenen Person als auch des anderen erleichtern:

1. In jedem Menschen wartet das innere Kind darauf, gesehen und angenommen zu werden.
2. Welcher kleine Junge/welches kleine Mädchen in mir schaut mich an – wie sieht er/es aus – was verrät sein Gesichtsausdruck?
3. Welcher kleine Junge/welches kleine Mädchen schaut mich aus dem/der anderen an – wie sieht er/es aus – was verrät sein Gesichtsausdruck?
4. Wenn ich mir vorstelle, dass mein inneres Kind nichts von meinem Gegenüber weiß, könnten sich dann unsere beiden inneren Kinder anfreunden?
5. Ist es mir möglich, eine gute, nährende innere Mutter, einen wohlwollenden, schützenden inneren Vater für mein inneres

Kind und für das meines Gegenübers zu fantasieren und zu spüren?

Mit diesen Voraussetzungen kann ein erfolgreiches Gespräch natürlich nicht garantiert werden, doch die Wahrscheinlichkeit, dass es zufrieden stellend verläuft, ist viel höher, als es der Fall ist, wenn man innerlich unvorbereitet ein Gespräch führt.

Hier sind noch zwei Beispiele nichttherapeutischer Gespräche mit Erläuterungen der Schwierigkeiten, die hierbei besonders häufig auftreten.

Gespräch eines Ehepaares

Die reale Situation, die eine Klientin geschildert hat, sieht so aus: Sie will mit ihrem Mann darüber sprechen, dass sie sehr enttäuscht ist, weil er vergessen hatte, in einem bestimmten Restaurant, dessen Inhaber er kennt, einen Tisch für ihre Geburtstagsfeier zu bestellen, obwohl sie ausgemacht hatten, dass er die Bestellung übernimmt. Als sie einen Tag vor ihrem Geburtstag nachfragt, ob der Tisch für die kleine Gesellschaft – sie hatte ein paar Freunde zum Essen eingeladen – bestellt sei, gesteht er, dass er dies vergessen habe. Jetzt ist in diesem Restaurant kein Tisch mehr frei und sie müssen in ein anderes gehen, das nicht so gut ist wie das vorgesehene. Da sich die Frau ihren Geburtstag nicht selbst verderben will, lässt sie sich zunächst ihre Enttäuschung nicht anmerken, und das Essen im Freundeskreis ist auch ganz nett. Doch in ihr nagt die Enttäuschung weiter, und so beschließt sie, ihren Mann um ein Gespräch zu bitten. Sie vereinbaren einen Termin für den nächsten Abend, sie sorgt für eine Kinderbetreuung, und die beiden gehen nach dem Abendessen in eine kleine Weinstube. (Es empfiehlt sich, solche Gespräche nicht unbedingt zu Hause zu führen, wenn Kinder da sind, die zwischendurch stören könnten.)

Im Folgenden schildere ich das Gespräch, wie es auf eine gute Weise hätte geführt werden können – es ist nicht ganz so zufrieden stellend verlaufen.

Nachdem sie ihren Wein bestellt haben, beginnt sie mit einer *Bestätigung:* »Ich freue mich, dass du gleich bereit warst, mit mir zu sprechen.«

Er schaut sie ein wenig überrascht an, denn so eine Einleitung ist er nicht gewöhnt, bisher hat sie ihn meistens gleich zu Beginn attackiert, wenn es um einen Ärger oder eine Enttäuschung bei ihr ging.

Sie fährt – in freundlichem Tonfall – mit ihrem Anliegen fort und bringt die

Konfrontation: »Ich bin doch sehr enttäuscht darüber, dass du vergessen hast, den Tisch für mein Geburtstagsessen zu bestellen.«

Er nickt und meint schuldbewusst: »Ja, das kann ich verstehen.«

Da er ihre Konfrontation so gut aufnimmt und nicht gleich mit einer langen Rechtfertigungsrede loslegt, was er sonst meistens tut, fällt ihr zu seinem schuldbewussten Gesicht eine

Illustration ein: »Jetzt siehst du aus wie ein begossener Pudel.«

Beide lachen. Nun kann sie eine

Erklärung nachschieben: »Ich denke, ich bin nicht so wichtig für dich, und das tut mir weh.«

Er schaut sie jetzt ganz liebevoll an und sagt: »Du bist mir *sehr* wichtig! Ich hatte in der Woche gerade so viel um die Ohren. Es tut mir wirklich Leid.«

Da er so liebevoll auf sie eingeht, fühlt sie sich wie ein kleines Mädchen, und es fällt ihr eine Kindheitserinnerung ein. Die

Interpretation gilt in diesem Fall nicht ihrem Gegenüber, sondern ihr selbst, sie meint: »Ich war ja früher in meiner Familie auch nicht wichtig. Wie du weißt, war meine ältere Schwester Papas Goldschatz und mein jüngerer Bruder Mamas Liebling. Ich als ›Sandwichkind‹ war nicht so interessant.«

Er nickt verständnisvoll: »Ja, da hatte ich es als Einzelkind besser. Mamas Liebling und Papas Stolz zugleich zu sein ist natürlich toll. Und ich kann dich jetzt auch gut verstehen. Ich verspreche dir, ich will künftig darauf achten, dass mir so etwas nicht noch einmal passiert.«

Nun strahlt sie und streichelt versöhnlich ein bisschen seine Hand. Dann folgt die

Kristallisation: »Ich freue mich, dass du meinen Ärger so gut annimmst und dass wir auch darüber ein gutes Gespräch führen können. Ich finde, das war die Enttäuschung wert.«

Angeregt durch dieses Gespräch, unterhalten sich die beiden noch lange über sich selbst, ihnen fallen einige Kindheitserlebnisse ein, über die sie noch kaum miteinander gesprochen haben, und spät am Abend finden sie:»So einen Abend wollen wir bald wiederholen – wozu es aber keines vorangegangenen Ärgers bedarf!«

Gespräch mit einem Vorgesetzten

Ein Klient klagt in der Therapiestunde darüber, dass er »völlig fertig« sei, weil sein Chef ihm immer mehr Arbeit auf den Schreibtisch legt, die er beim besten Willen und auch mit Überstunden nicht mehr termingerecht schaffen kann. Wir üben ein Gespräch ein, das er dann mit seinem Chef, nachdem sie Termin und Ort – es findet im Büro meines Klienten, Herrn H., statt – vereinbart hatten, folgendermaßen führt:

Bestätigung: »Ich bin sehr froh, dass Sie so schnell Zeit für mich und mein Problem gefunden haben. Vielen Dank.«
Der Chef nickt, offensichtlich angenehm überrascht.

Konfrontation: »Ich wollte das Gespräch in meinem Zimmer führen, um Ihnen an Ort und Stelle zu zeigen, wie überladen mein Schreibtisch ist, obwohl ich, wie Sie ja wissen, wirklich von morgens bis abends, mit nur ganz kleinen Pausen dazwischen, arbeite. Und dabei kann ich nur das Wichtigste erledigen. Vieles, was auch bearbeitet werden müsste, bleibt lange unerledigt liegen.«
Der Chef betrachtet den großen Stoß Papiere und seufzt ein bisschen, guckt dabei aber ganz freundlich. »Ja, ja,« meint er, »ich weiß … Ein Mitarbeiter hat aufgehört, für ihn ist noch kein neuer da, einer ist krank, einer in Kur …«
Herr H., der seinen Chef auch recht polternd kennt, freut sich über dessen ruhige Reaktion und bringt eine

Illustration: »Ich arbeite ja schon auf ›Teufel komm raus‹, aber es wird nicht weniger, eher mehr.«
Der Chef meint amüsiert:»Na, Teufel wollen wir hier nicht haben.«
Beide lachen.
Herr H. setzt jetzt eine geschickte

Erklärung ein: »Wissen Sie, die vielen unerledigten Arbeiten machen mir Stress und gefährden auf Dauer meine Gesundheit.«
Und wieder seufzt der Chef und fragt: »Was meinen Sie, wie könnten wir das Problem lösen?«

Herr H. schmunzelt, er sieht pfiffig aus, wie ein kleiner Junge, und meint mit einer

Interpretation: »Ich hatte gar nicht gewagt, es Ihnen vorzuschlagen, aber jetzt, da Sie so verständnisvoll auf mein Anliegen reagieren, kann ich ja gestehen, dass ich schon einen Plan für eine mögliche Umorganisation gemacht habe.«

Der Chef zieht überrascht die Augenbrauen hoch. »Na, so was! Sie sind ja richtig konstruktiv. Normalerweise beklagen sich die Leute bei mir nur, wenn es Probleme gibt, ohne sich selbst eine Lösung zu überlegen.«

»Nein«, bestätigt Herr H., »klagen bringt meistens nicht viel oder gar nichts. Ich habe schon in meiner Jugend angefangen, Lösungen für die Probleme zu suchen, die sich mir stellten.«

Der Chef nickt bewundernd, und sie vereinbaren, dass Herr H. seine Ideen schriftlich abfasst und dafür eine kleine Prämie bekommt. Herr H. bedankt sich mit einer

Kristallisation: »Ich möchte Ihnen noch sagen, dass ich das Gespräch mit Ihnen als sehr angenehm empfunden habe. Ich hatte ein bisschen Angst davor, doch die war, wie sich herausgestellt hat, unbegründet. Das nächste Mal, wenn ich etwas auf dem Herzen habe, werde ich nicht so lange warten und Sie gleich um einen Termin bitten.«

Was ist das Geheimnis dieser beiden Gespräche, warum liefen sie so zufrieden stellend? Auch das ist wiederum ganz einfach.

Das Geheimnis guter Gespräche

Nach dem Vorausgegangenen – und das ist ja der Tenor des ganzen Buches – liegt das ganze Geheimnis guter Kommunikation im Grunde offen da. Es ist eigentlich banal und lässt sich am besten mit der Volksweisheit beschreiben: ›Wie man in den Wald hineinruft, so schallt es zurück.‹ So einfach und doch in vielen Fällen so schwierig. Warum eigentlich? Warum ist es so schwierig bis unmöglich, ein gutes, zufrieden stellendes Gespräch zu führen? Vor allem in Partnerschaften.

Die meisten Gespräche ›kippen‹ schon bei der ›Konfrontation‹, das heißt dann, wenn der/diejenige, der/die das Gespräch gesucht hat, sein/ihr Anliegen vorbringt.

Meistens lässt der/die betreffende Gesprächspartner/in sein/ihr Gegenüber gar nicht ganz zu Ende sprechen, sondern kontert sofort mit Rechtfertigungen, Gegenargumenten oder gar einem Angriff. Wenn man genau aufpasst und hinschaut, fühlen sich viele Menschen sehr schnell angegriffen und reagieren, je nach Temperament, mit einem Gegenangriff oder langen Rechtfertigungen. Woran mag das liegen?

Es geht in aller Regel um Schuldgefühle. Man braucht sich nur einmal umzuhören: Die meisten Menschen fühlen sich für irgendetwas schuldig – auch wenn sie oft nicht konkret sagen können wofür eigentlich. Uns allen wurde seit vielen Generationen eine Erbsünde eingeredet, die Menschen ihr Leben zur Hölle werden lässt. Denn ein diffuses, allgemeines Schuldgefühl ist viel schwerer auszuhalten als das Wissen um eine direkte, konkrete Schuld. Wenn ich wirklich jemandem etwas angetan, ihm/ihr tatsächlich Leid zugefügt habe, kann ich das bereuen, kann mich dafür ehrlichen Herzens ent-schuldigen und überlegen, ob und auf welche Weise ich den Schaden wiedergutmachen oder zumindest lindern kann. Bei diffusen Schuldgefühlen geht das nicht, die muss ich einfach mit mir herumtragen. Aber Schuldgefühle machen aggressiv. Unter und hinter Schuldgefühlen, vor allem den eingebildeten, lauern schreckliche Aggressionen. Und diese machen sich natürlich aus dem Unter- und Hintergrund heraus bemerkbar – ob wir wollen oder nicht, ob sie der/die Betreffende wahrnimmt oder nicht. Sie lassen sich auf Dauer nicht mit Erfolg unterdrücken. Im Gegenteil: Je mehr sie in einen hintersten Seelenteil geschoben werden, desto mächtiger versuchen sie, nach draußen zu dringen. Wie ein Kind, das man in eine dunkle Besenkammer sperrt.

Wird also jemand vom anderen mit einem kleinen Vergehen konfrontiert, oder wird ihm gesagt: ›da hast du dich nicht richtig verhalten, das hast du falsch gemacht, da hast du meinen Wünschen und Bedürfnissen nicht entsprochen, da bist du den gestellten Anforderungen nicht gerecht geworden‹ usw., dann legen sie los, die eingesperrten Aggressionen, und starten ein Feuerwerk von Rechtfertigungen oder greifen ihrerseits mächtig an.

Hier helfen nur einige ›Kommunikations-Weisheiten‹, die eigentlich ganz einfach sind:

1. Sätze nicht mit ›du‹, sondern mit ›ich‹ beginnen. Es ist weder unhöflich noch egoistisch, ›ich‹ an den Satzanfang zu stellen, wie es uns

vielfach, vor allem beim Briefeschreiben, beigebracht worden ist. Wenn ich von mir spreche, davon, wie es mir geht oder gegangen ist, wie ich fühle, was ich denke, was mich bewegt usw., dann klage ich nicht an und mache auch keine Vorwürfe. Wenn ich dagegen sage: ›du hast ... mal wieder ...; du machst ... nie ...; du sagst ... immer ...‹ usw., dann erlebt dies der/die andere meistens als Vorwurf und Anklage, was es ja auch ist.

2. Sehr viele Menschen hören dem/der Gesprächspartner/in nicht wirklich zu, sie hören stattdessen auf das, was sich in ihrem eigenen Kopf so angesammelt hat, da sie vom Gegenüber schon immer alles zu wissen glauben nach der Devise: ›du sagst ja sowieso immer ...‹, oder: ›das kenne ich schon von dir, es ist immer dasselbe ...‹. Das heißt, die Vorurteile, die wir im Kopf gestapelt haben wie Kisten in einer Lagerhalle, verhindern, dass wir das Gegenüber wirklich wahrnehmen und dass wir etwas Neues über ihn/sie erfahren.

3. Eine weitere ›Unart‹ in Gesprächen ist: den/die Gesprächspartner/in nicht wirklich ausreden zu lassen, ihn/sie entweder mitten im Satz zu unterbrechen oder das nächste Satzende zwar abzuwarten, jedoch dann gleich das, was ich im Kopf habe (siehe oben), zum Besten zu geben – ob es passt oder nicht. Meistens passt es nicht, und die Kommunikationsstörung ist da, der/die andere schweigt dann und zieht sich in sich zurück oder versucht mit Verve und immer lauter werdender Stimme, sein/ihr Anliegen doch noch vorzubringen, verheddert sich dabei jedoch in den eigenen aggressiven Regungen, und das Gespräch endet im Streit, mit Tränen, mit Davonlaufen oder Kränkungen auf beiden Seiten.

Zusammenfassend lässt sich zu diesen drei Punkten sagen:

Es sind nicht so sehr die *Worte*, die ein gutes Gespräch ausmachen, es ist die *Beziehung*. Und die Qualität der Beziehung wird daran erkennbar, dass ich
1. dem/der anderen wohlgesonnen bin;
2. ihm/ihr mit Respekt begegne;
3. keine Vorurteile hege;
4. ihm/ihr genau zuhöre;

5. ihn/sie dabei direkt und offen anschaue;
6. ihn/sie immer wieder bestätige;
7. ihm/ihr keine Vorwürfe mache;
8. einfache, klare Sätze formuliere;
9. aufrichtig und wahrhaftig bin;
10. die Energie halte mit meiner ganzen Präsenz.

Diese Haltung meint das, was Laotse nennt:
»*Der Weise wirkt, ohne etwas zu tun, und lehrt, ohne etwas zu sagen.*«
Der Weise ist eben einfach da, ganz präsent, in sich selbst still, und er/sie baut mit seiner/ihrer Zuwendung – im wahrsten Sinne des Wortes – die Beziehungsenergie zum Gegenüber auf. Die stärkste, weil die feinste und dichteste Energie, die dem LASER gleicht, ist die der Stille und des liebenden Mitgefühls. So braucht man nichts oder nicht viel zu tun, die Dinge ordnen sich von selbst – werden geordnet vom Selbst, wie die ordnende Kraft in der Jung'schen Psychologie genannt wird.
Im folgenden dritten Teil beschäftigen wir uns noch ein bisschen ausführlicher mit dieser Kraft, die jede/r in sich erwecken und aus der jede/r wie aus einer unendlichen, nie versiegenden Quelle Stärke trinken kann.

Teil III

In Beziehung sein – mit dem Selbst

»Der Mensch folgt der Erde. Die Erde folgt der Schöpfung.
Die Schöpfung folgt dem Tao. Nur das Tao folgt sich selbst.«

Auch zu dieser Weisheit Laotses mag uns Meister Eckehart seine Erfahrung beisteuern:
»Denn auch über Gott selbst, soweit er unter diesem Namen, ja überhaupt unter einem Namen verhüllt ist, muss die Seele hinausschreiten.«
Als Sigmund Freud entdeckte, dass wir nicht ›Herr im eigenen Haus‹ sind, dass es etwas gibt, das dem Ich des Menschen nicht bekannt ist, hat er für diese Entdeckung zunächst weder Freude noch Lob geerntet. Im Gegenteil: Er wurde, ebenso wie viele seiner Nachfolger, auf das Heftigste angegriffen, verunglimpft und lächerlich gemacht. Noch heute ist nicht viel Gutes über Psychologie, Psychoanalyse und Psychotherapie in den meisten Boulevardblättern zu lesen, und wenn in einem Fernsehfilm eine psychotherapeutische oder psychiatrische Situation geschildert wird, dann ist sie in der Regel eingehüllt – nicht nur von einem Hauch, sondern von einer dicken Wolke der Unseriosität bis hin zur Lächerlichkeit. Warum das so ist? Weil unser Ich es offenbar als eine große Kränkung erlebt, nicht Alleinherrscher über die Entscheidungen, die wir täglich treffen müssen, zu sein. Denn die Überzeugung, dass ich aus eigener Entschlusskraft etwas tue und dann auch ganz genau weiß, was dabei herauskommt, lässt sich nicht so leicht überwinden.
Doch die Hirnforscher belehren uns, dass wir so eigen-mächtig nicht sind, wie wir es gerne sein wollen: sie sagen, es ist eine Illusion anzunehmen, wir würden über einen ›freien Willen‹ – so wie wir es uns im Allgemeinen vorstellen – verfügen. Messungen haben ergeben, dass z. B. für das einfache Heben eines Armes im Gehirn schon alle Vorbereitungen getroffen worden sind, bevor der Gedanke bzw. der Wille ›ich hebe jetzt meinen Arm‹ im Bewusstsein entstanden ist. Wir können offenbar nur das bewusst wahrnehmen, was bereits geschehen ist. Hierzu sind natürlich Überlegungen über un-

ser Zeiterleben anzustellen. In größerem Ausmaß ist dies hier nicht möglich, doch wir sollten eher vorsichtig mit unseren gängigen Überzeugungen zum Phänomen ›Zeit‹ umgehen, wenn wir uns mit Träumen, der Aktiven Imagination, den ›Mind-Agenten‹ und der Synchronizität beschäftigen, was ich in den folgenden Kapiteln darstellen werde.

Doch zuvor möchte ich noch ein wenig bei den beiden Zitaten verweilen, die ich für diesen dritten Teil gewählt habe. Sie scheinen sich auf den ersten Blick zu widersprechen, denn Laotse lehrt uns Bescheidenheit – der Mensch folgt ›nur‹ der Erde –, und Meister Eckehart fordert uns auf, selbst über Gott hinauszugehen. Wie können wir das, da wir ja offenbar nicht einmal in der Lage sind, autonom den Arm zu heben, was schon vorher im Gehirn geschehen ist? Wir müssen genau hinschauen: Meister Eckehart sagt nicht ›das Ich soll über Gott hinausgehen‹ (geschweige denn das Ego, das narzisstisch verblendete Ich), sondern die Seele. Zur Seele gehört eben sehr viel mehr als ›ich will‹. Die Seele oder Psyche – das muss man sich mal wirklich klar machen – ist ein Wunder. Ein Wunder, das ›Leben‹ bewirkt. Unser Körper besteht aus Materie, aus Gewebe, das man anfassen kann. Doch erst durch das, was man nicht anfassen kann, durch die Seele, wird dieser Körper lebendig. Das ist in schmerzlicher Weise zu erleben, wenn ein Mensch seine Seele ›ausgehaucht‹ hat, wenn er gestorben ist. Dann liegt er vielleicht auf dem Seziertisch des Pathologen, sein Gewebe kann aufgetrennt, durchschnitten werden wie irgendein anderes Material, aber es kommen keine Sätze mehr aus seinem Mund, kein Schmerzenslaut, aber auch kein Lächeln, dieser Mensch blickt niemanden mehr an, er zeigt keine gefühlsmäßige Regung, er ist einfach nur stumm und tot.

Wie anders ein Kind, das zur Welt kommt, oft mit einem lauten Schrei, es meldet sich, es ist da mit seiner ganzen seelischen Energie, es kann einen ganzen Raum, eine ganze Familie mit seiner Anwesenheit durchdringen und auf eine starke Weise energetisieren. Das erste Lächeln, die ersten Schrittchen, der erste Schabernack, das erste ›Nein!‹ versetzt seine Umgebung oft in helle Aufregung. Das ist Leben. Wodurch? Durch den festen Körper = Materie *und* die immaterielle Seele = Geist.

Wie also Leben – in diesem umfassenden Sinne – geschieht, wird in der Forschung über unser Gehirn gesucht. Vielleicht ist deshalb die Hirnforschung heute so populär, weil es endlich die Gelegenheit gibt, das Zustandekommen von seelisch-geistigem Leben in Verbindung mit der Materie wenigstens annäherungsweise zu beobachten. In der Materie des Gehirns geht es nämlich sehr lebhaft zu: Da finden ständig irgendwelche elektrischen Reize statt, da ›feuern‹ ununterbrochen irgendwelche Neuronen, da kontaktieren Botenstoffe irgendwelche Synapsen, sie treffen sich an bestimmten Versammlungspunkten, tauschen sich aus, trennen sich wieder wie Menschen, die sich auf dem Marktplatz treffen. Das heißt: Unser Gehirn ist der Ort, an dem – solange wir am Leben sind – ständig ein reges Kommunikationsnetz in Aktion ist. Selbst wenn wir schlafen. Unser Gehirn ist eine Schaltstelle, das den Körper Mensch so exakt und millisekundengenau koordiniert und steuert wie ein Cockpit das Flugzeug.

Nur – und jetzt komme ich zu meiner eigentlichen Frage – wer oder was ist der ›Pilot‹ in diesem Cockpit? Das ›Ich‹, sagen uns die Hirnforscher, kann es nicht sein, zumindest nicht allein. Haben also die Buddhisten Recht, wenn sie sagen, dass das Ich eine Illusion sei? Ja und nein. Wenn man das Ich als ›allmächtig‹, als ›omnipotent‹ sieht, betrachtet man eine Illusion. Versteht man es dagegen als ein Instrument, wie es das Steuer des Flugzeugs ist, dann gibt man ihm den richtigen Stellenwert. Wer aber beantwortet uns die Frage nach dem ›Piloten‹?

Schauen wir noch einmal die Hinweise von Laotse und Meister Eckehart an.

»Der Mensch folgt der Erde. Die Erde folgt der Schöpfung. Die Schöpfung folgt dem Tao. Nur das Tao folgt sich selbst.«

Der Mensch gehört also zur Erde – er ist ein materieller Körper. Die Erde ist Schöpfung – also Kreation, und dazu gehört mehr als Materie, Kreation entsteht aus einem Stoff und einer Idee. Die Schöpfung selbst ist ein immaterieller Prozess, bewirkt durch das Tao. Und das Ganze heißt, wenn wir es nun rückwärts betrachten: das Tao bewirkt alles. Also bewirkt es letztendlich auch den Menschen als lebendiges, fühlendes Wesen. Das Tao ist also das, was ›west‹.

Es mag gewagt sein – vor allem für ausgeprägte ›Rationalisten‹ –, ich bringe es hier trotzdem: Der Pilot im Cockpit, das wir im Menschen Gehirn nennen, könnte das Tao sein, also etwas Immaterielles.

Und was meint Meister Eckehart, wenn er sagt:

»Denn auch über Gott selbst ... muss die Seele hinausschreiten«?

Meister Eckehart war Mystiker – er ist also über die Lehre seiner Kirche hinausgegangen. Das ist nun gar nichts ›Mystisches‹, wie oft fälschlicherweise bezeichnet wird. Es ist ganz klar und einfach: Die Kirche sagt ›da ist Gott und da ist der Mensch‹. Gott ist das Eine oder der Eine, und der Mensch ist das bzw. der andere, sie stehen sich also gegenüber. Meister Eckehart sagt ›da brauchst du nicht stehen zu bleiben, du kannst über Gott hinausgehen‹ und das heißt ›du hebst die Objekt/Subjekt-Spaltung auf, du wirst eins bzw. einig mit Gott‹. Und das ist genau das Kennzeichen jeder Mystik, es ist dasselbe, was Laotse sagt, ›da das Tao alles bewirkt, ist das Tao auch in Allem, es ist Alles, so bist du auch Alles‹.

Dies nun bedeutet: Es gibt eine Form der Beziehung, welche die Objekt/Subjekt-Spaltung aufhebt, eine Beziehung, die dich eins werden lässt mit dem, in das du dich ganz einlässt.

Was also sollen wir tun? Halt, stopp! Von ›sollen‹ kann hier keine Rede sein, denn mit ›sollen‹ hat dies nichts zu tun, mit ›sollen‹ geht es nicht. Es geht nicht einmal mit wollen. Es geht nur mit einem starken Bedürfnis danach, mit einer sehr energiereichen Intention. Es geht um Hingabe, es geht um Ganz-sich-selbst-Sein, es geht um Leidenschaft, es geht um die Mobilisierung aller zur Verfügung stehenden Energie. Denn diese stellt die Kraft bereit für den ›großen‹ Weg, für den Weg zur Selbstwerdung, und das heißt auch, ganz in Beziehung sein mit sich selbst.

Es gibt heute wohl stärker als je die Sehnsucht nach Ganzheit, Einheit und Vollendung. Sie veranlasst, dass Menschen sich auf den Individuationsweg begeben, dass sie nach Selbstoptimierung verlangen – ganz im Sinne von Laotse und Meister Eckehart. Und es gibt Mittel und Wege für eine solche Selbstoptimierung. Um die geht es im Folgenden.

KAPITEL I

Traumleben

Träume sind keine Schäume – das weiß man inzwischen genau. Bezeichnete Freud die Träume noch als ›via regia‹, als königliche Straße zum Unbewussten, steht mittlerweile fest, dass unser Gehirn das Träumen braucht, um funktionieren zu können. In Schlaflabors hat man herausgefunden, dass Menschen, die man am Träumen hindert, sehr schnell mit allen möglichen seelischen und körperlichen Störungen reagieren. Es scheint so zu sein, dass das Gehirn, wenn der Mensch schläft, eine Art Aufräumaktion startet, die Eindrücke des Tages, die es erst einmal ›provisorisch‹, ins Kurzzeitgedächtnis, abgelegt hat, noch einmal hervorsucht, anschaut, überprüft, aussortiert und dem, der wert ist, ins Langzeitgedächtnis aufgenommen zu werden, einen passenden Platz zuweist. So wie eine Mutter ins Zimmer ihres schlafendes Kindes geht, die Sachen, die es irgendwo liegen gelassen hat, aufhebt, lächelnd betrachtet und sie an den dafür vorgesehenen Platz legt. Damit alles seine Ordnung hat und das Kind am nächsten Morgen nicht durchs Zimmer stolpern muss, sondern gleich voller Energie ›loslegen‹ kann.

Auch wenn wir uns nicht oder nicht immer an unsere Träume erinnern, sie finden statt, einige Male während der Nacht. So braucht sich niemand Sorgen zu machen, falls er/sie sich nicht oder nur selten die Trauminhalte merken kann. Aufgeräumt wird bei jedem. Doch dem-/derjenigen, dem/der das nächtliche Geschehen im Gedächtnis bleibt, erschließt sich damit ein großer Schatz – sowohl an Selbsterkenntnis als auch an Verbindung zum Unbewussten. Dass diese Beziehung, kann man sie herstellen und halten, geradezu ›Gold‹ wert ist, also einen sehr hohen Wert in sich trägt, der unter Umständen entscheidend für Glück oder Unglück in unserem Leben ist, werden wir später noch sehen.

Die Funktion des ›Traumregisseurs‹

In der Jung'schen Psychologie wird davon ausgegangen, dass unsere Träume nicht nur dem Denken des Tages gleichen, sondern dass ihnen etwas aus dem Unbewussten beigefügt ist, was während des Tages nicht gedacht werden kann, weil es sehr tief im Unbewussten wurzelt. Man könnte hier von einem ›Traumregisseur‹ sprechen, der über das Wachdenken weit hinausgeht, also jenseits vom Ich-Bewusstsein, das tagsüber das Handeln des Menschen bestimmt. Vielmehr ist dieser ›Traumregisseur‹ wie ein Arrangeur zu verstehen, der eine höhere Instanz mit dem Tagesbewusstsein verbindet. In der Jung'schen Psychologie wird diese höhere Instanz das ›Selbst‹ genannt, wir könnten aber auch das ›Tao‹ darunter verstehen; wer mag, kann ›Gott‹ sagen oder die ›Höhere Weisheit‹; denn hier ist unsere Sprache sowieso am Ende, sie vermag nur ganz unvollkommen das zu beschreiben, was wir weder sehen noch denken, aber durchaus erleben können. Das Arrangement des persönlich Alltäglichen mit dem Überpersönlichen ist sinnvoll für den nächsten Schritt zur Selbstwerdung des Träumers/der Träumerin.

An dieser Stelle möchte ich Ihnen zwei Bücher sehr empfehlen, die geradezu ein ›muss‹ sind, wenn Sie sich mehr mit Träumen bzw. dem Zugang zum Unbewussten beschäftigen wollen:

1. Klaus-Uwe Adam: ›Therapeutisches Arbeiten mit Träumen. Theorie und Praxis der Traumarbeit‹ (2000). Der Autor ist Arzt für Psychotherapeutische Medizin, er arbeitet mit der Analytischen Psychologie Jungs, und obwohl sein Buch ein Lehrbuch über die Traumarbeit ist, liest es sich leicht, fast wie ein Krimi. Es vermittelt über das Arbeiten mit den Träumen hinaus auch eine gute Grundlage der Analytischen Psychologie.

2. Fred Alan Wolf: ›Die Physik der Träume. Von den Traumpfaden der Aborigines bis ins Herz der Materie‹ (1997). Fred Alan Wolf ist Physiker und hat sich mit zahlreichen anderen wissenschaftlichen Arbeiten zu Grenzfragen der Naturwissenschaften beschäftigt, die in dieses Buch mit einfließen.

Das ›Arrangement‹ zwischen dem Tagesbewusstsein und den dazu passend ausgesuchten Teilen des Unbewussten läuft manchmal ab wie ein Film oder ein Theaterstück, dann kann man relativ leicht den darin eingewobenen Sinn erkennen; ein anderes Mal ist es aufgebaut wie ein Silbenrätsel oder auch ein Quiz, dann tut man sich ein bisschen schwerer mit dem Verständnis des Traumes. Was mag diesen inneren Arrangeur dazu bewegen, uns die Botschaften aus dem Tiefengrund der Psyche in verschlüsselter Form zu präsentieren, warum macht er es uns nicht einfach und leicht? Schließlich will er doch wohl, dass wir den Sinn, den er zu bieten hat, verstehen – oder nicht? Vielleicht ist es ja so, dass wir es uns nicht allzu bequem machen sollen mit dem Verständnis. Vielleicht meint er, wenn wir sehr schnell und leicht begreifen, dann schauen wir gar nicht mehr so recht hin, dann sagen wir: ›ja, ja, weiß ich, kenn ich schon‹, langweilen uns und vergessen den Inhalt des Geträumten. Aber wenn es spannend ist im Traum, wenn es zugeht wie in einem Thriller oder unser Wissens-Ehrgeiz gefordert wird wie bei einem Quiz, dann erhöhen wir unsere Aufmerksamkeit und bleiben ›wach‹, ›traumwach‹. Das Traumgeschehen soll uns beeindrucken, zum Staunen und Fragen bringen, aber auch zum Fürchten und Erschrecken.

Je wichtiger ein Traum ist, desto eindringlicher, aber auch rätselhafter oder Angst erregender präsentiert er sich. Denn er soll aufrütteln, soll uns dazu bringen, sich länger als nur einen Morgen oder Vormittag mit ihm zu beschäftigen. Deshalb geht es auch in der Arbeit mit Träumen nicht darum, möglichst schnell eine passende Deutung zu finden, sondern ihn möglichst lange mit uns herumzutragen. Manche Träume können uns noch viele Jahre beschäftigen, manchmal entdeckt man erst nach längerer Zeit ihren Sinn. Sie stellen so etwas wie ein Raster dar, in das sich so nach und nach verschiedene Erlebnisse aus dem Tages- und dem Traumbewusstsein einordnen lassen.

Außer der Verarbeitung des Tagesgeschehens, des Aufräumens, erfüllen Träume die Funktion, das ins Bewusstsein zu schleusen, was dem Tagesbewusstsein fehlt. Damit es immer wieder sein Gleichgewicht finden kann. Träume kompensieren also das Bewusstsein, diese Funktion ist inzwischen auch sehr genau untersucht. Die Psyche hat, wie jedes geschlossene System, die Tendenz, sich selbst zu regulieren, also allzu starke Einseitigkeiten auszugleichen. Allerdings wird es nie ein totales Gleichgewicht, eine totale Ausgeglichenheit geben können, denn dann wäre keine Bewegung, keine Dynamik mehr möglich. Wir müssen uns also damit abfinden, dass wir immer wieder ins Ungleichgewicht geraten und dazu aufgefordert werden, nach neuem Ausgleich zu suchen. Den können wir in unseren Träumen finden. So wie der Mutter des noch kleinen Kindes nichts anderes übrig bleibt, als jeden Abend neu das Zimmer ihres Lieblings aufzuräumen. Ein anderes Beispiel ist die Küche, in der wir unsere Nahrung zubereiten. Jeder Mann, jede Frau weiß, dass dies nicht ohne eine gewisse Unordnung einhergeht und dass wir, wollen wir nicht nach einigen Tagen im Chaos versinken, die Küche immer wieder neu aufräumen müssen.

Die Psyche, die sowohl über ein Bewusstsein als auch über das Unbewusste verfügt, lässt sich sehr gut mit einem ›Haushalt‹ vergleichen, in dem es ebenso wie in ihr um Ordnung und Unordnung, Einseitigkeiten und Ausgeglichenheit geht, in dem auch ein gewisses Budget, Energie darüber entscheidet, wie aufwändig oder sparsam, ökonomisch oder unökonomisch er geführt wird. Jeder Haushalt, auch der kleinste, braucht eine gewisse Pflege, sonst sieht es darin bald aus wie ›Kraut und Rüben‹, und der Bewohner/die Bewohnerin wird viel Zeit damit zubringen müssen, die gerade benötigten Gegenstände zu finden. Ein ungepflegter Haushalt kann eine ebenso große Last werden wie eine vernachlässigte Seele, in beiden Fällen wird das Leben mit viel unnötiger Tätigkeit schwerfällig und auf Dauer wohl freudlos. Hat man manchmal wenig Zeit, sich um seinen Haushalt zu kümmern, wird man dafür eine größere Anstrengung machen müssen, um wieder alles in Ordnung zu bringen. So ist es auch mit dem psychischen Haushalt. Meistens genügen kleinere, so genannte ›Alltagsträume‹, die man beachten kann, um der täglichen Pflege zu genügen, manchmal wird man sich jedoch auch auf eine größere Arbeit einstellen müssen, um das seelische Gleichgewicht wiederherzustellen.

Schicksalsträume

Immer wieder gibt es Abschnitte im Leben, wenn eine neue Entwicklungsstufe erklommen werden soll, die mit stärkerer Unruhe verbunden sind, in denen es den betroffenen Menschen nicht so gut geht, sie sich manchmal mutlos oder deprimiert fühlen, an sich, der Welt und dem Sinn ihres Lebens zu zweifeln beginnen. Zu solchen Zeiten stellen sich dann häufig Träume ein, die genau beschreiben, worum es gerade im Leben dieses Menschen geht, und die auch oft eine Lösung der Situation bzw. die Richtung, in welche der Lebensweg weitergeht, aufzeigen. Sie sind bezogen auf das jeweilige Schicksal.

Besonders eindrucksvoll wird dieser Prozess gezeigt im folgenden Traum eines 60-jährigen Mannes, der sich schon seit längerer Zeit in einer Krise befindet und sein Leben gerade nicht besonders lebenswert findet.

Er träumt:

»Wir (meine Frau und ich) sind auf der Heimreise. Wir müssen auf einem Flugplatz in ein anderes Flugzeug umsteigen. Eine Stewardess faltet mein Ticket zusammen und sagt, so sei es zum Umsteigen geeignet. Meine Frau meint, sie gehe schon einmal vor zum Abflugterminal.

Dann bin ich plötzlich in einem kahlen Raum, in dem Badewannen stehen. Ich habe offenbar ein Bad genommen und trockne mich mit einem Handtuch ab. Doch da stelle ich fest, dass meine Kleider weg sind. Auch die Tasche mit meinen Papieren ist verschwunden. Ich habe nicht mehr als das Handtuch. Vor allem, dass mein Ticket weg ist, erfüllt mich mit Panik. Was soll ich tun? Ich schaue mich um und sehe, dass in einer anderen Badewanne drei etwas dickliche, ältere Frauen sitzen. Obwohl es mir sehr peinlich war, beschloss ich, sie um Rat zu fragen. Doch bevor ich dies tun konnte, bin ich aufgewacht – mit großem Schrecken und sehr verzweifelt. Der Gedanke ›mein Ticket ist weg‹ löst immer noch Panik in mir aus.«

Wenn man sich die Bedeutung eines Traumes erschließen möchte, dann ist das erste, dass man sich das Gefühl, mit dem der Träumer/die Träumerin aufgewacht ist, anschaut. Es hätte ja sein können, dass der Mann des hier geschilderten Traumes mit einem Gefühl der Erleichterung erwacht wäre, weil er nun nicht mehr eine bestimmte Rolle im Leben spielen muss, was ja die Bekleidung, die jemand wählt, ausdrückt. Er könnte sich sagen:»Wenn ich jetzt nichts mehr habe, bin ich völlig frei, mich neu für mein Leben zu entscheiden. Zuerst werde ich kreativ und überlege, wie ich wieder zu Geld komme, dann kaufe ich mir eine andere Art von Kleidern wie die, die ich bisher getragen habe, buche ein neues Ticket, mache vielleicht noch einen Umweg, bevor ich wieder nach Hause reise«, usw. Ein anderer Mann hätte z. B. auch amüsiert aus dem Traum erwachen können, weil er sich vorgestellt hätte, wie entsetzt die Leute im

Flughafen ihn anschauen, wenn er nur mit einem Handtuch beklei-
det zum Terminal gegangen wäre.

Es gibt also viele Möglichkeiten, wie jemand auf einen Inhalt aus
dem Unbewussten reagieren kann. Das Gefühl des Träumers/der
Träumerin sind die Leitenergie und Leitlinie, welche die Richtung
anzeigen, in der die Bedeutung des Traumes liegt. So wie die elek-
trische Oberleitung eine Straßenbahn oder einen Straßenbus zur jeweiligen Endstation führt.

Dieser Mann ist voller Schrecken, in großer Verzweiflung aufgewacht. Also schildert der Traum, dass in ihm gerade diese Gefühlsqualität überwiegt. Man kann einen Traum so verstehen, dass er sozusagen die passenden Bilder zu der jeweiligen Emotionslage liefert.
Ein Traum, der erschreckt, wird natürlich den Träumer/die Träumerin mehr beschäftigen als einer mit einem ›leisen‹ Gefühl oder mit
einer Gefühlsqualität, die unbestimmt ist. Schrecken und Schauder
dienten ja den Dramen und Tragödien des antiken Griechenland als
›Katharsis‹ der Zuschauer. Die Seele der Menschen, die sahen, wie
die Darsteller des jeweiligen Stückes große Qual ertragen mussten,
sollten durch diesen Anblick geläutert, in ihnen sollte Mitgefühl für
die leidende Kreatur hervorgerufen werden.

Eine Frau zum Beispiel träumte, dass ihr Kind, noch ein Säugling,
in ihren Armen starb. Sie erwachte ebenfalls mit großem Erschrecken, war untröstlich über den Tod ihres geliebten Kindes. Bei
ihr ging es damals darum, eine kindlich-naive Seite zu ›läutern‹, sie
blendete das, was unschön, hässlich und böse ist, aus, wollte die
dunkle Seite nicht zur Kenntnis nehmen, beharrte darauf, dass das
Leben doch so schön und lustig sei. Der Traum-Tod ihres Kindes
öffnete ihr die Augen für die Unerbittlichkeit des Schicksals, das
plötzlich, ganz unvorhergesehen ›zuschlagen‹ kann. Sie hat noch
Glück gehabt, dass das Unbewusste sie warnte, indem es ihr zu verstehen gab: ›Nimm zur Kenntnis, dass das Leben nicht nur schöne
und angenehme Seiten hat, sondern dass es dir auch das nehmen
kann, an dem du sehr hängst. Lass deine naive Kindlichkeit sterben
und werde erwachsen. Sich das Leben, wie es wirklich ist.‹

Sie hat den Anruf des Schicksals verstanden und denkt nun ernsthafter, ›erwachsen‹ über das Leben. Was nicht heißt, dass sie nun eine Frau ist, die keine Freude mehr empfindet. Im Gegenteil: Durch
die seelische Reifung, die dieser Traum mit Macht – über das Erschrecken – in Gang gesetzt hat, ist sie so heiter geworden, wie es

ihr davor nicht möglich gewesen ist. Sie begegnet nun sich selbst und anderen mit viel mehr Verständnis und Warmherzigkeit. Natürlich kam diese Entwicklung nicht ›über Nacht‹ zustande, sie brauchte nach dem Traum eine längere Zeit der kontinuierlichen Arbeit, die sich allerdings, je länger sie währte, desto mehr lohnte. Viele andere Träume folgten diesem ›Schicksalstraum‹, doch waren keine mehr mit so starkem Erschrecken verbunden.

Doch zurück zu dem Mann, der voller Verzweiflung im Traum feststellen musste, dass er sein Ticket verloren hatte. Nach der Leit-Idee, die man sich anschauen kann, um den Traum zu verstehen, ist immer auch die Frage wichtig: ›Wie fängt der Traum an?‹ Der erste Satz, den der Träumer/die Träumerin sagt, heißt hier: »Wir – meine Frau und ich – sind auf der Heimreise.« Das Traumgeschehen baut also auf der Gemeinsamkeit des Ich-Bewusstseins des Träumers und seiner Ehefrau auf. Und es geht um die Heimreise. In der Dramaturgie, nach der alle ›großen‹ Erzählungen der Menschheit aufgebaut sind – das klassische, griechische wie auch das heutige Theater genau so wie Mythen und Märchen –, heißt der Beginn eines Stückes: Exposition. In der Exposition sind letztendlich, schaut man sie genau an, sowohl der Anfang als auch das Ende enthalten. Hier heißt der Anfang ›wir‹ und das Ende ›Daheim‹. Dazwischen liegt die Reise mit ihren Verwicklungen.

In der Transaktionsanalyse finden wir die Psychospiele nach demselben Muster aufgebaut. Auch hier liegt das Ende im Anfang schon mit drin – manchmal eher ein bisschen verborgen.

Und – was viele TherapeutInnen zu wenig beachten: Was sich ganz zu Beginn einer psychotherapeutischen Sitzung ereignet, was da gesagt wird – sowohl von den KlientInnen als auch den TherapeutInnen –, ist ausschlaggebend für den weiteren Verlauf der Stunde, es prägt diese Sitzung. Wenn man in der Skriptanalyse sehr geschult und erfahren ist, erkennt man an diesen kurzen ›Initial-Transaktionen‹ selbst den Kern des Lebensdrehbuchs des betreffenden Menschen. Die Seele hat nämlich die Tendenz, das, was gelöst werden möchte, immer wieder zum Ausdruck zu bringen – Freud nannte es ›Wiederholungszwang‹ –, es immer wieder an den Anfang einer Sequenz und damit gewissermaßen in den Mittelpunkt des Geschehens zu rücken. Denn zu Beginn sind wir hellwach, da wollen wir wissen, um was es geht. Mittendrin langweilen wir uns dann auch mal, da passiert oftmals nichts Wesentliches, da geht, im Gegenteil, die Seele oft verschlungene Wege, versucht, uns auch in die Irre zu führen. Dem immer ganz genau zu folgen kann – vor allem für PsychotherapeutInnen – bedeuten, sich dann selbst im Dschungel der Irreführungen nicht mehr auszukennen und stecken zu bleiben.

Um Träume ebenso wie Lebensdrehbücher verstehen zu können, ist es wichtig zu wissen, dass nicht nur in der Psychologie C. G. Jungs, sondern in allen anderen psychotherapeutischen Schulen die subjektstufige Betrachtung des Traum- oder Skriptinhaltes üblich ist. Das heißt, alle Personen, die im Traum wie auch in einem Lebensdrehbuch auftreten, betreffen verschiedene Aspekte des betreffenden Menschen selbst. Auch Tiere, Pflanzen und Gegenstände sind subjektiv gefärbt, d. h., sie symbolisieren die ihnen nahe liegenden Aspekte des/der Träumenden, bzw. sie werden im Falle eines Lebensdrehbuchs mit hineingenommen und verwoben, ihnen werden bestimmte Rollen zugeordnet.

Zum Verständnis des Traumes nehmen wir ihn zunächst einmal als eine ›just so story‹. Wir lesen ihn wie einen Tatsachenbericht aus der Zeitung. Ein Traum interpretiert sich eigentlich selbst, wenn wir ihn einfach und schlicht so betrachten, wie er ist, was er erzählt.

Wenn also der Mann in diesem Traum zusammen mit seiner Frau auf der Heimreise ist, dann können wir das so verstehen: Sowohl sein bewusstes Ich (er selbst im Traum) als auch ein bestimmter Aspekt seiner eher unbewussten weiblichen Seite (seine Ehefrau) befinden sich auf dem Weg, der nach Hause führt. Doch dieser Weg ist nicht geradlinig, er wird unterbrochen, die beiden (seine männliche und weibliche Seite, die miteinander eine Ganzheit ergeben) steigen um. Sie reisen allerdings nicht in einem auf der Erde rollenden Fahrzeug, einem Zug beispielsweise oder einem Auto (dieses würde mehr den individuellen Charakter des Traumes symbolisieren, denn ein Auto oder gar ein Fahrrad ist nicht für viele Menschen bestimmt, da hat nur einer, höchstens zwei darauf Platz), sondern in einem Flugzeug, es geht also um eine Reise, an der mehrere Menschen beteiligt sind. Sich auf dem Boden (der Tatsachen z. B.) zu befinden, bedarf einer gewissen Erdenschwere. Sich in die Lüfte zu erheben dagegen braucht sehr viel Schubenergie, vor allem, wenn es sich um ein Flugzeug handelt. Die Energie, die wie ein Vogel weit in den Himmel hineinfliegen kann, symbolisiert den Flug der Phantasie, auch als Gedankenflug verstanden. Der Träumer muss zwischenlanden. Ein ›Höhenflug‹ ist also zu Ende, er muss umsteigen auf eine andere Linie, seine Frau, sein weiblicher Aspekt geht schon einmal voraus, zum Terminal der anderen Fluglinie.

Bis hierher ist alles ganz folgerichtig, so kann es im Wachbewusstsein auch zugehen. Doch jetzt kommt die so genannte ›Stolperstelle‹ des Traumes, das ist der Punkt, an dem der Traum etwas schildert, was so in der Wachrealität nicht ist. Er hat zwischen den beiden Flügen ein Bad genommen und trocknet sich ab. »Der Raum ist kahl und unwirtlich«, berichtet der Träumer, hier gibt es nicht den Glamour eines großen Flughafens. Es wird also erst einmal sehr einfach, und es ist offenbar eine Säuberungszeremonie erforderlich. Wovon wird er gereinigt, bevor er ›nach Hause‹ fliegen kann? Was könnte diese ›Zuhause‹ bedeuten? Hier kommt es natürlich sehr auf die Einfälle des Träumenden selbst an.

Vielleicht ist mit diesem Bild einfach eine Umkehr seines Denkens, eine Revision seiner Phantasien über sich und sein Leben gemeint? Dieser Überlegung würde auch entsprechen, dass seine Kleider und sein Ticket weg sind. So wie er sich bisher dargestellt hat, geht es vielleicht nicht weiter, der äußere Anschein, den er sich bisher gegeben hat, soll abgelegt und aufgegeben werden? Schließlich steht er nackt und bloß da, wie ›Gott ihn geschaffen hat‹. Wie er wirklich ist? Dem begegnet er. Kann deshalb seine Reise vorerst nicht weitergehen? Dies scheint ihm sehr unangenehm zu sein, ja, es erfüllt ihn mit Panik.

Was also tun? Vielleicht können ihm die drei älteren, dicklichen Frauen helfen, die weiter hinten, in einer anderen Badewanne, liegen.

Wer sind diese drei Frauen, was symbolisieren sie?

Assoziationen und Amplifikationen

Bevor wir uns diesem Bild zuwenden, noch einige Zeilen über die Vorgehensweise zur Erschließung von Träumen in der psychotherapeutischen Situation. (Wie man mit seinen Träumen umgehen kann, wenn man keine Psychotherapie macht, erläutere ich am Ende dieses Kapitels.)

Dass als erstes der Klient/die Klientin nach seinen/ihren Gefühlen während und vor allem am Ende des Traumes gefragt wird, habe ich schon erwähnt. Dann folgt die klassische, in den meisten Psychotherapieschulen obligatorische Frage: »Was fällt Ihnen dazu ein?« Variationen: »Was sagt Ihnen der Traum?« »Wie verstehen Sie diesen Traum?« »Was haben Sie dem Traum entnommen, was will er Ihnen vermitteln?«

Mit den Antworten auf diese Fragen wird die Richtung bestimmt, in die der Klient/die Klientin selber gehen möchte. Auch wenn der Therapeut/die Therapeutin meint sicher zu wissen, was der Traum aussagt, kann das nicht Inhalt der Traumbearbeitung sein. Niemand kann für einen anderen wissen, wohin dessen/deren Weg führt. Und auch wenn wir Therapeuten meinen, der/die Betreffende läuft in eine falsche Richtung, dann ist diese vermeintliche falsche Richtung zunächst einmal zu akzeptieren. Die möglichen Korrekturen nimmt das Unbewusste vor, nicht der Therapeut/die Therapeutin. Dies ist sehr genau zu beachten, an dieser Stelle ist wirklich die allergrößte Zurückhaltung seitens der Therapeuten gefordert.

Nach der ersten, mehr allgemeinen Richtungsangabe des Träumers/der Träumerin selbst kann man sich die einzelnen Bilder, die das Unbewusste gezeichnet hat, genauer anschauen. Was heißt für den Träumer, dass er sich auf einem Flughafen befindet – was fällt ihm dazu ein, dass er auf einem Flughafen ein Bad nimmt – wie versteht er seine Nacktheit – wieso ist ihm das Ticket so wichtig – was bedeuten die drei Frauen für ihn und – vor allem! – was heißt für ihn ›Zuhause‹?

Es geht also hier um seine Einfälle und Assoziationen zu den einzelnen Traumbildern. Ganz besonders wichtig ist natürlich die Charakterisierung von anderen Personen, die im Traum auftreten, hier ist es die Ehefrau. Denn andere Personen, vor allem solche, die dem Träumer bekannt sind und zu denen er eine sehr enge Beziehung hat, repräsentieren im Besonderen die entsprechenden Seiten seiner Persönlichkeit.

Er beschreibt seine Ehefrau folgendermaßen: »Sie ist schnell, sie weiß, was sie will, nimmt dies auch in Angriff, ist handfest und praktisch. Es ist typisch für sie, dass sie sagt, sie gehe schon mal vor, um das Entsprechende zu erledigen.«

Auf meine Frage, ob er diese Seite auch von sich kenne, sagt er: »Ja, so war ich früher auch mal, vielleicht nicht so ausgeprägt, aber doch stark in diese Richtung.« Und welche Seite veranlasst ihn jetzt, nicht mit seiner Frau zum richtigen Terminal zu gehen, sondern sich durch ein Bad aufhalten zu lassen?

»Ich bin so langsam und unschlüssig geworden«, meint er. »Ich weiß eigentlich gar nicht mehr, wie ich wirklich bin. Ich stelle mich andauernd in Frage. Ich bin mit mir überhaupt nicht mehr einig.« Er hat sich also von der Seite, die seine Frau repräsentiert, abgespalten, obwohl sie auch zu ihm gehört, und hat dabei seiner Identität ein Stück abgeschnitten. »Aber ich will und muss doch im Sinne der Individuation ganz individuell, ganz einzigartig werden«, sagt er.

»Ja, richtig. Doch das geht nicht, wenn Sie einen wesentlichen Teil von sich selbst nicht mehr leben, sondern ihn allein Ihrer Frau überlassen. Dann wird nicht nur Ihre Ehe einseitig, Sie selbst beeinträchtigen sich in Ihrer Vielheit. Ihre Frau lebt die eine, schnelle und tatkräftige Seite und Sie leben die langsame, unschlüssige Seite. Damit fallen Sie aber beide auseinander. Die Anregung einer Partnerschaft und Ehe ist doch, sich nicht nur zu ergänzen, sondern auch zu durchmischen, sodass beide alles leben können: das Ausgeprägte von sich und das Ausgeprägte vom anderen dazu. Das ergibt die interessanten, individuierten Paare, das ergibt aber auch den interessanten, individuierten Einzelnen. Doch Individuation kommt nicht allein dadurch zustande, dass die Vielfalt der Personen in das Bewusstsein aufgenommen, sondern dass diese um ein Zentrum, den Persönlichkeitskern zentriert wird. Individuation bedeutet deshalb auch die ›Anordnung des Ganzen‹. Es ist wie bei einem Kaleidoskop: Wenn die vielen Einzelteilchen kreuz und quer durcheinander liegen, ergeben sie nicht das wunderbare Bild, das entsteht, wenn sie um die Mitte geordnet sind.«

Nun wenden wir uns den drei älteren, dicklichen Frauen in der Wanne gegenüber zu. Dem Träumer fallen augenblicklich seine Mutter, seine Schwester und seine Großmutter ein. Wir klären die Beziehungen, die er jeweils im Einzelnen zu den Dreien spürt. Nur die Mutter hatte wirklich eine liebevolle Beziehung zu ihm, aber sie machte sich auch oft Sorgen, ob ihr einziger Sohn wohl auf die richtige Lebensbahn gelangen würde. Die viel ältere Schwester hasste ihn. Sie stand einmal über sein Bettchen gebeugt, als er noch sehr klein war, und überlegte sich, wie sie ihn umbringen könnte. Das beichtete sie später einmal der Mutter. Und die Großmutter mochte keine Buben, weil sie Männer verabscheute.

Er hatte in dieser Familie also nicht viel lebensstärkenden Proviant für seine lange Reise mitbekommen. Dafür schickte ihm das Schicksal die Frau über den Weg, die alles das besaß, was zwar auch in ihm angelegt ist, was er sich jedoch oft nicht traut zu leben. Wohl aus der (unbewussten) Angst heraus, jemand (seine Schwester) könnte ihn dafür strafen, dass er trotz ihrer Eifersucht fröhlich und energisch seinen Weg geht. Da seine Schwester (sie lebt heute nicht mehr) ein schweres, unglückliches und unerfülltes Leben verbracht hat (vielleicht um damit sich selbst und den anderen ihrer Umgebung zu ›beweisen‹, dass sie vom Schicksal ungenügend bedacht wurde), gestattet der Mann sich heute noch nicht, offen, direkt und entschlossen – so wie seine Ehefrau dies tut – seinen weiteren Weg zu gehen. Er lässt sie vorneweg gehen, bleibt nicht an ihrer Seite.

Nachdem wir durch die Assoziationen des Träumers ein reiches Material zum Verständnis des Traumes zusammengetragen haben, können wir uns jetzt noch der Methode der Amplifikation bedienen, um weitere Bausteine zum vollen Verständnis der im Traum geschilderten Situation zu erlangen.

Amplifikation heißt ›Erweiterung‹, ›Ausmalung‹, ›Betrachtung einer Sache unter verschiedenen Gesichtspunkten‹ – nicht nur des persönlichen.

Hier kann jetzt der Therapeut/die Therapeutin das hinzufügen, was ihm/ihr zu den einzelnen Bildern einfällt.

Das Erste, das mir zu den drei Frauen in der Badewanne eingefallen ist, sind die ›Schicksalsfrauen‹. In den Mythologien verschiedener Kulturen wird von ihnen gesagt, dass sie noch vor den Göttern da waren, dass sie selbst keine Göttinnen sind – von daher kann man mit ihnen auch nicht handeln, sie sich gewogen machen oder versuchen, sie zu überlisten – und dass selbst die höchsten Götter ihnen unterworfen sind. Die Schicksalsfrauen repräsentieren das Leben und sie bestimmen das Leben. Die eine webt den Lebensfaden, die andere misst ihn zu und die dritte schneidet ihn ab. Diese Dreieinigkeit wacht und bestimmt also darüber, wie und wie lange ein Mensch zu leben habe. Aber nicht nur das. Die Schicksalsfrauen weisen auch immer in die Geheimnisse des ›Großen Weiblichen‹ ein. Und dieses hat unumstößlich mit Leben und Sterben zu tun. Die ›Große Mutter‹ bringt das Leben hervor, und sie nimmt es wieder zu sich zurück. Alles Lebendige entspringt dem mütterlichen Schoß

– sei es auf der persönlichen wie auf der überpersönlichen Ebene. Dies gilt nicht nur für Frauen, es gilt ebenso für Männer. Denn da jeder Mann von einer Mutter geboren wurde, hat er auch Anteil an ihr. Sie bewirkt die schöpferische Kraft in ihm.

Vielleicht ist dies auch ein wichtiger Hinweis für den Träumer, wenn er sich den drei Frauen in der Badewanne zuwendet. Möglicherweise steht für ihn eine, von Altem gereinigte, schöpferische Phase an, die ihn auf einer neuen Airline nach Hause bringt.

In vielen weiblichen Märchen treten die Schicksalsfrauen auf – dort meistens nur in einer Gestalt, die jedoch auch die anderen beiden mit einschließt, deshalb spricht man von der Dreieinigkeit – die später der männliche Gott für sich in Anspruch genommen hat – oder von der auf ›Drei Wegen Wandelnden‹. Die ›Frau Holle‹ im Märchen von der ›Goldmarie‹ ist sehr bekannt, aber auch die 13 Feen, die ›Dornröschen‹ Glück bringen sollen, wobei eine, die nicht eingeladene Fee, das Mädchen töten will, die 13. jedoch, die ihren Segensspruch noch nicht dargebracht hatte, es rettet und gleichzeitig in das Mysterium der Weiblichkeit einweiht. Auch bei ›Schneewittchen‹ finden wir sie. Drei Mal kommt sie getarnt als Hexe, um Schneewittchen scheinbar zu töten, doch in Wahrheit erteilt auch sie ihr die Fähigkeiten der erwachsenen, geschlechtsreifen Frau.

Märchen und Mythen stellen, genau wie Träume, verschlüsselte, wichtige Botschaften für die sich zu höherer Bewusstheit entwickelnden Menschen dar. Sie sind das Material, welches ›das träumende Universum‹, ›das träumende Selbst‹ uns zur Verfügung stellt, wie es nicht nur die Ureinwohner Australiens, die Aborigines, sehen, sondern wie es auch die ProphetInnen, SeherInnen und weisen Frauen und Männer der verschiedenen Kulturen längst verkündet haben und heute auch namhafte Physiker und Mathematiker bestätigen.

Noch einmal zurück zum Traum des Mannes: Inwieweit könnten ihm die drei Schicksalsfrauen in der Badewanne behilflich sein? Was könnten sie ihm vermitteln?

An dieser Stelle könnte für ihn jetzt eine Aktive Imagination sehr hilfreich sein. (siehe nächstes Kapitel). Offenbar gibt es noch etwas in seinem Leben, was bislang ungeklärt ist, was er vielleicht noch nicht weiß, worüber er noch nicht genügend Informationen hat, die er sich hier bei den alten weisen Frauen holen könnte.

Vielleicht kann er erst dann seine Heimreise weiter antreten – was auch immer dies für ihn bedeuten möge – und hoffen, dass er dort seine Ehefrau wieder trifft, falls das Schicksal meint, dass sie beide denselben Heimatflughafen haben.

Dass die Methode der ›Amplifikation‹ nicht nur eine mögliche ist, dass sie sogar immer auch eine bevorzugte Stelle zum Verständnis eines Traumes einnehmen kann, entnehme ich den Worten Fred Alan Wolfs, der in seinen o. a. Buch schreibt:

»... geht es im Traum darum herauszufinden, wie weit unser Zusammenhang mit anderen geschädigt ist, und ihn wiederherzustellen und zu verbessern. Im Wachzustand agieren wir ganz und gar selbstzentriert, fragmentiert und mit einem aus sozialen Zwängen abgeleiteten Interesse am individuellen Überleben. Im Schlaf und im Traum ordnen wir die Tagesreste aus dem Wachleben offenbar nach anderen Prioritäten um. Das träumende Selbst befasst sich mit allem, was einen Zusammenhang mit anderen Menschen – und bisweilen auch mit nicht-menschlichen Lebewesen – berührt. Bewerkstelligt wird das vor allem mit Hilfe visueller Metaphern (womit Bewegung gemeint ist).«

Dieser Gedanke Wolfs ist nicht etwa ein rein persönlicher, etwas skurriler. Denn er ist sowohl ein profunder Quantenphysiker als auch kenntnisreicher Psychologe, der sich sehr eingehend mit der Psychologie Freuds, Jungs und auch der Humanistischen Psychologie beschäftigt hat. Darüber hinaus hat er mit vielen anderen ernsthaften Traumforschern zusammengearbeitet. Seine Arbeiten und Erkenntnisse mögen uns aufmerken lassen und nachdenklich machen. Wenn es – so verstehe ich ihn – darum geht, dass nur wir alle zusammen das Leben und damit die Entwicklung des Bewusstseins in diesem Universum ermöglichen können, dass es also zum Wohle des Ganzen auf jeden Einzelnen ankommt, dann läge es nicht nur in der Verantwortung jedes einzelnen Menschen, sondern wäre geradezu seine Pflicht, sich bewusst und verstärkt in Beziehung zu allem und allen anderen zu setzen. Dies würde jedoch bedeuten, sich in seinem Ichstreben, soweit es das narzisstisch gefärbte ›Ego‹ anbelangt, zu zügeln, es nicht so wichtig zu nehmen, es nicht zum Mittelpunkt seines Lebens zu machen. Es würde bedeuten, die ›Jammerhaltung‹, die kleinlichen Wehleidigkeiten, die leider viele Menschen ins Zentrum ihrer Lebensbetrachtung stellen, aufzugeben zu

Gunsten einer dankbaren Haltung für das, was gut und zufrieden stellend ist im persönlichen Leben. So könnte das Streben mehr auf Aufmerksamkeit und Achtsamkeit auf das jeweils Gegenwärtige gelegt werden. Und das ist nur möglich im Status von Beziehung.

Das göttliche Kind

Dies vermittelt auch der Traum der Frau, die ihr sterbendes Kind im Arm hält. Ihr wird vom Unbewussten ganz eindeutig klar gemacht, dass es Zeit ist, mit ihrer illusionären Sicht des Lebens aufzuhören. Das Kind stirbt, wenn sie weiterhin ihre kindische Lebensauffassung aufrechterhält. ›Kindisch‹ ist nicht gleichzusetzen mit ›kindlich‹. Das wahre Kind ist durchaus zu einer klaren Ernsthaftigkeit in der Lage. Diese klare Ernsthaftigkeit hat nichts Sentimentales, nichts düster Pessimistisches, nichts märtyrerhaft Klagendes an sich. Sie ist einfach, klar und – fröhlich. Die Fröhlichkeit des natürlichen Kindes entspringt keiner illusionär verwaschenen Lächerlichkeit, sie geht hervor aus einem Gehirn, das auf Synchronisierung aus ist (dazu mehr im Kapitel über den Beziehungspartner ›Gehirn‹). Das fröhliche Kind ist immer auch ein auf etwas und/oder jemanden bezogenes Kind. Es ist nicht in sich selbst eingesponnen, es will sich mitteilen – der Welt, in die es eingebettet ist. Das natürliche Kind symbolisiert die Kraft, die ins Leben hineinwachsen, die be- und geachtet werden will. Es meldet sich im Traum, wenn der betreffende Mensch es nicht genügend lebt. Ich höre immer wieder von Träumen, und ich selbst hatte sie früher auch, in denen es darum geht, dass der Träumer/die Träumerin mit Erschrecken feststellt, dass er/sie sein/ihr Kind vernachlässigt oder vergessen hat. Diese Kind-Träume unterscheiden sich von dem der Frau, die darauf beharrte, dass das Leben doch so schön und lustig sei. Natürlich ist das Leben auch schön und es gibt auch immer wieder Lustiges. Doch wenn man das Leben nur so betrachtet, schließt man die andere Seite aus und verfällt damit einer Einseitigkeit.
Was wir – wie schon erwähnt – in Träumen stets finden, ist der Hinweis auf die Vollständigkeit sowohl des persönlichen Denkens und Lebens als auch der Haltung dem Ganzen gegenüber. Niemand kann in dieser Welt abgeschlossen von anderen nur für sich leben,

jeder Mensch ist angewiesen auf die anderen, ist eingewoben in das Ganze – auch wenn der/die Einzelne sich das nicht oder nicht immer bewusst macht. Mehr noch als das Wachbewusstsein weisen Träume darauf hin. Denn was auf der Subjektstufe zu bewältigen ist, macht sich in der Folge auch im Objektiven – soweit es das überhaupt gibt – bemerkbar. Wie ich mit mir umgehe, was ich tue, übt immer auch einen Einfluss auf meine Umgebung aus.

Seien wir also dankbar für die Korrekturen aus dem Unbewussten über die Träume. Sie sind strenge, aber auch humorvolle Richter, wie folgender Traum beweist:

»Vor mir steht ein Kind, etwa drei Jahre alt. Es trägt ein schneeweißes Kleid, aber seine Haut ist von dunkelblauer Farbe. Es lächelt mich an und bedeutet mir mitzukommen. Es führt mich auf einen Markt, da geht es bunt und laut zu. Plötzlich ist das Kind verschwunden. Ich suche nach ihm. Da taucht es wieder auf und winkt mir zu. Kaum habe ich es erreicht, ist es wieder weg. So geht es einige Male. Zuerst bin ich irritiert, doch so langsam macht mir das Ganze Spaß. Das Kind lacht und freut sich, dass es mich so an der Nase herumführen kann.«

Die Frau, die das träumte, konnte sich zunächst keinen Reim auf diesen Traum machen. Außer, dass sie selbst in diesem Alter ein fröhliches Kind war, das es gerne hatte, wenn es Schabernack mit den Eltern treiben konnte. In ihrer Lebenssituation, in der sie sich befand, als sie den Traum träumte, tat ihr dieses fröhliche Kind sehr gut, denn sie hatte schon fast das Lachen verlernt.

Ungewöhnliche Kinder im Traum weisen auf die ›höhere‹ Gestalt des Kindes hin, auf das so genannte ›Göttliche Kind‹, an dem natürlich jedes Kind, auch das ganz gewöhnliche, Anteil hat. Das Kind kann göttlich genannt werden, weil es stets alles mit auf die Welt bringt, was es für ein ganzes Leben braucht. Es ist schon fertig angelegt und braucht lediglich die Konditionen, die ihm helfen, seine Anlagen zu entwickeln und zu optimieren. Und jedes Kind ist eine einmalige, einzigartige Persönlichkeit, die sich neu in die schon bestehende Gesellschaft integrieren und etablieren will. Es bringt also das Neue, Zukünftige in das Bisherige.

Als ein Kind mit blauschwarzer Hautfarbe wird Gott Krishna beschrieben. Von diesem Kind, wie auch vom griechischen Götterkind Hermes, der später zum Seelenführer wurde, werden allerhand Streiche berichtet, die sie mit ihren Eltern trieben. Wie ganz gewöhnliche, aufgeweckte, natürliche Kinder, die einfach ihre kreative Begabung spielen lassen. Sie repräsentieren also den Archetyp des Spieles, das unweigerlich zur Kreativität gehört. (Wir werden uns im Kapitel über ›Synchronizitäten‹ noch damit beschäftigen.) Wann immer solche Kinder im Traum auftauchen, beginnt eine neue Lebensphase für den Träumer/die Träumerin. Sie stellen, meiner Ansicht nach, ein großes Geschenk des Unbewussten an das Tagesbewusstsein dar. Wir können uns ihrer dankbar erweisen, wenn wir ihnen zuliebe mit der, in vielen Köpfen herrschenden, negativen Selbstkritik aufhören. Ständiges Nörgeln an sich selbst ist die destruktive Kraft, die letztlich im Kollektiv zu Hass und Feindschaft führt. Wie kann man die anderen lieben, wenn man sich selbst im täglichen Kleinkrieg zermürbt? Leider überwiegen entsprechende Dialoge in den Köpfen von viel zu vielen Menschen. Wenn sie schon sich selbst nicht als Erwachsene in ihrer menschlichen Unvollkommenheit annehmen mögen, dann sollten sie es wenigstens ihrem inneren Kind zuliebe tun. Denn Kinder sind zunächst einmal unschuldig, sie werden – so schön hat es Eric Berne beschrieben – als ›Prinzen‹ und ›Prinzessinnen‹ geboren oder – so werden sie in der Analytischen Psychologie gehandelt – als göttliche Kinder.

Außer den ›großen‹ Symbolen der Menschheit, wie die von den Schicksalsfrauen und ihren göttlichen Kindern – oder der ›Großen Mutter mit dem Sohngeliebten‹, in Maria, der Muttergottes mit dem Kind im Arm auch heute noch angebetet – (bitte hier kein Protestschrei von den Frauen, die göttlichen Mädchen folgen einfach ihrer Mutter nach!) in Träumen, Märchen und Mythen erscheinen –, gibt es natürlich noch unendlich viele, mit denen sich Träumer und Träumerinnen allnächtens auseinander setzen können und dürfen. Letztendlich, kann man es ganz pauschal sagen, ist alles Symbol. Für das wahrnehmende Bewusstsein symbolisieren Bilder und Bilderfolgen, wie Traum- oder Geschichtenhandlungen, den entsprechenden Inhalt der Erkenntnis. Symbol ist alles das, was eine Bedeutung erlangt. Bedeutsam aber wird etwas, wenn es erregend ist. Das heißt: Wenn etwas erscheint, was die bisherige Bewusstseinslage an Energiespannung übertrifft, was also unsere Aufmerksamkeit erregt, weil es uns emotional anspricht – das kann positiv wie auch negativ sein –, hat es die Merkmale eines Symbols und trägt zur Erweiterung des Bewusstseins bei. Anders gesagt: Jedes dynamische Bild kann zu einem Symbol werden, jedes Bild, das eine Dynamik in Gang setzt, ist Symbol. So können also auch die Mülltonnen meines Nachbarn meinen Hang zur Schlampigkeit symbolisieren, wenn ich mich darüber ärgere, dass die Tonnen tagelang an der Straße statt schön aufgeräumt an ihrem Platz stehen.

Was auch immer in den nächtlichen Träumen auftaucht – und es mag auf den ersten Blick furchtbar banal sein –, es zeigt mir deutlich die Seite meines Wesens, die ich nicht so einfach im Spiegel anschauen kann, wenn ich kontrolliere, wie die Haare liegen oder die Krawatte sitzt. Manchmal mag ich solche Träume nicht, weil ich genau diese Seite an mir nicht mag. Und natürlich schon gar nicht an den anderen. Jeder Mensch also, der mich erregt, meine Aufmerksamkeit trifft, in mein Bewusstsein tritt, ob im Traum oder sonst im Leben, stellt sozusagen eine ›Gabe Gottes‹ dar. Denn ein größeres Geschenk als die Konfrontation mit sich selbst *im Dienste* der Auseinandersetzung mit sich selbst – *nicht* der narzisstisch gefärbten Selbstbespiegelung! –, den gelebten und den bisher nicht gelebten Anteilen, kann mir mein Schicksal gar nicht machen.

Wenn Sie mögen,
können Sie jetzt noch einiges über die Beschäftigung mit Ihren
eigenen Träumen lesen.
Um sich an Träume besser erinnern zu können, empfiehlt es sich,
stets einen Block und einen Stift neben dem Bett liegen zu ha-
ben und sofort nach dem Aufwachen – auch mitten in der Nacht
– einige Stichworte aufzuschreiben.
Legen Sie sich ein Traum-Tagebuch an – es kann auch ein Schul-
heft sein. Schreiben Sie da hinein in einer ruhigen Stunde Ihre
Träume chronologisch nach den nächtlichen Stichwort-Auf-
zeichnungen. Chronologisch deshalb, weil Sie so den inneren
Entwicklungsablauf am besten erkennen und nachvollziehen
können. Sie werden bemerken, wie Traummotive immer wieder
auftauchen, manche nach einiger Zeit – wenn Sie diese verstan-
den und in Ihr Bewusstsein integriert haben – verschwinden, ei-
nige vielleicht ein Leben lang bleiben, weil diese Motive Ihre
persönliche Struktur der Seele symbolisieren.
Schreiben Sie unter dem jeweiligen Traum Ihre Einfälle und As-
soziationen dazu und auch, was Sie am Tag oder an den Tagen
zuvor beschäftigt, was es an äußeren Begebenheiten gegeben

*hat. Denn Träume kommentieren die bestehende Bewusstseins-
lage und gleichen sie aus.*

*Falls das Unbewusste Ihnen nicht einen Traum mit einer Hand-
lung, sondern lediglich ein Bild präsentiert hat, malen Sie diesen
Traumeindruck und achten Sie darauf, welche Gefühle Sie beim
Malen spüren, welche Einfälle auftauchen. Schreiben Sie auch
diese auf.*

*Erzählen Sie einen Traum, der Sie sehr beschäftigt, einigen Ih-
nen vertrauten Menschen. Oft sieht ein anderer mehr als Sie
selbst, oder er/sie bemerkt Zusammenhänge, die Ihnen nicht
aufgefallen sind. Vor allem Kinder sind hervorragende ›Traum-
deuter‹. Dazu ein kleines Beispiel:*

*Eine Klientin berichtete, sie hatte einen Traum, in dem ein
großer, mächtig aussehender Löwe mitten auf einem Weg saß,
den sie entlangging. Sie traute sich nicht an ihm vorbei und blieb
stehen, obwohl sie weiterwollte. Diesen Traum erzählte sie am
Morgen beim Frühstück ihrem Mann. Ihr kleiner Sohn, vier
Jahre alt, der auch am Tisch saß, meinte ganz spontan: ›Aber
Mama, das ist doch klar, was du hättest tun können, um an dem
Löwen vorbeizukommen. Du hättest ihn füttern müssen.‹ Damit hat er seiner Mutter einen klaren Hinweis gegeben, was gerade für sie dran ist: ihre innere Raubkatze, das ›wilde‹, d. h.
Freiheit liebende Tier in ihr zu beachten, es mit Aufmerksamkeit zu ›füttern‹, mit dieser inneren Seite verständnisvoll umzu-
gehen, sie in ihrem Alltag mehr leben zu lassen.*

*Wenn ein Traummotiv Sie emotional sehr angesprochen, aufge-
regt, erschreckt, geängstigt hat oder Ihnen über längere Zeit hinweg keine Ruhe lässt, vielleicht weil es auch immer wieder in
Ihren Träumen erscheint, dann gehen Sie damit in eine ›Aktive
Imagination‹. Wie das geht, lesen Sie im nächsten Kapitel, ebenfalls wieder am Schluss.*

KAPITEL 2

Mit dem Unbewussten auf Du und Du

Keine Geschichten sind so spannend wie die der verdichteten Gegenwart, in der sich Innen und Außen, Bewusstes und Unbewusstes treffen. Sie sind deswegen so packend, weil sie immer wieder ganz neu und frei von Klischees sind, die wir in ersonnenen Geschichten, welche meistens von Vergangenem oder Zukünftigem handeln, oft bis zum Überdruss finden. Wir lesen, hören oder sehen sie mal mehr, mal weniger beteiligt. Geschichten der verdichteten Gegenwart jedoch mobilisieren schnell sehr viel Energie in uns, denn es passiert meistens etwas völlig Unerwartetes und Unbekanntes. In der ›halben‹ Gegenwart, der Bewusstseinslage, die stets auch mit Gedanken über Vergangenheit und Zukunft durchmischt, oft einseitig und meistens ziemlich eintönig und langweilig ist, macht das Unbekannte eher Angst. In der ›ganzen‹ Gegenwart, dem Ort, an dem sich Bekanntes und Unbekanntes treffen, löst sich diese Angst auf in eine Furcht, die faszinierend ist, die das innere Kind staunen lässt und es neugierig macht.

Es ist die Furcht, die z. B. den biblischen Mose gepackt hatte, als er vor dem brennenden Dornbusch stand, aus dem heraus sein Gott ihn anrief. Oder die ihn vor Erregung zittern ließ, als er auf dem Berg Sinai stand und wiederum sein Gott ihm sagte: ›Mose, zieh deine Schuhe aus, der Boden, auf dem du stehst, ist heiliges Land.‹

Der ›heilige Schauer‹, von dem wir erfasst werden, wenn das Unbewusste sich uns in einer Gestalt nähert, um uns etwas Wichtiges mitzuteilen, bewirkt, dass alle Energie, die uns zur Verfügung steht, plötzlich in einen einzigen Energiestrahl zusammenfließt, sich bündelt, konzentriert auf das jeweilige Gegenüber und uns mit einer großen Kraft erfüllt. Mit dieser Energie hat Mose sein Volk geführt, haben Propheten ihre Botschaften erkannt, WeisheitslehrerInnen ihre Lehre entwickelt, ErfinderInnen ihre Entdeckungen gemacht und viele Menschen zu sich selbst, zu ihrer Vollendung gefunden.

Die Rede ist hier von einem, auf den ersten Blick geheimnisvollen, Vorgang der Seele, der sich entweder von selbst – vom Selbst! – oder vom Ichbewusstsein ausgehend vollzieht, den C. G. Jung bei seinen

Studien wieder entdeckt und in die Psychotherapie eingeführt hat. Wir nennen diesen Vorgang ›Aktive Imagination‹

Sie entsteht, wie gesagt, entweder von selbst, d. h., eine Kraft aus der unbewussten Psyche bemächtigt sich des Ichbewusstseins eines Menschen, eine Gestalt taucht auf, ähnlich wie in einem Traum, und beginnt ein Gespräch mit dem betreffenden Menschen. Oder ein Mensch, der sich in einem emotional aufgeladenen Zustand befindet, dessen/deren Ichbewusstsein in einer bestimmten Situation nicht mehr weiterweiß, wendet sich Hilfe suchend an das Unbewusste und bittet um Rat und Führung. Eine bessere Führung als die, welche sich aus dem Zusammenspiel des Ichbewusstseins mit dem Unbewussten ergibt, kann ein Mensch gar nicht finden. Da sie ganz persönlich auf diesen betreffenden Menschen ›zugeschnitten‹ ist, bringt sie ihn auf den einzig für ihn/sie passenden Weg, den der Individuation.

Der ›Kleine Prinz‹

Ein Beispiel so eines Zusammenspiels von persönlichem Bewussten und überpersönlichem Unbewussten ist wohl vielen bekannt. Es ist die Imagination des Schriftstellers und Fliegers Saint-Exupéry, nachdem er auf einem seiner Flüge in der Wüste Afrikas abgestürzt und in der misslichen Lage war, möglicherweise sein Flugzeug nicht flottzubekommen und im schlimmsten Fall auch nicht gefunden zu werden. In dieser höchst prekären Lage taucht plötzlich ein Kind vor ihm auf und sagt ganz schlicht. ›Zeichne mir ein Schaf.‹

Man stelle sich das einmal in seiner ganzen, unglaublichen Dynamik vor: ein Mann sitzt mutterseelenallein in der Sonnenglut der afrikanischen Wüste ohne Verbindung zu anderen Menschen, die ihm vielleicht helfen könnten, sein Flugzeug ist stark beschädigt, es ist vollkommen ungewiss, ob er jemals wieder nach Hause gelangen kann, sein Leben ist auf das Höchste gefährdet, und da erscheint ihm ein Kind und sagt, als ob es das Selbstverständlichste der Welt wäre: ›Bitte zeichne mir ein Schaf.‹

So eine Geschichte kann nicht die Erfindung einer ›normalen‹ Phantasie sein, sie entspringt vielmehr aus den Tiefen der Psyche, sie trägt den Geist des Unbewussten aus dem Bereich des nicht mehr Persönlichen, sondern des Überpersönlichen. Der Geist, der aus dem

Sammelbecken des kollektiven Unbewussten in das persönliche Bewusstsein hineinweht, trägt als Kennzeichen das ›Unerwartete‹ mit sich. Im chinesischen Weisheitsbuch ›I Ging‹ wird das ›Unerwartete‹ auch gleichgesetzt mit der ›Unschuld‹. Was zur Aktiven Imagination sehr gut passt. Denn wenn die Bilder und Geschichten, die sich aus ihr entfalten, nicht voller Unschuld wären, könnten sie nicht in der Weise wirken, wie sie es tun – das Bewusstsein wandeln. Die Aktive Imagination trägt sowohl eine das Bewusstsein reinigende als auch es wandelnde Kraft in sich. Deswegen ist sie so hilfreich in schwierigen oder gar Ausweg-los erscheinenden Lebenssituationen.

So wie Saint-Exupéry seinen Flugzeugabsturz erlebt hat.

Es beginnt ein tiefsinniger Dialog zwischen dem erwachsenen Saint-Exupéry und dem jungen, ursprünglichen Seelenteil seiner selbst, der ihm hilft, den Schrecken und die Einsamkeit der Wüste zu überwinden und sein Flugzeug zu reparieren.

In dieser Aktiven Imagination wird recht eindrucksvoll deutlich, woran man erkennen kann, dass es sich bei dem Geschehen wirklich um eine Aktive Imagination und nicht um eine einfache Phantasie handelt. Die Gestalten der Aktiven Imagination entsteigen dem Bereich der subjektiven Seele, die eine Verbindung zur objektiven Psyche halten kann. Es ist der Teil in uns, der dem inneren, ursprünglichen Kind entspricht, das in der Transaktionsanalyse das ›freie Kind‹ genannt wird, das man aber auch pathetischer als ›göttliches Kind‹ bezeichnen kann.

Merkmal dieses freien, ursprünglichen Kindes ist, dass es sowohl wie ein Kind als auch wie ein alter, weiser Mensch spricht. Es formuliert ganz einfache, klare Sätze, ohne Fremdworte, mit wenig Substantiven, dagegen mit vielen Verben. Es ist emotional ausgeglichen, eher kühl, freundlich, verstehend und verständnisvoll, interessiert, aber nie involviert. Es vermag stets Distanz zu halten zu dem jeweiligen Geschehen, es scheint immer das Ganze zu überblicken, verliert sich nicht in Details. Es hebt also die starken Emotionen auf, in die Menschen sich in einer Not- oder Verzweiflungssituation hineinwirbeln, und schafft so ein Klima, in dem vernünftige Überlegungen wieder möglich sind.

Den zentralen, wesentlichen Satz in der Aktiven Imagination Saint-Exupérys mit dem Kleinen Prinzen kennen die meisten Menschen.

›Man sieht nur mit dem Herzen gut. Das Wesentliche ist für die Augen unsichtbar.‹ Genau diese Sichtweise bringt das innere, ursprüngliche Kind in die Welt des Erwachsenen, der aufgehört hat, sein Tun mit seinem Herzen abzusprechen. Dadurch gerät der Mensch in Not, in Verzweiflung. Wenn er nicht sein Herz zu Rate zieht, läuft er wie kopf- und herzlos durch die Welt und kann die gesunden, einfachen Möglichkeiten nicht mehr sehen, die seinen Weg leicht und sicher machen. Da bedarf es dann der Korrektur aus dem Zentrum durch ein Kind.

Der weiße Vogel und der ›Ba‹

Aber es muss nicht unbedingt ein Kind aus dem Zentrum der Seele auftauchen, um dem/der Rat Suchenden zu einem neuen Gleichgewicht zu verhelfen.

Eine junge Ärztin zum Beispiel berichtet, dass plötzlich ein weißer Vogel neben ihr war, als sie in Los Angeles am Meer saß und von all den Eindrücken, die sie dort zu verarbeiten hatte, wie verwirrt war. Sie war nach Kalifornien gereist, um abzuklären, ob sie dort für eine Zeit lang an einer Klinik arbeiten könnte. Dazu hatte sie sich auch gerade noch heftig in einen Mann verliebt, den sie gleich am zweiten Tag ihres Aufenthaltes dort getroffen hatte. Nun schwirrte ihr der Kopf und sie konnte keinen klaren Gedanken mehr fassen. Da kam der wunderschöne, weiße Vogel und setzte sich neben sie. Sie wusste sofort, dass sie mit ihm sprechen konnte. Er schaute sie ruhig an, und allein schon durch diesen Blick kam sie innerlich zur Ruhe. Sie erzählte ihm dann alles, was sie gerade bedrängte, und bat ihn um Rat, den er ihr auch ganz freundlich gab. Seither begleitet er sie, er ist einfach jederzeit zur Stelle, wenn sie nicht mehr weiterweiß.

Die Frau ist sehr beeindruckt von der Art, wie er mit ihr spricht. Sie sagt:

»Er ist immer ganz ruhig. Er gibt mir knappe, aber ganz klare Hinweise zu dem, worum ich ihn bitte. Er ist vollkommen rational, nie emotional, doch stets freundlich, mir zugewandt, und er sagt nie mehr, als ich es gerade brauche.«

Sie selbst ist eine temperamentvolle Frau, die dazu neigt, sich in starke Gefühle hineinzubegeben. Der Vogel repräsentiert nun genau die

Seite ihres Wesens, die sie häufig ausspart. Er ist der kühle Kopf, der ihr mitunter abhanden kommt. Von daher kompensiert er ihre manchmal einseitige Haltung und trägt so dazu bei, dass sie mit seiner Hilfe zu ihrer Ganzheit findet.

Die Art dieses Vogels entspricht ganz der Art, die bei allen Gestalten zu finden ist, welche das ›absolute Wissen‹ oder die ›innere Weisheit‹ als Ratgeber schickt.

Die Aktive Imagination wurde, wie schon gesagt, von C. G. Jung wieder entdeckt, doch schon in früheren Zeiten hat das Ichbewusstsein einiger Menschen einen Zugang zum Unbewussten gefunden. Das entsprechende Beispiel, das Jung in die Hände gefallen war, ist folgendes:

Ein Mann will sich das Leben nehmen, denn er findet es nur mehr grau, eintönig und trostlos, er kann ihm nichts Schönes und Angenehmes mehr abgewinnen – im Gegenteil, es wird ihm zunehmend unerträglich und quälend. Er beschließt, Selbstmord zu begehen. So weit ist die Geschichte sehr gewöhnlich, man hört es nicht selten, dass ein Mensch in einer depressiven Krise an Selbstmord denkt und ihn oft auch ausführt.

Doch dann beginnt etwas Ungewöhnliches: Während er noch damit beschäftigt ist, sich zu überlegen, wann, wo und auf welche Weise er dies vollbringen könnte, hört er plötzlich eine klare Stimme neben sich, die ihn fragt:

›Sag einmal, lebst du überhaupt? Was ist denn dein Ziel?‹

Er schaut sich um, aber da ist niemand. Oder doch? Auf einmal weiß er: es ist seine eigene Seele, die zu ihm spricht.

Es irritiert ihn, und mürrisch antwortet er ihr, sie solle ihn in Ruhe lassen und sich nicht einmischen. Er will sterben. Ganz egal, was sie dazu meint.

Aber sie bleibt beharrlich, lässt nicht von ihm ab und fordert ihn mit den Worten heraus: ›Bist du denn wirklich ein Mann? Bist du überhaupt lebendig?‹

Nun ist er getroffen und kann nicht anders, als sich mit seiner aufdringlichen Seele auseinander zu setzen. Es beginnt ein Dialog des Lebensmüden mit seinem ›Ba‹. So heißt der Kern der Seele, ihr ›göttlicher Funke‹, im alten Ägypten, denn der Text stammt von dort, man fand ihn auf einem Papyrus. Dieses Gespräch war offenbar sehr lang, es gliedert sich in viele Abschnitte und wird sicher über viele Tage, vielleicht auch Monate oder gar Jahre gegangen sein. Manchmal kann die Läuterung der Seele eben ziemlich lange dauern.

Wie geht die Geschichte aus? Seine Seele siegt, und er bleibt am Leben.

Leider wissen wir nicht, was dieses Erlebnis in dem Mann ausgelöst, inwiefern es ihn verändert hat. Denn die Geschichte ist schon 4000 Jahre alt. Seither hat sie Menschen, die den Geheimnissen der Seele auf der Spur sind, immer wieder beschäftigt. Was geht da vor, wenn ein Teil der eigenen Seele plötzlich zu sprechen beginnt? Ein Psychiater würde vielleicht sagen ›wenn ein Mensch Stimmen hört, ist er verrückt‹.

Man kann es durchaus so sehen. Denn es wird ja tatsächlich etwas ver-rückt in so einem Dialog. Die Seele rückt auseinander und zurecht, was vorher ineinander verwoben und deshalb einseitig war. Der alte Ägypter konnte sein Leben nur noch freudlos und anstrengend sehen, alles andere blendete er aus. So gab es eine Art Kurzschluss in seinem Gehirn, und sein Selbstmord wäre als Reaktion darauf eine so genannte Kurzschlusshandlung gewesen.

Glücklicherweise wurde jedoch rechtzeitig eine Instanz in seinem Gehirn aktiv, die wie ein Elektriker handelte, dem gemeldet wird, dass da irgendwo im ›Elektrizitätswerk Gehirn‹ eine Sicherung durchgebrannt ist. Diese ›Elektriker-Instanz‹ handelte entsprechend, man kann sagen, über das Gespräch mit dem Ich-Bewusstsein des Mannes wechselte sie die alte Sicherung gegen eine neue aus. Es ist tröstlich zu wissen, dass es offenbar in der Seele des Menschen – bzw. in seinem Gehirn, denn die Seele kann sich nur über das Gehirn mitteilen – so etwas wie ein Cockpit gibt, in dem Kurzschlüsse des Denkens registriert und ›Experten‹ mobilisiert werden, den Defekt zu beheben.

Von diesen Experten ist hier die Rede, denn sie betätigen sich nicht nur als Lebensretter, wie die Geschichte aus Ägypten zeigt, sie sind auch bereit, uns in anderen schwierigen Lebenssituationen zu helfen, uns mit Rat und Tat zur Seite zu stehen – wenn wir unsererseits bereit sind, ihre Hilfe anzunehmen. Was nicht bei allen Menschen der Fall ist. Manche haben so große Angst vor den Geheimnissen der Seele, dass sie sich lieber nicht allzu weit da hineinwagen, lieber in der Einseitigkeit ihres Denkens verharren und notfalls auch einen

Kurzschluss in Kauf nehmen. Was schade ist, denn sie verzichten damit auf Möglichkeiten und Qualitäten, die das Leben leichter, freier, angenehmer machen und ihm eine Tiefendimension geben, ohne die es eingeschränkt, klischeehaft, eher langweilig, manchmal gar öde und grau, auf alle Fälle mit wenig Substanz und ohne Erfüllung verläuft. So nach dem Motto ›Man wird als Original geboren und stirbt als Kopie‹.

›Erkenne, wer du in Wirklichkeit bist‹

Ein anderes, besonders schönes, zweieinhalbtausend Jahre altes Beispiel verdeutlicht die starke, göttliche Kraft, die in einer Aktiven Imagination zum Ausdruck gelangen kann. Sie befähigt Menschen, die sich mit ihr beschäftigen, zur grundlegenden Wandlung und Weitung des Bewusstseins.

Es berichtet von Ardjuna, einem indischen Prinzen und Krieger, der in den Kampf ziehen muss. Er lenkt seinen Wagen auf das Schlachtfeld und erkennt zu seinem großen Schrecken, dass sich auf der anderen Seite unter den Feinden viele seiner Verwandten befinden, denn es kämpfen zwei königliche Familien gegeneinander, die zum Teil gleicher Abstammung sind. Entsetzt hält er seinen Wagen an, er kann und will nicht gegen Menschen in den Krieg ziehen, die wie Brüder für ihn sind.

In diesem emotional hoch aufgeladenen Zustand des Zwiespalts – als Krieger muss er kämpfen, als Mensch widerstrebt ihm dies zutiefst – erscheint Krishna, der höchste Gott, als Wagenlenker, als innerer Führer. Er belehrt Ardjuna, dass es seine Pflicht ist zu kämpfen, denn er ist zum Krieger geboren. Ardjuna versucht Krishna in höchster Verzweiflung klarzumachen, dass er doch nicht seine Verwandten töten könne, die er liebt, doch Krishna antwortet lächelnd: »Du glaubst, *du* tötest sie? Du irrst. *Ich* habe sie bereits getötet.« Und dann beginnt ein überaus spannender Dialog zwischen den beiden. Ardjuna äußert seine Zweifel, denn er kann die Situation nur aus der Einseitigkeit seines Ichbewusstseins sehen. Krishna, sein göttlicher Wagenlenker, belehrt ihn mit der Sicht auf das Ganze.

Gott – in Jung'scher Terminologie ›das Selbst‹ – hat sich Ardjuna in Gestalt des Krishna offenbart. Er erteilt ihm die Lehre von der Unsterblichkeit des Selbst. Scheinbar in einem langen Gespräch, denn der ›Gesang des Erhabenen‹ umfasst 18 Strophen. Er ist bekannt geworden als ›Bhagavad Gita‹ (1968), das ›Hohe Lied der Tat‹. Der erste Gesang heißt ›Vom Zweifel des Ardjuna‹ und der letzte ›Von der Erlösung durch Selbst-Vollendung‹. Wobei das ›Selbst‹ hier zweifach verstanden werden kann: Das ›Selbst‹ hat sich über die Gestalt des Krishna mit dem Krieger Ardjuna in Beziehung gesetzt und ihm die Belehrung erteilt, was es eigentlich ist. Und Ardjuna hat durch diese Aktive Imagination zu sich selbst gefunden, er hat seine Ganzheit erreicht. Insofern fallen dann jedoch die Lehre des Selbst und die Erkenntnis des Ardjunas in eines zusammen, was das Wesen der Aktiven Imagination ausmacht. Von der einen Seite sendet das Ichbewusstsein eine verzweifelte Frage, von der anderen Seite kommt die Antwort. Wenn der Fragende die Antwort annimmt, diese zur Erkenntnis wird, hört sie auf, Antwort zu sein, und die Frage ist auch keine Frage mehr. Dann gibt es nur noch das Eine, das ›absolute‹ Wissen, das wir Weisheit nennen.

Die Aktive Imagination eines normalen Menschen kann sich über einen längeren Zeitraum erstrecken. Aus der Sicht des Selbst gesehen, das zeitlos ist, geschieht die Erkenntnis dagegen in einem einzigen, hell aufscheinenden Augenblick, in dem gewissermaßen die Zeit stehen bleibt, gleichsam den Atem anhält. Ardjuna sieht, dass nicht das Ich des Menschen weiß und bestimmt, was jetzt getan werden muss, sondern dass dies allein Sache der göttlichen Weisheit ist. In einem einzigen Augenblick, im Zustand tiefster Verzweiflung und Ratlosigkeit, am Rande des Schlachtfelds wird Ardjuna ›erleuchtet‹.

Vivekananda, ein indischer Weisheitslehrer, kommentiert die Bhagavadgita so:

»Erkenne, wer Du in Wirklichkeit bist: die geburtlose, keinem Tode unterworfene, allwissende, unvergängliche Seele! Erinnere Dich dieser Wahrheit Tag und Nacht, bis sie ein lebendiger Bestandteil Deines Wesens und Lebens geworden ist und Dein Denken und Tun bestimmt, verwandelt, vergöttlicht! Denke daran, dass Du der Ewige selbst bist – nicht der schlafende Alltagsmensch. Erwache und erhebe Dich, ewiger Mensch, und offenbare Deine göttliche Natur!«

Aus diesen Worten wird deutlich, worum es in einer Aktiven Imagination im Unterschied zu einer passiven geht. In der passiven Imagination kann man sich schönen Bildern hingeben, man kann durch herrliche Landschaften pilgern oder geheimnisvollen Gestalten begegnen – wie in einem Märchen. Man kann sich seinen Phantasien überlassen und wunderbaren Vorstellungen folgen, ohne davon in der Tiefe der Seele besonders ergriffen oder berührt zu sein. In der passiven Imagination, die auch etwas sehr Sinnvolles ist und auf sanfte Weise der körperlichen und seelischen Entspannung dient, nimmt der Betreffende eine mehr oder weniger unbeteiligte Zuschauerrolle ein.

Das geht in einer Aktiven Imagination nicht. Hier wird der Betreffende von einem Boten des Selbst, in welcher Gestalt dieser auch immer auftreten mag, gewissermaßen ergriffen, berührt und beteiligt. Hier bricht etwas in ihn ein, eine Kraft mit einer Macht, die Ehrfurcht, manchmal Erschrecken, fast immer ein großes Staunen und vor allem eine unmittelbare Betroffenheit auslöst. Diesen Gefühlen soll und kann man sich nicht entziehen.

Deshalb sind als Ausgangspunkt für eine Aktive Imagination starke Gefühlszustände vonnöten. Jemand, der in Not ist, wird viel eher bereit sein, auf die Gestalten, welche das Selbst aussendet, zu hören, ihnen zu folgen als jemand, dem/der gerade ein bisschen langweilig ist, der/die sich mit einer Fantasiereise unterhalten möchte. Was vollkommen in Ordnung ist, denn jede Zeit hat ihre eigenen ›Gesetze‹.

Und jede Zeit entwickelt ihre eigenen Methoden, um auf das Bewusstsein der Menschen einzuwirken. Die Gestalten, Boten des inneren Zentrums, des Selbst, wechseln, sie passen sich den Vorlieben der Menschen in einer bestimmten Epoche an.

Sie treten meistens von selbst – vom Selbst – im Bewusstsein des Menschen auf, sei es zunächst über einen Traum, sei es direkt, im Wachzustand, wie beim lebensmüden Ägypter. Sie bemächtigen sich gleichsam des Bewusstseins der betreffenden Menschen, weil sie ihnen etwas Wichtiges mitzuteilen haben.

Elia und der Engel

Wie zum Beispiel im Fall des biblischen Elia. Ihn lässt ein Engel, den Gott schickt, nicht so einfach gehen. Der Engel legt Elia nahe, doch Gottes Wille als den seinen anzuerkennen und seine, für ihn vorgesehene Aufgabe zu übernehmen.

Niemanden kann und wird Gott zwingen, ihm zu dienen. Das kann er nicht, denn er hat dem Menschen den freien Willen ein für allemal zugesprochen. Aber er kann versuchen, ihn – mit welchen Mitteln auch immer – für sich und seine Botschaft zu gewinnen. Elia wollte nicht so recht, er hat sich geweigert, denn er spürte, das ist keine leichte Aufgabe, den Weisungen Gottes zu folgen. Dabei wusste er jedoch immer in den Tiefen seines Herzens, dass er bereit sein wird, Gottes Wille zu akzeptieren. Obwohl er – ich möchte das betonen – grundsätzlich die Wahlfreiheit hatte, so wie wir auch die Freiheit haben, uns zu entschließen, mit dem Wissen aus dem überpersönlichen Bereich zu kooperieren oder nicht.

Meiner Erfahrung nach wartet das Selbst geradezu darauf, sich mit dem einzelnen Menschen in Beziehung zu setzen, es braucht den Menschen ebenso für seine Botschaften, wie wir es brauchen, um jeweils zu wissen, was jetzt dran ist im Leben, bzw. um korrigiert zu werden, wenn wir – mehr oder weniger blindlings – in die falsche Richtung laufen, in eine, die nicht dem jeweiligen Auftrag und Sinn des Lebens entspricht.

An solchen Wegkreuzungen stehen auch die Kräfte, die in biblischer Zeit Engel genannt wurden. Jede Epoche produziert – wie gesagt – ihre eigenen Vorstellungen, bringt die Gestalten, die zu ihr passen, und lässt Bilder in den Köpfen der Menschen entstehen, die das auf unmissverständliche Weise zeigen, was jeweils werden kann. Die Psyche des Menschen schafft immer die Bilder, die gerade gebraucht werden. Gebraucht – wozu? Vielleicht um einen göttlichen Plan zu erfüllen. Albert Einstein machte den Begriff ›Kosmische Absicht‹ populär. Wenn es so ist – und viele große Wissenschaftler teilen diese Ansicht –, dann wären wir alle, jede/r auf seine/ihre ganz eigene Art, Erfüllungsgehilfen in und für diesen göttlichen Plan, die ›Kosmische Absicht‹.

Im Engel, der Elia führte, wird der Konflikt des Menschen deutlich, seinem eigenen Willen zu folgen oder den Willen Gottes, des Schicksals, anzunehmen. Dieser Konflikt führt Menschen, ohne dass sie genau um diesen inneren Zweifel wissen, zur Psychotherapie. Im Traum des Mannes im vorigen Kapitel, dessen Ticket verschwunden war, kommt genau dieser Konflikt zum Ausdruck. Er ist auf seiner Lebensreise in eine Sackgasse geraten bzw. in eine Badewanne, die sich merkwürdigerweise auf einem Flugplatz befindet. Die drei Frauen, die ebenfalls in einer Badewanne sitzen, können als die personifizierte ›Schicksalskraft‹ verstanden werden. In der Tat hat der Träumer auch mit diesen drei Frauen eine Aktive Imagination begonnen. Das heißt, er hat sie sich im Wachbewusstsein noch einmal vergegenwärtigt und sie gefragt, welchen Rat sie ihm geben können. Da diese Aktive Imagination z. Zt. noch andauert – wie gesagt, manchmal geht sie über viele Wochen hinweg –, möchte ich hier nicht weiter auf sie eingehen.

Doch eine andere Aktive Imagination, die der südamerikanische Schriftsteller Paulo Coelho (1998) in seinem faszinierenden Buch ›Der fünfte Berg‹ beschrieben hat (ohne sie so zu nennen), behandelt die Thematik des Konflikts, in dem sich Elia befand, in den vor ihm und nach ihm unzählige Menschen immer wieder hineingeraten. Coelho schreibt:

»Elia schreckte aus seinem Traum auf und blickte hoch zum Firmament. Das war die Geschichte, die ihm nicht eingefallen war!

Vor langer Zeit hatte der Patriarch Jakob seine Zelte aufgeschlagen, und jemand war in sein Zelt gekommen und hatte mit ihm bis zum Morgengrauen gekämpft. Jakob hatte den Kampf aufgenommen, obwohl er wusste, dass sein Gegner der Herr war. Als es Tag wurde, war er immer noch unbesiegt. Und da hatte Gott ihn gesegnet. Sie wurde von Generation zu Generation weitergegeben, damit niemand vergaß: Manchmal ist es notwendig, mit Gott zu kämpfen. Alle Menschen mussten irgendwann in ihrem Leben ein Unglück durchmachen. Es konnte die Zerstörung einer Stadt sein, der Tod eines Kindes, eine unbegründete Anklage, eine Krankheit, die sie für immer zu Invaliden machte. In diesem Augenblick forderte sie Gott heraus, sich ihm zu stellen und ihm seine Frage zu beantworten: ›Warum klammerst du dich so sehr an ein kurzes Leben voller Leiden? Welchen Sinn hat dein Kampf?‹

Der Mensch, der darauf keine Antwort hatte, schickte sich dann darein. Während der andere, der für sein Leben einen Sinn suchte, sein eigenes Schicksal herausforderte, weil er fand, dass Gott ungerecht gewesen war. Das war der Augenblick, in dem ein anderes Feuer vom Himmel herabkam – nicht jenes, das tötet, sondern jenes, das die alten Mauern einreißt und jedem Menschen seine wahren Möglichkeiten gibt. Die Feiglinge lassen niemals zu, dass ihr Herz von dieser Flamme entflammt wird. Sie wollen nur, dass alles wieder so wird wie vorher, damit sie so leben und denken können, wie sie es gewohnt waren. Die Tapferen jedoch werfen alles, was alt war, ins Feuer und geben, wenn auch unter Schmerzen, alles auf, sogar Gott, und schreiten voran.

›Die Tapferen sind immer starrsinnig.‹

Vom Himmel lächelte der Herr zufrieden – weil es genau dies war, was Er wollte, nämlich dass jeder die Verantwortung für sein Leben in die eigenen Hände nahm. Schließlich war dies ja die größte Gabe, die er Seinen Kindern gegeben hatte: die Fähigkeit, selbst zu wählen und zu bestimmen.

Nur Männer und Frauen mit der heiligen Flamme im Herzen hatten den Mut, sich Ihm zu stellen.

Und nur sie kannten den Weg, der zurück zu Seiner Liebe führte, weil sie am Ende begriffen hatten, dass das Unglück keine Strafe, sondern eine Herausforderung war.«

Aber auch wer nicht von einem Unglück getroffen wurde, sondern schlicht und einfach die Befreiung aus einer einengenden Lebenssicht wünscht, kann sich von diesen Worten angesprochen fühlen, kann aus ihnen ableiten, was viele Menschen schon erlebt und berichtet haben: das Leben verantwortlich zu gestalten, ist ein unübertroffenes Geschenk.

Um uns diese Gabe zu überreichen, stehen die Kräfte hinter uns und uns zur Seite, die sich als Engel, Kleiner Prinz, als Ba, Ardjuna oder als weißer Vogel zeigen. Manchmal treten sie auch als Landstreicher auf, in Gestalt einer Bärin, einer Wildgans, eines Schäfers oder als Schicksalsfrauen. Sie können jede Gestalt annehmen, die dem entsprechenden Menschen, seiner seelischen Verfassung und der gegebenen Situation gerade angemessen sind. Sie stellen die Personifikation der menschlichen Fähigkeit dar, das Leben in die eigene Verantwortung zu nehmen, und betätigen sich als Boten des Selbst, das uns zur Ganzheit und damit in die innere Freiheit führen will.

Dass dies möglich ist, dass wir Zugang zum Unbewussten haben – ja, meiner Erfahrung nach wartet das Unbewusste geradezu darauf, in Anspruch genommen, gerufen zu werden –, können und sollten wir unbedingt nutzen. Menschen, die so eine Erfahrung einmal gemacht haben, möchten sie nicht mehr missen. Sie sagen, dass die Aktive Imagination ihr Leben um Wesentliches bereichert hat. Man muss also kein Menschenführer sein wie Mose, kein Prophet wie Elia, kein Prinz und Krieger wie Ardjuna, kein Schriftsteller wie Saint-Exupéry, man muss auch nicht lebensmüde sein, um die Hinweise aus dem Unbewussten zur Erleichterung des Lebens in Anspruch zu nehmen. So wie man sich ärztliche Hilfe bei körperlichen, psychotherapeutische bei seelischen Beschwerden holt, kann man auch Hilfe aus dem Unbewussten zur Vervollständigung der Persönlichkeit anfordern. Wer dies nicht tut, ist wie jemand, dem gesagt wird, er könne den Schlüssel zu einem Banksafe voller Geld bekommen, und er würde sagen ›nein, danke‹.

Wenn Sie mögen,
lesen Sie nun, wie Sie selbst sich mit dem Unbewussten in Beziehung setzen können – damit Sie nicht ›nein, danke‹ zum Schlüssel Ihrer inneren Schätze sagen müssen.
Voraussetzung ist eine Situation, die emotional aufgeladen ist.
Zum Beispiel
– wenn Sie sich gerade unglücklich fühlen in Ihrem Leben, aber nicht so recht wissen, warum eigentlich, oder wie Sie eine Veränderung herbeiführen können;
– wenn eine starke Wut in Ihnen ist, der Sie sich hilflos ausgeliefert fühlen;
– wenn eine starke Sehnsucht in Ihnen nach ›geführt werden‹ ist;
– wenn etwas oder jemand in einem nächtlichen Traum erscheint, das oder der Sie unruhig oder neugierig macht;
– wenn Sie einen nächtlichen Traum über einige Zeit hinweg nicht verstehen und Sie merken, dass er Sie sehr beschäftigt;
– wenn Sie ganz einfach einmal die Erfahrung einer Aktiven Imagination machen wollen.

Nehmen Sie sich dann eine halbe Stunde Zeit und sorgen Sie dafür, dass Sie nicht gestört werden. Schalten Sie Ihre Gedanken an die Außenwelt für diese halbe Stunde ab, schalten Sie Ihr Bewusstsein auf ›Innenerfahrung‹. Konzentrieren Sie sich auf Ihren Wunsch, seien Sie dabei offen für alles, was geschieht. Vergegenwärtigen Sie sich die Situation, die Sie besser verstehen wollen, aktivieren Sie den Gefühlszustand, der Sie veranlasst, die Aktive Imagination zu machen, oder gehen Sie zum Beispiel noch einmal in Ihr Traumbild hinein. Nun passen Sie gespannt und hellwach auf, was geschieht. Vielleicht taucht eine Gestalt auf, ein Tier oder eine Pflanze. Schauen Sie sich dieses Bild ge-

nau an und treten ein in eine Beziehung mit ihm, d. h., Sie sprechen die Gestalt, das Tier, die Pflanze an. In der Aktiven Imagination können Tiere und Pflanzen auch sprechen wie im Märchen. Stellen Sie Ihre Fragen oder teilen Sie Ihrem Gegenüber Ihren Wunsch mit. Aber immer nur einen. Lassen Sie Ihrem Gegenüber Zeit zu antworten. Vielleicht möchte die Gestalt, das Tier, die Pflanze, dass Sie ihr folgen. Tun Sie das, aber achten Sie darauf, dass dies nur so geht, wie es auch für Sie im Wachzustand möglich wäre. Das heißt, Sie können nur gehen, nicht fliegen. Wenn Sie schwimmen können, dürfen Sie Ihr Gegenüber auch in einem See oder im Meer schwimmend begleiten, wenn Sie jedoch in der äußeren Realität nicht schwimmen können, können Sie es auch nicht in der Aktiven Imagination.

Gerade hier liegt der Unterschied der Aktiven Imagination zu einer passiven Phantasiereise: In der Aktiven Imagination ist das Ichbewusstsein wach und setzt sich aktiv, nur mit seinen realen Möglichkeiten mit der Gestalt aus dem Unbewussten in Beziehung. In der passiven Phantasiereise können Sie alles phantasierend erleben, was Sie in der Realität nicht können: fliegen, größer oder kleiner werden, sich in ein Tier oder einen Riesen verwandeln usw. In der Aktiven Imagination bleiben Sie auf die Realität bezogen – sowohl auf Ihre Wachrealität als auch auf die Realität des Unbewussten. Die Aktive Imagination ist kein Märchen, keine Phantasiereise, sie hat und kann nichts Magisches. Sie ist klar, einfach, direkt und wirkt immer ausgleichend. So wie der weiße Vogel der jungen Ärztin, wie der Kleine Prinz. Nach einer halben Stunde verabschieden Sie sich von Ihrem Gegenüber, und wenn Sie meinen, der Prozess ist noch nicht zu Ende, Ihr Gegenüber habe Ihnen noch viel zu sagen, dann versprechen Sie bald – morgen, übermorgen, am nächsten Wochenende – wieder zu kommen. Halten Sie dieses Versprechen auch ein und beginnen Sie dann dort, wo Sie das letzte Mal aufgehört haben.

Eine Aktive Imagination kann über viele Tage, Wochen, Monate gehen – so lange, bis Sie eines Tages genau wissen: jetzt ist dieser Prozess abgeschlossen.

Nach einiger Zeit – ich würde, je nach Länge der vorherigen Imagination, einige Wochen oder Monate vergehen lassen –

können Sie dann, wenn Sie wollen, mit einem neuen Thema erneut in eine Aktive Imagination ›einsteigen‹.

Bitte bedenken Sie: Die Aktive Imagination ist ein ernsthafter Prozess, einer Psychotherapie sehr ähnlich. Sie ist keine ›Gaudi‹. Was nicht heißt, dass es nicht auch fröhlich oder manchmal recht lustig darin zugehen mag. Lachen ist immer gut und gesund. Doch Sie sollten den Prozess der Beziehung mit dem Unbewussten als etwas betrachten, dem man respektvoll begegnet. Nicht ›heilig‹ oder sentimental. Einfach, klar, direkt und mit Respekt. So wie Sie auch einen Gast in Ihrem Hause begrüßen würden, der von weither kommt und Ihnen ein schönes Gastgeschenk mitbringt.

Probieren Sie so eine Aktive Imagination einfach einmal aus, scheuen Sie nicht davor zurück, ängstigen Sie sich auch nicht, dass Sie etwas falsch machen könnten. Das Einzige, was sie noch beachten sollten, ist, dass Sie keine Personen in die Aktive Imagination nehmen, die Sie aus dem Wachbewusstsein kennen und die noch leben. Mit diesen Personen können Sie sich direkt auseinander setzen, wenn Sie mit ihnen etwas zu klären haben. Diese Personen könnten Ihnen auch keine Weisheiten aus dem Unbewussten bringen.

Ich bin sicher, wenn Sie einmal die Erfahrung einer Aktiven Imagination gemacht haben, wissen Sie sehr wohl, wie es geht, was richtig ist, was sich nicht so recht empfiehlt.

Und hier noch ein Buchtipp: Verena Kast: ›Imagination als Raum der Freiheit. Dialog zwischen Ich und Unbewusstem‹ (1988).

KAPITEL 3

Beziehungspartner Gehirn

Was ist es, dass heute so viele Menschen fasziniert sind vom Gehirn, von der Hirnforschung? Als Bill Clinton noch Präsident der USA war, sagte er einmal ›wir leben im Zeitalter des Gehirns – ›in the decade of the brain‹. Nun ist diese Dekade bereits zu Ende, aber die Begeisterung für die neuesten Ergebnisse aus der Hirnforschung hat nicht ab-, sondern eher noch zugenommen. Das Gehirn ist nun einmal ein Faszinosum, denn es steuert sowohl unsere körperlichen als auch seelischen Funktionen.

Vielleicht wollen wir auch mit den Kenntnissen, die wir uns über das Gehirn aneignen, ein Terrain wiedergewinnen, das wir schon verloren glaubten? Sigmund Freud zeigte uns, dass wir nicht ›Herr im eigenen Haus‹ sind, was die Hirnforscher im Grunde bestätigen. Doch sie geben uns dafür einen akzeptablen Ersatz: Lerne dein Gehirn kennen und du gewinnst – wenn schon nicht Macht, dann wenigstens Wissen. Wenn du weißt, wie es funktioniert, kannst du dich darauf einstellen, und dann hast doch du wieder die ›Fäden in der Hand‹. Ist es das, was wir wollen?

Wir haben schon gesehen, dass es uns Menschen sehr schwer fällt anzunehmen, wir seien Spielball eines Schicksals. Das macht uns Angst. Lieber wollen wir das Schicksal kontrollieren und beeinflussen. So wie wir uns mittels der Psychospiele gegenseitig manipulieren und kontrollieren. Das Bedürfnis nach Kontrolle scheint sehr stark in uns zu sein, was verständlich ist, denn es reduziert Angst. Es ist auch ganz vernünftig, Angst zu reduzieren, denn wenn sie uns zu stark besetzt, sich auf zu viele Bereiche des Lebens bezieht, schränkt sie unseren Handlungsspielraum ein und begrenzt das Leben. Was nicht im Sinne des Lebens, des Lebendigseins ist. Insofern sind wir klug, wenn wir nach Wegen suchen, Angst und Unsicherheit zu überwinden bzw. sie durch möglichst viele entsprechende Informationen in Schranken zu halten.

Das Leben auf diesem kleinen Planeten ist ja auch immer gefährdeter geworden – obwohl wir gesünder leben als unsere Vorfahren, bei Erkrankungen bessere Heilungschancen haben und deshalb auch sehr viel älter werden. Dennoch ist es mit immer mehr Stress verbunden, der wiederum die Angst schürt. Es drängen sich inzwischen so viele Bewohner auf diesem kleinen, zarten Planeten, dass sie sich gegenseitig regelrecht auf die Füße treten, gegeneinander immer aggressiver werden – wer in seinem Auto auf der Autobahn fährt, kann dies bestätigen – und mit immer mehr ausgefeilten Strategien versuchen, sich selbst möglichst viel Terrain zu sichern und den anderen ›auszubremsen‹.

Wer in solchen Zeiten Techniken oder Methoden anbietet, die Menschen hilft, ›oben‹ sein zu können, ist sehr gefragt. Zum Beispiel Wissenschaftler und Forscher, die erklären, wie dieses und jenes zusammenhängt. Wer schneller sieht, ›was Sache ist‹, wer schneller handelt, ›bevor die anderen noch aufgestanden sind‹, wer schneller denkt, ›führt sein Schäfchen‹ vor den anderen ›ins Trockene‹, wer schneller zupackt, macht ›den Gewinn‹.

Die ›via regia‹ aus der Angst

Das heißt aber – und darauf kommt es mir an: wer schneller und besser in Beziehung treten kann, hat wirklich die größeren Chancen, ein angstreduziertes, ziemlich glückliches Leben zu führen. Denn Beziehungen schaffen Informationen, schenken Selbstvertrauen und vermitteln damit ein gewisses Maß an Sicherheit. Was Inbeziehungtreten zu sich selbst und zu den anderen heißt, haben wir schon gesehen. Dieser Teil nun handelt davon, wie wir Beziehung mit dem Unbekannten aufnehmen können, das die Jungianer das ›Selbst‹, das alle psychologischen und psychotherapeutischen Schulen das ›Unbewusste‹ nennen.

Über die nächtlichen Träume erhalten wir einen Einblick in die dem Tagesbewusstsein unbekannte Welt. Doch Träume können wir nicht ›machen‹, sie tauchen auf oder nicht, d. h., wir erinnern uns an die Trauminhalte oder vergessen sie. Die Erinnerung entzieht sich oft unserem bewussten Zugriff, was wir nicht nur am Morgen erleben, wenn sich die Träume der Nacht in nicht mehr greifbare ›Schäume‹ auflösen, sondern was wir auch immer wieder im Alltag feststellen, wenn uns Namen nicht einfallen, wir nicht mehr wissen, wo wir dieses und jenes hingelegt haben, usw. Im extremsten Fall sehen wir, wie zentral die Erinnerung unser Leben beeinflusst, an Menschen, die an der Alzheimer-Krankheit leiden.

Die Aktive Imagination macht uns, was die Beziehung zum Unbewussten anbelangt, schon ein wenig unabhängiger, wir können ganz gezielt und bewusst mit ihrer Hilfe einen unbewussten Inhalt ansteuern. Wenn wir jetzt aber auch noch Einfluss auf unser Gehirn hätten, dann wäre dies nicht nur die ›via regia‹ aus der Angst, sondern auch die Möglichkeit, unsere Persönlichkeit wirklich zu ihrer Einzigartigkeit zu optimieren, also Individuation auf höchster Stufe zu erlangen. Dafür also brauchen wir die Hirnforscher, darüber möchten wir Bescheid wissen. Was spielt sich ab in der Region meines Körpers, die alle anderen Regionen beherrscht, die vermag, dass ›es‹ mich atmet, dass alle Organe einwandfrei, ohne mein bewusstes Zutun funktionieren, die mir meldet, wann ich essen und trinken muss, die zuständig ist für alle Bewegungen, die ich ausführen möchte, die der Sitz meiner Intentionen und Motivationen, meiner Gefühle, ja, womöglich meines Schicksals ist? Was geht da vor und kann ich dieses wunderbare, rätselhafte Steuerungsorgan eventuell doch beeinflussen, habe ich ein ›Mitspracherecht‹?

Die Natur geht mit ihren Bausteinen sehr rational, wenn nicht gar geizig um. Sie hat gerade so viele entwickelt, wie nötig sind, um alle Organismen zu erschaffen – und dazu braucht sie nur ganz wenige Grundbausteine. Doch sie hat diese zu unendlich vielen Variationen veranlasst. Das heißt: Auch unser Gehirn arbeitet grundsätzlich nach ›Spartarif‹, also in seinen einmal angelegten Bahnen. Routinemäßig laufen die entsprechenden Impulse immer wieder dieselbe Strecke. Was sehr sinnvoll ist, denn damit lassen sich die einzelnen Körperfunktionen, die ja auch ›automatisch‹ ablaufen, am besten garantieren. Doch das Gehirn ist auch in der Lage, neue Schaltkreise zu bilden, Regionen zu aktivieren, die normalerweise wenig tätig sind. Es kommt nur darauf an, dass es die entsprechenden Impulse dazu bekommt. Und dass der zu diesem Gehirn gehörende Mensch bereit ist, mehr aus seinem Leben zu machen als das, was bisher geschehen ist. Er muss sich also auf einen neuen Weg machen wollen.

KritikerInnen mögen hier die Stirn runzeln und zu bedenken geben, dass damit dem Omnipotenzgefühl des einzelnen Menschen Tür und Tor geöffnet werde, dass der Respekt, die Furcht und die Demut vor der ›höheren Instanz‹, die wir ›Selbst‹, ›Gott‹, ›Schicksal‹

oder ›Tao‹ nennen können, verloren ginge. Doch dies muss keineswegs so sein. Im Gegenteil: Je mehr wir den hochkomplexen Aufbau der Beziehungssysteme, in die wir eingebunden sind, sowohl in der äußeren Welt als auch im seelischen Bereich und in der Hirnstruktur kennen, desto bescheidener, demütiger und dankbarer können wir der höheren Instanz huldigen. Indem wir das, was sie uns anbietet, auch wirklich voll annehmen und uns zu Nutze machen. Zu unserem eigenen Wohl als auch zum Guten für die anderen und damit zum Vorbild für die Möglichkeit einer friedlichen Koexistenz, von der alle etwas haben.

Wir sind frei, unsere – von wem oder wodurch auch immer geschenkte – Intelligenz in Anspruch zu nehmen und uns damit das Leben zu erleichtern und glücklicher zu werden. Weil glückliche Menschen auch friedliche Menschen sind, weil diejenigen, die sich selbst lieben können, auch die anderen lieben, und diejenigen, welche mit sich selbst im Frieden sind, auch den anderen damit Frieden schenken.

Hierzu zitiere ich aus dem sehr verständlich und auch unterhaltsam geschriebenen Buch des Neurobiologen Gerald Hüther (2001): »Wer sich auf einen schwierigen Weg macht, beginnt sein Gehirn wesentlich komplexer, vielseitiger und intensiver zu benutzen als jemand, der selbstzufrieden dort stehen bleibt, wo er entweder zufälligerweise gelandet oder vom Druck oder vom Sog der Verhältnisse hingespült worden ist, bis er dort untergeht. Und da die Art und Intensität der Nutzung des Gehirns darüber entscheidet, wie viele Verschaltungen sich zwischen den Milliarden von Nervenzellen ausbilden, welche Verschaltungsmuster dort stabilisiert werden können und wie komplex diese neuronalen Verschaltungen sich miteinander verbinden, trifft man mit der Entscheidung, wie und wofür man sein Gehirn benutzen will, immer auch eine Entscheidung darüber, was für ein Gehirn man bekommt … Wir besitzen kein zeitlebens lernfähiges Gehirn, damit wir uns damit bequem im Leben einrichten, sondern damit wir uns mit Hilfe dieses Gehirns auf den Weg machen können, nicht nur am Anfang, sondern zeitlebens. Selbstverständlich haben wir die Freiheit, jederzeit dort stehen zu bleiben, wo es uns gefällt, und fortan nur noch diejenigen Verschaltungen zu benutzen, die bis dahin in unserem Gehirn entstanden sind. Da diese Verschaltungen aber dann umso besser und effizienter gebahnt werden, je häufiger wir sie immer wieder auf die gleiche Weise benutzen, kann daraus sehr leicht die letzte freie Entscheidung geworden sein, die wir in unserem Leben getroffen haben. Wenn wir unser Gehirn auf diese Weise erst einmal selbst erfolgreich für eine ganz bestimmte Art seiner Benutzung programmiert haben, läuft der Rest, wenn nichts mehr dazwischenkommt, von allein ab. Bis zum Ende.«

Zwei Aussagen aus diesem Zitat möchte ich besonders unterstreichen:

1. *Unser Gehirn ist lernfähig.*
2. *Die Verschaltungen, die wir überwiegend benutzen, werden immer effizienter.*

Und noch eine Empfehlung von Gerald Hüther:
»Eine uralte chinesische Weisheit lautet: ›Nicht dort, wo du es schon zur Meisterschaft gebracht hast, sollst du dich weiter erproben, sondern dort, wo es dir an solcher Meisterschaft mangelt.‹«
Also machen wir uns auf den Weg zu unserem interessantesten Beziehungspartner, dem Gehirn. Und so, wie man sich vor einer längeren Reise überlegt, was man für diese Unternehmung braucht, was man unbedingt mitnehmen muss, sind auch für diesen Weg einige Fragen sinnvoll:

1. Was möchte ich grundlegend verändern in meinem Leben?
2. Womit bin ich noch nicht ganz zufrieden?
3. Welche Schwachstellen gibt es, wobei falle ich immer wieder auf die Nase?
4. Was bedarf endlich einer Lösung?
5. Womit habe ich die größten Schwierigkeiten?
6. Was schaffe ich noch nicht aus eigenem Antrieb?
7. Woran scheitere ich häufig?
8. Was gelingt mir nur annähernd?

Sie können selbstverständlich noch andere Überlegungen, die Ihnen am Herzen liegen, hinzufügen. Aus den Antworten können Sie sich so etwas wie eine ›Landkarte‹ für die Reise in ein beglückendes Leben erstellen.

Ein neuer Weg ist gangbar

Marvin Minsky (1994), amerikanischer Intelligenzforscher und Computerwissenschaftler, hat das menschliche Gehirn studiert und darüber ein sehr aufschlussreiches und auch amüsantes Buch geschrieben: ›Mentopolis‹. Auf dem Cover des Buches steht: ›Mentopolis ist ein Modell, ein Spiel, eine Spekulation. Und vielleicht der entscheidende Schritt über die letzte Grenze der Wissenschaft.‹ Die Essenz des Buches lautet: Wir sind deswegen intelligente Wesen und wir können die Intelligenz noch weiter entwickeln, weil sich in unseren Gehirnen eine überaus differenzierte Beziehungsstruktur aufgebaut hat. Im Gegensatz zu den meisten Tieren, die eine Sache ziemlich perfekt herausgebildet haben, z. B. die Fische das Schwimmen, die Vögel das Fliegen, die Huftiere das Rennen, die Raubkatzen das Angreifen usw., haben wir zwar nichts perfekt entwickelt, aber wir können sehr vieles. Wir haben so eine Vielheit von Prozessen in unserem Gehirn aufgebaut, die alle miteinander verbunden sind, sodass es nicht schlimm ist, wenn irgendwo einer versagt. Dann springt eben ein anderer dafür ein und übernimmt die Sache. Unsere nicht perfekte Vielfältigkeit macht unsere Intelligenz aus. Das gibt uns die Möglichkeit, nicht auf ein bestimmtes, perfektes System angewiesen zu sein, sondern bei Bedarf ganz schnell umschalten zu können auf ein anderes System. Wir profitieren also von der Vernetzung der vielen, verschiedenen, gleichzeitig ablaufenden Hirnprozesse. Diese verschiedenen Prozesse nennt er ›Agenturen‹. Und in einer Agentur arbeiten wiederum viele ›Agenten‹. Ich werde im Nachfolgenden zeigen, wie wir uns dieses von Minsky vorgeschlagene Bild für die Arbeitsweise des Gehirns zu Nutze machen können, indem wir uns eine Mind-Agentur einrichten.

Wir können also unser Gehirn – und dadurch unser Leben – beeinflussen, wenn wir diese ›Agenten‹ nicht einfach nur irgendwie ›vor sich hin wurschteln‹ lassen, sondern ihnen gezielte Aufträge erteilen, sie sozusagen zu Erfüllungsgehilfen unserer Wünsche machen. Warum eigentlich nicht?

Bevor wir uns jetzt ganz konkret die Art und Weise der Intelligenzoptimierung in unserem Gehirn anschauen, ist noch ein kleiner Ausflug ins Machtzentrum des Gehirns erforderlich. Dort sitzen unsere Gefühle.

In der letzten Zeit haben Bücher von zwei amerikanischen Wissenschaftlern, nicht nur in der Fachwelt, großes Aufsehen erregt. Es sind ›Descartes Irrtum‹ von Antonio Damasio (1994), einem Neurologen, und ›Emotionale Intelligenz‹ von Daniel Goleman (1995), einem klinischen Psychologen. Beide haben darüber berichtet, dass vernünftiges Verhalten von Menschen nicht ohne Gefühle möglich ist und dass Intelligenz ohne Gefühle keine echte Intelligenz ist. Beide beschreiben, dass die Natur aller gesunden Lebewesen durch Gefühle gesteuert werden. Was auch sehr verständlich ist, denn in einer feindlichen Welt kann das Überleben nur dann wenigstens einigermaßen garantiert sein, wenn die sehr rasch reagierenden Emotionen dem Lebewesen signalisieren, ob es sich in Gefahr befindet oder nicht. Würde es erst lange Überlegungen anstellen oder sogar eine Rechnung aufstellen müssen, ob und in welcher Weise die Situation gerade lebensgefährlich ist, könnte es für eine Flucht oder einen Kampf zu spät sein.

Das heißt, nicht nur unser Leben, sondern auch unser Wohlbefinden hängen davon ab, dass unser Gehirn sehr schnell emotional auf die jeweilige Situation reagiert. Das müssen wir einfach wissen, wenn wir unser Verhalten beeinflussen wollen. Doch diese Kenntnis allein reicht noch nicht aus. Wir müssen auch ganz praktisch mit unseren Gefühlen in Kontakt sein, sie kennen lernen, um mit ihnen vernünftig umgehen zu können. Dazu jedoch ist nötig, dass wir mit uns selbst in unmittelbarem Kontakt sind, dass wir sehr genau registrieren, welches Gefühl gerade da ist. Schon allein das Wahrnehmen des jeweils vorherrschenden Gefühls – und es ist immer eines vorhanden –, sagt Goleman, ist sehr hilfreich für dessen Veränderung. Nun wissen wir, dass neben den Veranlagungen, die ein Kind mit in diese Welt bringt, seine Erlebnisse in der frühen Kindheit nicht zu verändern sind. Was das Gehirn bis zum dritten, vierten Lebensjahr gespeichert hat, sitzt für immer unveränderbar darin. Eric Berne sprach von dieser kindlichen Psyche, die jeder Mensch ein Leben lang mit sich herumträgt, von der ›Archäopsyche‹. Das psychische Organ für das Eltern-Ich nannte er ›Exteropsyche‹. Darin befinden sich auch unser Wertekatalog und alle Regeln, die wir für ein möglichst reibungsloses Miteinander brauchen. Hier sind durchaus neue Eingaben möglich und oft auch nötig. Das psychische Organ für das Erwachsenen-Ich schließlich bezeichnete Berne als ›Neopsyche‹. Sie mag in etwa dem Neocortex entsprechen. Durch diesen Teil unseres Gehirns sind Lernen, Verändern und Neugestalten möglich. Hier kann so etwas wie ein ›Überschreiben‹ des Alten stattfinden. Doch wie im Psychischen alle drei Ich-Zustände zusammengehören, müssen wir auch unserem Gehirn die entsprechenden Stimuli anbieten, die es zu einem komplexen Zusammenspiel veranlassen. Wenn man etwas Neues schaffen will, zum Beispiel ein Haus bauen, dann benötigt man als Grundlage dafür das entsprechende Geld. Für den seelisch-körperlichen Bereich heißt dies: Energie. Wodurch psychische Energie entsteht, haben wir schon gesehen, vornehmlich durch Gefühle und symbolträchtige Bilder, die starke Emotionen auslösen. Mit diesen Mitteln arbeitet auch Marvin Minsky, wenn er die komplexe Tätigkeit des Gehirns beschreibt mit der Vorstellung von ›Agenten‹, die in ›Agenturen‹ vereint, entsprechende Schaltkreise im Gehirn bilden und somit verschiedene Aufgaben bewältigen.

In der heutigen Zeit haben Menschen in der Regel keine Schwierigkeiten, sich alle möglichen Bilder und Situationen vorzustellen. Wir kennen unendlich viele Geschichten durch Bücher, Filme und Theateraufführungen, und die meisten Menschen sind schon einmal in fremde Länder gereist, haben unterschiedliche Landschaften und Lebensweisen kennen gelernt. Alles, was wir je gesehen, gehört, gespürt, gedacht und erlebt haben, ist im Gehirn gespeichert, wir können, wenn wir es nicht aus irgendwelchen Gründen ins Unbewusste verdrängt haben, darauf zurückgreifen. Die Phantasie hat somit ein weites Spielfeld. Und dieses Spielfeld brauchen wir, wenn wir der Empfehlung von Marvin Minsky folgen und uns die Arbeit des Gehirns als ein Wirken von unendlich vielen unermüdlichen Agenten vorstellen, die, zu Agenturen zusammengeschlossen, für unser tägliches Wohl sorgen. Wir können sie in ihrer Arbeit unterstützen, indem wir ihnen noch entsprechend mehr Personal hinzufügen.

Es ist wie in einer Firma: Reicht die Kapazität des bestehenden Personals nicht aus, weil neue Produkte in das Unternehmen aufgenommen werden sollen, dann muss neues Personal eingestellt werden. Alles, was im äußeren Leben funktioniert, kann dies auch im psychischen Bereich, denn letztlich sind Materie und Psyche eins. Im nächsten Kapitel schreibe ich noch mehr darüber. Die Frage bleibt natürlich, wer der ›Chef‹ des Gehirns ist, der so eine Personalaufstockung durchführt. Es wäre zu eng gegriffen, wenn wir sagen: »Ich natürlich«. Denn wir wissen inzwischen, dass es so einfach nicht ist. Zwar sind die Ich-Funktionen, wie ich sie in Teil 2 beschrieben habe, notwendig, um uns im Leben orientieren und die Verbindung zum Unbewussten via ›Aktive Imagination‹ aufnehmen zu können, doch sind wir genauso darauf angewiesen, dass von ›der anderen Seite‹ – wie auch immer wir sie nennen mögen – die entsprechende Kooperation aufgenommen wird. So gesehen ist auch das Einsetzen von weiteren ›Agenturen‹ zur Optimierung der Persönlichkeit ein hochkomplexes und ebenso effizientes Zusammenspiel von Geist und Materie, von Ich und Selbst, von geistiger Vorstellung und Bildung neuer Verschaltungen im Gehirn.

Das ›Super-Spiel‹

Es funktioniert ähnlich wie die ›Aktive Imagination‹. Der Unterschied liegt darin, dass dort ein Beziehungspartner gewählt wird, der in einem Traum von sich aus auftaucht oder der sich einstellt, weil wir den Wunsch nach Hilfe äußern. Hier wählen wir selbst ganz bewusst und direkt die entsprechenden inneren Bilder aus, indem wir uns konkrete Personen, Männer und Frauen, vorstellen, denen wir die Aufgaben von ›Agenten‹ zuteilen. Es geht also bei diesem Spiel ganz konkret zu, so als würde es sich im Außen zutragen.

Man beginnt damit – in der Phantasie natürlich –, wie man es auch wirklich machen würde, wenn man sich eine Agentur einrichtet, sich auf die Suche nach einem geeigneten Raum zu begeben. Jeder Mensch hat einen anderen Geschmack und andere Vorstellungen. Die einen suchen sich helle, große Räume mitten in einer Großstadt, vielleicht in einem oberen Stockwerk eines Hochhauses, und richten sich diese Räume sehr feudal mit Designer-Möbeln ein. Andere bevorzugen kleinere, kuschelige Räume, die sehr gemütlich mit vielen bunten Kissen ausgestattet sind. Wieder andere verlegen ihre Agentur vielleicht in eine geräumige Kajüte eines Schiffes oder in das Cockpit eines Flugzeugs. Der Phantasie sind, wie gesagt, keine Grenzen gesetzt. Ein Teilnehmer hat einmal, als ich in einer Gruppe mit den ›Mind-Agenten‹ gearbeitet habe, seine Agenten als Mitglieder eines Sinfonieorchesters angelegt. Wie und wo auch immer: Wichtig ist, dass die Räumlichkeiten und dann natürlich auch die Agenten selbst so konkret und genau als möglich in der Phantasie gestaltet werden, um sie so im Gehirn etablieren zu können. Auch die Kleidung dieser neuen Angestellten muss detailliert ausgesucht werden, sowohl die Art als auch die Farbe spielen eine große Rolle, denn das Gehirn reagiert auf alles besonders gut, was seine Aufmerksamkeit erregt. Nur das wird ins Bewusstsein aufgenommen. Was nicht heißt, dass alles bunt und schrill sein muss. Auch sehr dezente Farben und große Eleganz kann das Bewusstsein bestechen. Es kommt eben ganz darauf an, wozu die Agenten eingestellt werden, welche Aufgaben sie übernehmen sollen.

Der nächste Schritt ist, dass das neue Personal sehr genau instruiert wird, dass jede/r Einzelne ganz genau mit seiner zu bewältigenden Aufgabe vertraut gemacht wird. Wie im äußeren Leben arbeiten auch die inneren Figuren umso besser, je intensiver sie in ihr Arbeitsfeld eingeführt werden. Dafür steht im Hintergrund immer die Frage: Wozu werden die Agenten gebraucht? Wenn es zum Beispiel – was sehr häufig vorkommt – eine Frau leid ist, dass sie immer wieder Schwierigkeiten mit ihrer schlanken Linie hat, dass es ihr nicht gelingt, das zu essen, was ein bestimmtes Gewicht garantiert, sondern sie sich von einer Diät in die andere, von einer Verzweiflung über einige Kilo zu viel in die nächste hangelt, dann tut sie gut daran, sich einen Ernährungsberater/eine Ernährungsberaterin anzustellen. Je nachdem, wie viel Malheur sie mit diesem Thema hat, kann es auch ein ganzes Team von Beratern sein. Als Regel für das Einsetzen von Agenten gilt: je mehr, desto besser, je größer eine Agentur ist, desto mehr Erfolg garantiert sie. Und viele Agenturen bewirken, dass das Gehirn wirklich sehr viel Schaltkreise neu bildet und immer komplexer wird. Dies steigert die Individualität der Persönlichkeit.

Auch die Arbeitsweise der Agenten muss genau besprochen werden. Sollen also die Ernährungsberater nur Vorschläge für die täglichen Mahlzeiten machen, soll vielleicht einer immer am Kühlschrank stehen und seinen/ihren Rat geben für das, was die ›Chefin‹ gerade aus ihm entnehmen möchte? Vielleicht ist es auch die Aufgabe dieser Berater, dass sie wie ein unauffälliger Butler stets hinter dem Stuhl beim Esstisch stehen und das zweite Auflegen der Kartoffeln stoppen oder dass sie als Begleitpersonen zu jeder Party, in jedes Restaurant mitgehen, um dort die entsprechenden sanften oder auch sehr dezidierten Anweisungen zu erteilen?

Wozu auch immer die Agenten ausgesucht, eingestellt und angewiesen werden: Sie sollen dazu dienen, das noch nicht Beherrschte

beherrschen zu lernen, das noch nicht Gekonnte in Fertigkeiten um-
zusetzen, das auszugleichen, was unausgeglichen ist, das zu vervoll-
ständigen, was noch offen ist. Ich wiederhole: Der Phantasie sind
keine Grenzen gesetzt. Alles ist möglich im Gehirn, dort gibt es
nichts, was es nicht gibt. Im Gegenteil: Je ungewöhnlicher das ist,
was von ihm verlangt wird, desto williger wird es dies erfassen und
installieren. Es ist wie ein natürliches Kind: neugierig, spontan, intuitiv und lebhaft, immer auf der Suche nach dem Abenteuer ›Leben‹. Nur Langeweile verabscheut es. Dann schaltet es auf Routine,
mitunter schaltet es auch dies und jenes ab, verliert sich in den gewohnten, eingefahrenen und ausgefahrenen Bahnen, schludert in-
teresselos vor sich hin. Es wird quengelig wie ein unterfordertes
Kind oder kommt auf irgendwelche unsinnigen Gedanken, die nur
den alten Trott verstärken und keine Bereicherung für das Leben
des entsprechenden Menschen bedeuten. Es läuft sozusagen ›leer‹.
Womit nicht die angestrebte Leere der klassischen Meditation gemeint ist. Im schlimmsten Fall, wenn das Gehirn gar nicht angeregt
und gefordert wird, kann es auch erstarren, verdummen und ver-
öden.
Doch so weit wollen wir es nicht kommen lassen. Das scheint mir
die größte Sünde zu sein, die ein Mensch sich selbst gegenüber begehen kann. Denn schließlich sind wir mit unserem Gehirn ja für eine höchstmögliche Entwicklungsstufe ausgestattet. Nicht dass wir
sie unbedingt erreichen müssten. Wir haben mit diesem, uns von der
Evolution geschenkten, Gehirn ein Instrument zur Verfügung, das
uns nicht nur ein leichtes, einfaches Leben ermöglicht, sondern uns
auch bis zur Transzendenz führen kann. Es ist in der Lage – das
sollte man sich einmal sehr genau vorstellen! –, uns aus der schweren und schwerfälligen, mit Schmerzen und Leid verbundenen Materie hinauszuführen in den Bereich des Geistes, in dem wir so frei
sein können wie in einem wunderschönen Traum.
Marie-Louise von Franz (1988) zitiert in ihrem Buch ›Psyche und
Materie‹ eine Überlegung C. G. Jungs:
»... Von diesem Gesichtspunkt aus könnte das Hirn eine Um-
schaltstation sein, in der die relativ unendliche Spannung oder Intensität der Psyche an sich in wahrnehmbare Frequenzen oder ›Aus-
dehnungen‹ gewandelt wird.«
Das heißt, das Gehirn stellt sich auf die Frequenzen und die Schwingungen ein, zu denen es veranlasst wird. Es ist äußerst flexibel. In

der Hirnforschung spricht man von der ›Plastizität‹ des Gehirns. Wenn man ihm die Vorstellung einer südamerikanischen Combo anbietet, deren Mitglieder bunt gewandet heiße Rhythmen in einer warmen Sommernacht spielen, womöglich auf einem Kreuzfahrtschiff, dessen starke Motoren durch den Atlantik stampfen, wird es in anderen Vibrationen schwingen als bei diesem Bild: Über dem Atlantik in einigen tausend Metern Höhe in der Business- oder gar First-Class eines Jumbos, Teppichböden in dezentem Hellgraublau, die Stewards und Stewardessen servieren freundlich, geräuschlos Champagner und edle kleine Häppchen ...

Ein notwendiger Balance-Akt – Glück und Schmerz

Sowohl die eine als auch die andere Vorstellung aktiviert das Gehirn zu unterschiedlichen Vibrationen. Und das ist gut so, denn je vielfältiger das Angebot an Schwingungshöhen, desto besser ist es in der Lage, immer wieder das erforderliche Gleichgewicht herzustellen. Darum geht es letztendlich: um das Gleichgewicht oder die Synchronisierung der beiden Hirnhälften. Je besser das gelingt, desto wohler fühlt sich der Mensch und desto leichter fällt es dem Gehirn, in die nächsthöhere Entwicklungsstufe, d. h. nächsthöhere Vibration, hinaufzuschwingen.

Die heutige Hirnforschung bestätigt die Annahme einer solchen Balancierfähigkeit des Gehirns in dem Teil, der die beiden Hirnhälften miteinander verbindet. Er wird ›Gyrus cinguli‹ genannt.

Der Mediziner und Neurophysiologe Detlef Linke (1999) beschäftigt sich in seinem Buch ›Das Gehirn‹ vor allem mit dem Empfinden von Glück beim Menschen, und er kommt zu dem Schluss, dass das menschliche Gehirn ein System ist, das sich bemüht, Glückszustände herzustellen. Linke betont – und das ist sehr interessant für unser Thema –, dass die Glückszustände sich immer nur dann einstellen, wenn keine der Funktionen, zu der ein Mensch fähig ist, unterdrückt wird, dass alles zusammenspielen muss, um diesen ersehnten Zustand zu erreichen.

Der entspricht dem ausgeglichenen, in sich ruhenden Menschen, einem, der mit sich und der Welt im Reinen ist. Diesen Ergebnissen aus der Hirnforschung ist allergrößte Bedeutung zuzumessen.

Es geht eben immer wieder um das ›Sowohl-als-auch‹. Nicht nur das eine, sondern auch das andere, nicht nur auf, sondern auch über dem Atlantik, nicht nur bunt und heiß, sondern auch dezent und kühl, führen letztlich zu der Gesamtsicht der Wirklichkeit und damit zum Glücksgefühl. Das Denken und Fühlen, die Empfindung und Intuition – diese vier Funktionen wie auch Extraversion und Introversion, mit denen sich das Ich des Menschen durch seinen Alltag bewegt, wie es in der Psychologie C. G. Jungs gesehen wird – müssen gleichermaßen in Anspruch genommen werden, wenn das Balance-System Gehirn Glückshormone ausschütten soll.

Detlef Linke sagt auch, wie das geschehen kann:

»Nicht die fehlende Differenziertheit des logischen Schließens ist es, die im Alter als Mangel empfunden wird, sondern die Schwächung der emotionalen Ausbalancierungsfähigkeit. Eine der besten Übungen können wir in der Schlange vor der Kasse des Supermarktes vollführen.

Achten wir auf die Gedanken und die Ungeduld, die uns dort überwältigen wollen, und versuchen sie in Balance zu halten. Man braucht für solche Übungen nicht in einen Ashram Sri Aurobindos nach Südindien zu pilgern. Die Einübung der Balance der Gedanken und Gefühle, das entscheidende Training des Frontalhirns, gelingt am besten in der Schlange vor dem Fahrkartenschalter.

Das Training der Belohnungsschleifen im Frontalhirn durch Verzögerung von Erfüllung wird am Ende jeden, der es versucht, beglücken. Hirnforschung wird Philosophie nicht ersetzen, denn beide werden an einer gerechten Balance der Dinge arbeiten.«

Und – das mag überraschen – nicht nur das volle Programm der Ich-Funktionen mobilisiert die Funktion des ›Gyrus cinguli‹, sondern vor allem auch der Schmerz.

Die Hirnforscher haben nämlich herausgefunden, dass die Region des ›Gyrus cinguli‹ sehr viel mit der Schmerzverarbeitung zu tun hat. Wenn dieser Bereich im Gehirn also ausreichend aktiviert werden soll, darf der betreffende Mensch sich den schmerzvollen Erfahrungen, körperlicher und seelischer Art, nicht entziehen. Detlef Linke vermutet, dass psychotische Erkrankungen bevorzugt dann ausbrechen, wenn der Betreffende ›auf alle Fälle, gleichsam auf Biegen und Brechen, alles Schmerzhafte vermeiden will.«

Andererseits stellt er jedoch auch die Überlegung an, ob ›der Schmerz gerade dort das Individuum trifft, wo es sich in seiner Aufmerksamkeit zu Entscheidungsprozessen zusammenrafft‹.
Das heißt: Wie wir es auch anstellen, wir kommen um den Schmerz nicht herum. Er gehört zum Leben. Und wir kommen auch um das Leben nicht herum, wenn wir Angst reduzieren wollen. Den Schmerz zulassen und mit der Angst gehen erfordert Mut. Da ist es hilfreich, wenn wir Begleiter an unserer Seite wissen.
Als Beispiel mag zum Abschluss dieses Kapitels der Traum einer Frau dienen. Sie war in eine Krise geraten. Ein alter innerer Mechanismus, den sie überwunden glaubte – sie hat viele Jahre tapfer an ihren alten Mustern gearbeitet, die sie in ihrer Kindheit erworben hatte –, heute ist sie Mitte 50 –, gewinnt erneut die Oberhand: Sie handelt gegen sich, sie tut Dinge, die ihr schaden. Sie weiß es sofort, nachdem sie diese getan hat, doch in der jeweiligen Situation scheint dieses Wissen wie ausgelöscht. Sie gerät immer mehr in Verzweiflung. Da kommt ihr ein Traum zu Hilfe:
Sie läuft in einem großen Haus umher, das jedoch mehr einer Ruine als einem geschlossenen Bauwerk gleicht. Es steht an einem Hang, und als sie an eine Fensteröffnung tritt, sieht sie in einen tiefen Abgrund hinab. Sie hat Angst hinunterzufallen, schwankt ein bisschen, da fasst sie plötzlich jemand von hinten an den Schultern und zieht sie ins Haus zurück. Sie dreht sich um und sieht einen Mann in Uniform: er ist vom ›Sicherheitsdienst‹. Erleichtert wacht sie auf.
Sie zweifelt keinen Augenblick daran, dass dieser Mann vom Sicherheitsdienst ihr ›Schutzengel‹ ist. Sie hat immer an ihren Schutzengel geglaubt, doch in letzter Zeit war er in Vergessenheit geraten. Da er nun von selbst in ihrer gerade schwierigen Lebenssituation aufgetaucht ist, macht sie ihn nun ganz bewusst zu ihrem ständigen Begleiter.
Hier war für sie der Einstieg in eine Aktive Imagination. Sie drehte sich – dann im Wachbewusstsein – zu ihm um, sprach ihn an und begann mit ihm einen Dialog. Vielleicht hat er ihr ja noch Wichtiges mitzuteilen, vielleicht übermittelt er ihr außer dem Schutz, den er ihr gibt, auch noch einiges aus seiner Welt, der des ›absoluten Wissens‹, was ihrem Leben einen neuen Inhalt geben könnte.

Die Gestalt aus einer Aktiven Imagination kann dann auch ein ›Mind-Agent‹ werden. Dies empfiehlt sich sehr für innere, bisher eher unbewusst gebliebene Kräfte, die Begleitcharakter haben, wie zum Beispiel der ›Mann vom Sicherheitsdienst‹ bzw. der ›Schutzengel‹, den ja jeder Mensch ständig, Tag und Nacht, benötigt.

Wenn Sie mögen,
richten Sie sich doch eine schöne, große Mind-Agentur ein.
Bemühen Sie dazu Ihre reichhaltige Phantasie, mit deren Hilfe Sie sich die entsprechenden Räume für Ihre Agenten gestalten. Überlegen Sie, wofür Sie Hilfspersonal benötigen, wobei es Ihnen ›zur Hand‹ gehen soll. Auch hier sind Ihrer Phantasie keine Grenzen gesetzt.
Ein ständiger Begleiter, wie der ›Mann vom Sicherheitsdienst‹ –
Sie können ihn auch ›body-gard‹ nennen –, ist immer zu empfehlen. Ebenso wie Experten und Expertinnen, die Sie hinsichtlich Ihrer körperlichen und seelischen Gesundheit beraten. Für den Umgang mit Geld gibt es FinanzberaterInnen, für Ihr äußeres Auftreten Mode-, Stil- und FarbberaterInnen. Sie können sich für jede beliebige Lebenssituation die entsprechend ausgebildeten HelferInnen suchen und anstellen. Je mehr Personal in Ihrer Agentur arbeitet, desto besser arbeitet Ihr Gehirn, desto komplexer wird es.
Aber es ist nicht mit der Zusammenstellung einer Mind-Agentur getan. Sie müssen darüber hinaus allen Agenten ganz genau sagen, was Sie von ihm/ihr erwarten. Nicht dass Sie das Wissen dieser BeraterInnen brauchen. Dies ist in Ihrem Inneren, im unbewussten Teil Ihres Gehirns bereits vorhanden. Sie brauchen nur die Ergebnisse zu präzisieren, die Sie haben wollen, z. B. dass der ›body-gard‹ Sie auf jede Situation aufmerksam macht, die gefährlich für Sie sein könnte, Ihnen in solchen Gefahrenmomenten Einfälle zukommen lässt, welche die Situation entschärfen.
Die genauen Instruktionen sind von großer Bedeutung, sonst funktioniert das Ganze nicht.
Darüber hinaus müssen Sie zu Beginn der Aktion Ihr Personal täglich beaufsichtigen, es jeden Tag ein Mal zu einer ›Konferenz‹ zusammenrufen, um den Arbeitseinsatz und die Arbeitsleistung dieses Tages zu besprechen und zu kontrollieren. Erst wenn Sie

*und Ihr Personal sich einigermaßen gut kennen gelernt haben,
können Sie die Besprechungen auf zwei Mal in der Woche, dann
auf ein Mal in der Woche reduzieren, um eines Tages – nach etwa vier bis sechs Wochen – Ihre Experten vollkommen selbstständig arbeiten zu lassen.*

*Gehirntechnisch gesagt heißt dies: Erst wenn die entsprechenden
neuen Bahnungen – oder Schaltkreise – in Ihrem Gehirn gut in-
stalliert und ›eingeschliffen‹ sind, kann das Gehirn spontan und
von selbst die Aufgaben übernehmen, zu denen Sie es angeregt
haben.*

KAPITEL 4

Der schöpferische Prozess

Im ersten Teil dieses Buches habe ich die Theorie des Skripts, wie Eric Berne sie verstanden und entwickelt hat, vorgestellt. Wir haben die frühe Entscheidung des Kindes für sein Verhalten im Leben, das oft auch eine ›Überlebensschlussfolgerung‹ ist, kennen gelernt als die bestmögliche Lösung für die Situation, in die es hineingeboren wurde. Der kreative Teil im Kind hat herausgefunden, was es tun muss, um in seiner Umgebung die Aufmerksamkeit und Bestätigung zu bekommen, die es braucht. Das Schöpferische im Kind ist aktiv geworden und hat die Beziehungsmuster geschaffen, die zum Umfeld des Kindes am besten passen.

Doch inzwischen ist das Kind herangewachsen, und die Beziehungsmuster, die damals die bestmöglichen waren, sind es heute nicht mehr, zumindest nicht mehr als Ganzes. Die Lebensbedingungen des Kindes von damals sind den Lebensbedingungen des Erwachsenen von heute gewichen, sein Bezugsrahmen hat sich erweitert – im normalen Fall. Einige Menschen bleiben auch in der Infantilität eines kleinen Kindes stecken, ziehen womöglich niemals von zu Hause aus, bleiben in ihrer Familie ›hängen‹, verweigern ein autonomes Leben. Doch sie sind eher die Ausnahme. Die meisten Menschen schaffen den Sprung in das Erwachsenenleben und realisieren auch das in jedem Menschen angelegte Autonomiebedürfnis. Die bestmögliche Lösung von damals, die wir auch den ›unbewussten Lebensplan‹ nennen, ist also ein kreativer Akt des Kindes gewesen. Und um Kreativität geht es nun wieder – wenn auch in einer anderen Art.

Der Mensch ist ein ›Gewohnheitstier‹

Als Kinder werden wir mit dem Gesetz der Kausalität bekannt gemacht: *Wenn* dieses – *dann* jenes. *Wenn* das Kind Hunger hat, schreit es, *dann* kommt die Mutter und füttert es. »*Wenn* du den Herd anfasst, *dann* verbrennst du dir die Finger.« »*Wenn* du den

Teller nicht leer isst, *dann* bekommst du keinen Nachtisch.« Und so weiter.

Und das Kind merkt rasch: »*Wenn* ich ganz lieb bin und alles tue, was Mama und Papa sagen, *dann* haben sie mich lieb.« Aber auch: »*Wenn* ich krank bin, *dann* hat Mama viel Zeit für mich und liest mir etwas vor.« Und so weiter.

Das Kind baut also sein Denken, Fühlen und Verhalten auf dem Kausalitäts-Prinzip auf. Und gewöhnt sich daran. Wir alle gehen davon aus, dass jede Wirkung eine Ursache hat und aus jeder Ursache eine Wirkung entsteht. Was ja auch stimmt und tausendfach täglich erlebt wird. Dieses Kausalitäts-Prinzip kann jedoch im Laufe des Lebens zu einer Einbahnstraße werden. Es kann das Denken und damit das Verhalten der Menschen als Fluss erleben lassen, der immer nur – mal ein wenig schneller, mal ein wenig langsamer – bergab in einer oft eintönigen Landschaft fließt. Das tägliche Leben erstarrt dann immer mehr in Routine. Jeden Morgen die gleiche Prozedur von Aufstehen, Frühstücken (oder auch nicht), zur Arbeit gehen oder den Haushalt versorgen, Mittagessen (oder auch nicht), den Feierabend gestalten: montags zum Sport, dienstags ins Kino, mittwochs zum Stammtisch, donnerstags zu Hause bleiben, vielleicht Wäsche waschen und bügeln, freitags zum Kegeln oder in den Gesangverein, samstags Treffen mit Freunden, sonntags Fernsehen. Und oftmals bleibt auch der Urlaubsort jedes Jahr der gleiche, oder er wechselt lediglich zwischen Ibiza und Mallorca.

Einerseits kann so ein Leben von den Betreffenden als gut erlebt werden, weil sie es für normal halten, weil es ihnen die größtmögliche Sicherheit bietet. Man weiß so ungefähr, was vor einem liegt, man kann so ungefähr abschätzen, wie der jeweilige Abend mit den Freunden, die man schon länger kennt, verlaufen wird. Zwar gibt es wenig Überraschungen, aber es gibt auch wenig Zweifel und Ungewissheiten. Zwar fühlt sich so ein Leben zwischendurch auch mal ziemlich langweilig an, aber man weiß, was man hat und was nicht. An Stellen, an denen sich einiges im ›normalen‹ Lebensablauf verändert, können auch einmal Ängste oder Depressionen auftauchen, z. B. wenn man aus irgendeinem Grund die Arbeitsstelle wechseln muss, die Kinder aus dem Haus gehen, die Pensionierung ansteht oder auch eine Krankheit ausbricht. Doch in der Regel richtet man sich bald wieder in einen gleichmäßigen Rhythmus ein, denn ›der

Mensch ist ein Gewohnheitstier‹. Und spielt immer noch mit mehr oder weniger Vergnügen seine alten ›Psychospielchen‹. Weil man damit das gewohnte seelische Gleichgewicht herstellt.

Denn, das haben wir im vorigen Kapitel gesehen, das Gehirn arbeitet nach dem Grundsatz: möglichst einfach, möglichst rational, immer wieder dieselben Bahnen besetzen und einschleifen, immer wieder die gewohnten Schaltkreise betätigen. Es richtet sich in seiner Routine so gekonnt ein, dass der betreffende Mensch mit der Zeit gar nicht mehr daran denkt, wie eintönig sein Leben verläuft. Er hält es so für normal. Was es ja auch ist, weil viele, vielleicht sogar die meisten, Menschen so leben.

Das Prinzip der Gnade

Doch eines Tages – wenn das Schicksal gnädig ist – passiert etwas Unerwartetes. Zum Beispiel:

Eine Frau, deren Alltag gerade nicht ›wie am Schnürchen‹ läuft, die unzufrieden ist mit sich und der Welt, die hadert mit ihrer Gehemmtheit, welche ihr viele interessante Lebensmöglichkeiten erschwert, geht eines Nachmittags mit dem Hund spazieren, um sich so ein wenig Erleichterung zu verschaffen. Plötzlich – sie weiß nicht, woher er auf einmal kommt – ist der Gedanke in ihrem Kopf: »Ich sollte eigentlich leben wie eine Zigeunerin.« Sie ist überrascht, denn so hat sie noch nie über sich gedacht. Sie fühlt sich aber auch beschwingt und schläft in der kommenden Nacht nach langer Zeit einmal wieder schnell ein, um am nächsten Morgen wie erfrischt zu erwachen.

Der Gang zum Briefkasten dann beschert ihr eine Überraschung: Sie hatte vor wenigen Wochen den psychologischen Astrologen Claus Riemann gebeten, ihr Horoskop zu erstellen und die Möglichkeiten und Aufgaben für sie in diesem Leben herauszufinden. Nun liegt seine Antwort auf einer Tonband-Kassette im Briefkasten. Gespannt lässt sie die Kassette gleich laufen. Wie überrascht ist sie, als er nach einigen einleitenden Sätzen sagt: »Sie sollten eigentlich leben wie eine Zigeunerin.«

Die Frau kann es kaum glauben, dass der Satz, der gestern in ihrem Kopf auftauchte, heute auf dem Tonband zu hören ist – exakt in derselben Formulierung. So als hätte ihr Gehirn schon mal in das Tonband hineingehört.

Obwohl sie sich nicht erklären kann, wie es zu dieser Gleichzeitigkeit von innen und außen gekommen sein konnte, löst dieses Erlebnis viel in ihr aus. Es ist, als stünde sie plötzlich in einem ›Feld von Überraschungen‹. Wenn das hier geschehen ist, kann noch mehr Unerwartetes kommen. Die Stockung, in der sie sich befunden hat, und die Missstimmung, die ihren Alltag in der letzten Zeit grau und eintönig erscheinen ließ, sind auf einmal wie weggeblasen. Die Lebensluft ist wieder klar und frisch wie nach einem Gewitter, das die drückende Schwüle vertrieben hat. Neue Kräfte fließen ihr zu – es ist Frühling geworden in ihrem Inneren.

(Dieses Beispiel und viele andere haben mein Mann, Theodor Seifert, und ich in unserem gemeinsam verfassten Buch ›So ein Zufall! Synchronizität und der Sinn von Zufällen‹ beschrieben [2001].)

Nun geht es für sie darum herauszufinden, was es heißt, heute hier, in ihrem Alltag, zu leben wie eine Zigeunerin. Sie geht also einer spannenden Zeit entgegen. Ihr ist etwas geschehen, was man als Gnade bezeichnen könnte, denn die Gnade unterliegt nicht dem Prinzip der Kausalität. Sie ist sowohl vom Ablauf der Zeit – Vergangenheit, Gegenwart, Zukunft – als auch von Ursache und Wirkung – wenn, dann – unabhängig. Sie passiert oder sie passiert nicht. Sie ist also total unabhängig, es gibt keinen Grund für sie. Deshalb kann man auch nicht fragen: ›Wann oder weshalb geschieht sie?‹ Es gibt sie einfach. Fraglos. Das ist ihr Wesen. Und genau das gleiche Wesen zeichnet eine ›Synchronizität‹ aus. Sie unterliegt ebenfalls nicht dem Ablauf der Zeit, im Gegenteil, sie lässt uns in die Zeitlosigkeit blicken. Und sie kennt keine Ursache, keinen Grund. Sie ist ursache- und grundlos.

Deshalb sagt C. G. Jung, der solche Gleichzeitigkeiten beobachtet und sie als Synchronizitäten, als Zufälle, die durch einen Sinn gekennzeichnet sind, in die Psychotherapie eingeführt hat: Es gibt ein ›ursacheloses Angeordnetsein‹, das nicht weiter zu hinterfragen ist. So kann also niemand wissen, wann, wo und weshalb sich eine Synchronizität ereignet. Es ist wie in der Quantenphysik: Auch da wissen die beobachtenden Physiker nicht, wann, wo und weshalb etwas plötzlich auftaucht und ob es als Teilchen oder Welle sichtbar wird. Doch dieser Vorgang ist nur zu sehen, wenn es einen Beobachter gibt, der seine Aufmerksamkeit darauf richtet. Wenn nicht, bleibt im letzten Urgrund alles leer, still und unbewegt.

Man kann sagen, dass dieses Zusammenfallen des gleichen Satzes im Kopf der Frau und einige Stunden später auf dem Tonband ein bloßer Zufall wäre. Wenn der Begriff ›Zufall‹ im wahrsten Sinne des Wortes verstanden wird, nämlich als ein ›Zufallen‹ von etwas, dann erfasst man das Geschehen sehr richtig. Dieser Frau ist tatsächlich einiges zugefallen: Erstaunen, Freude, neue Kräfte. Sie wurde herausgerissen aus einer bedrückenden Enge des Lebenszuschnitts, in die sie in der letzten Zeit immer stärker hineingeraten war. Nun ist wieder eine Öffnung für Neues da, ihr Denken, das sich mehr und mehr in eine ungute Kreisbewegung hineingedreht hatte, wurde aufgebrochen, und diese Lockerung gibt ihr verschiedene Möglichkeiten für eine andere Sicht ihres Lebens. Ihr Dasein hat plötzlich wieder Sinn. So ging es auch der Frau im folgenden Beispiel:

Sie war gerade wegen eines Hausbaus, den sie und ihr Mann unternehmen, sehr beschäftigt und fast ständig im Zeitstress. Eines Tages denkt sie beim Bügeln traurig an eine alte Freundin, die sie schon ›ewig‹ nicht gesehen hat. Wie gerne würde sie wieder einmal, wie in früheren, ruhigeren Zeiten, ausführlich mit ihr plaudern, schwatzen, lachen, übermütig dies und jenes aushecken. Da klingelt es an der Haustür. Sie verlässt gereizt ihr Bügelbrett, denn diese Unterbrechung ist ihr gerade nicht erwünscht, und geht zur Tür. Wer steht, mit strahlendem Lachen, vor ihr? Die Freundin, an die sie vor einer halben Minute gedacht, die sie seit ›Ewigkeiten‹ nicht gesehen hat. Sie ist erfreut und sie wundert sich: »Wie kommt es, dass der Name meiner Freundin zu der Zeit in meinem Kopf auftaucht, zu der sie gerade unterwegs ist zu mir? Kann ich hellsehen?«

Nein, sie kann nicht hellsehen, denn sonst im Alltag weiß sie meist nicht, wer vor ihrer Tür steht – es sei denn, sie erwartet einen angekündigten Besuch. Aber genau diese Freundin hatte sie nicht erwartet. Hellsehen ist also ausgeschlossen. Die Frage lässt ihr keine Ruhe. Was ist es, das da geschehen ist? Sie kann es nicht erklären, doch auf einmal wird ihr bewusst:

»Es ist wunderbar, es war eine große Freude für mich, dass meine Freundin plötzlich auftauchte. Wir haben stundenlang miteinander geschwätzt. Obwohl ich eigentlich gar keine Zeit dazu hatte. Nein, obwohl ich meinte, ich hätte keine Zeit. Plötzlich hatte ich die Zeit ja doch. Weil es wichtig war. Ich habe es so gebraucht nach all den

Wochen voll mit Arbeit und Terminen. Es war wie ein kleiner Urlaub, nein, es war mehr, es war eine Erfrischung für meine Seele, ein Aufatmen, ein Luftholen. Ich hatte neue Kräfte. Plötzlich ging alles viel leichter. Der Alltag war auf einmal wieder hell und freundlich.«

Der Zufall mit Sinn

Das höre ich immer wieder und erlebe es auch selbst, wenn sich eine Synchronizität ereignet: Die Welt wird plötzlich ›transparent‹, sie wird aufregend neu – die Welt wird natürlich nicht neu, nur wir erleben sie auf völlig neue Weise –, sie bekommt Farbe, erhält Glanz und – das ist das Allerbeste daran – das Leben wird sinnvoll. Nein, präziser: Wir können selbst unserem Leben einen Sinn geben. Auf einmal ist es ganz leicht. Man wird der Architekt/die Architektin des eigenen Lebens und des Sinnes darin. Beziehungsweise, es geschieht auch andersherum: Das Leben gibt uns Sinn, der Sinn unseres Lebens wird uns vom Leben direkt zugespielt. Es klickt uns an, es zwinkert uns zu und gibt uns zu verstehen: ›Du bist der Sinn in deinem Leben. Ich, dein Leben, und du, die Person, die du darstellst, ergeben eine einmalige Einheit. Und das macht Sinn.‹
Jedoch nicht alle Menschen reagieren auf solche Gleichzeitigkeiten so erfreut wie die oben beschriebene Frau. Es gibt auch andere Reaktionen auf solche ›unheimlichen Zufälle‹, wie ein Klient sie neulich nannte. Er berichtete eine Erfahrung, »bei der es mir kalt den Rücken herunterlief«:
Er war geschäftlich in Amerika gewesen und befand sich auf dem Rückflug. Im Flugzeug beschäftigten ihn noch die Verhandlungen mit den amerikanischen Geschäftspartnern, die sich als schwierig erwiesen hatten. Er blätterte in den entsprechenden Unterlagen, als »mir plötzlich durch den Kopf schoss, dass ich noch bei dem Reiseveranstalter für die Sprachferien meiner Söhne nach Angeboten fragen will«. Er vermerkte dies in seinem Terminkalender und widmete sich wieder seinen Geschäftspapieren.
Nach der Landung, während er auf sein Gepäck wartete, öffnete er die Mailbox seines Funktelefons, weil er wichtige geschäftliche Nachrichten seiner Firma erwartete. Doch statt der vermeintlichen Informationen aus seinem Betrieb fand er einen Anruf von just diesem Reiseveranstalter, an den er während des Fluges gedacht hatte.

Er rechnete nach: dieser Anruf erreichte sein Handy genau zu dem Zeitpunkt, als er an den Mann gedacht hatte bzw. als dessen Name völlig unerwartet in seinem Kopf auftauchte.

»Mir war ein wenig unheimlich zumute, als ich mir das klarmachte«, sagte er in unserem Gespräch.

Wenn wir das Wort ›unheimlich‹ genau nehmen, dann heißt das doch, dass etwas, was bisher ›heimlich‹ gewesen ist, nun ›un-heimlich‹ wurde. Und genau darum geht es hier. Es gibt Ereignisse ›zwischen Himmel und Erde‹, die nicht mehr heimlich, unbemerkt vom menschlichen Bewusstsein geschehen, sondern die uns – zunächst einmal – un-heimlich werden, weil unser Bewusstsein jetzt offenbar in der Lage ist, solche Ereignisse wahrzunehmen. Sie können unserem Leben einen neuen Sinn geben, sie können uns herausreißen aus unserem zur Routine erstarrten Alltag. Denn sie verbinden das eher schwerfällige Erdenleben mit dem leichten, luftigen Bereich des Geistes. Unsere, dem Körper verhaftete Seele, die sich immer wieder unzufrieden fühlt, oft durchdrungen ist von Ängsten, Zweifeln, Unsicherheiten, die unter heftigen, sie erschütternden Emotionen leidet, sehnt sich nach Sicherheit, Leichtigkeit, Ruhe und Frieden. Diese findet sie nicht wirklich in einem eintönigen Routine-Leben. Sie findet ihre Erfüllung jedoch dann, wenn sie weiß: mein Dasein hat einen Sinn. Dann ist sie besser in der Lage, die Mühsale des Alltags anzunehmen.

Wenn wir also einen Sinn suchen, um unserer Seele das Erdendasein ein wenig zu erleichtern, wenn wir fragen ›Was ist der Sinn meines Lebens?‹, dann können wir, wenn wir gut aufpassen, auch eine Antwort erhalten. Der Bereich des Geistes, des Immateriellen, der reinen Energie, setzt sich mit der fragenden und klagenden Seele in Verbindung und antwortet ihr: ›Hier geht es lang – hier ist der Weg.‹ Dazu benutzt er Zeichen, die wir ›erstaunliche Zufälle‹, ›Gleichzeitigkeiten‹ oder ›Synchronizitäten‹ nennen.

Die Super-Beziehung

C. G. Jung hat in seinen Forschungen über die Seele, hauptsächlich ja über die suchende Seele, das heißt über die Seele der Kranken, der Menschen, die sich verheddert hatten in ihrem Leben, die mit ihren

Lebensenergien ins Stocken geraten und an Neurosen – er definierte die Neurosen als Stillstand des Lebens selber – oder Psychosen erkrankt waren, herausgefunden, dass Materie und Geist *eins*, dass sie identisch sind. Er verstand die Psyche als Geist und Materie umfassend. Er sprach vom Psychischen, das sich sowohl materiell als auch immateriell *gleichzeitig* zeigen kann, und nannte dies ›die Wirklichkeit der Seele‹.

Murray Stein, Jung'scher Analytiker in Chicago – ich habe ihn im zweiten Teil schon zitiert –, berichtete in einem Vortrag, den er ›Die Realität der Seele‹ nannte, ein eigenes Erlebnis, das dieses Eins-Sein von Geist und Materie recht gut illustriert.

Er war zu einem anderen Vortrag, den er in Arizona halten sollte, zu früh angereist und ging noch ein wenig im Park des Veranstaltungsortes spazieren. Um 10.45 Uhr wollte er zurück sein, weil um 11 Uhr sein Vortrag begann. Während des Spazierganges dachte er über ein neues Kapitel des Buches nach, an dem er gerade schrieb, und vertiefte sich dabei so sehr in seine Gedanken, dass er Ort und Zeit vergaß.

Auf einmal wurde er von einem lauten, durchdringenden Pfiff, der unmittelbar neben seinem Ohr schien, aus seinen Gedanken aufgeschreckt. Er sah auf und bemerkte einen kleinen Vogel, der vor ihm auf einem Baum saß. ›Wie kann ein so kleiner Vogel nur so laut pfeifen?‹, dachte er, da ertönte von seinem kleinen Gegenüber wiederum ein durchdringender Pfiff. Nun begriff Murray Stein – er ist ja schließlich ›Jungianer‹ –,dass der Vogel ihm wohl etwas sagen wollte. Und da wurde ihm auch schon bewusst, dass er ganz die Zeit vergessen hatte. Erschrocken blickte er auf die Uhr: es war beinahe 10.45 Uhr. Der Vogel flog nun vor ihm her, Murray folgte ihm und war rasch, genau um 10.45 Uhr, an der Tür des Vortragssaales.

Es handelt sich bei diesem Erlebnis – streng genommen – zwar nicht um eine Synchronizität, weil ja nicht ein und dasselbe in verschiedener Form zu fast gleicher Zeit geschieht wie in der Geschichte mit der Zigeunerin im Kopf der Frau und auf dem Tonband, doch zeigt es sehr deutlich, wie eng Geist und Materie zusammenspielen, wie sie sich zu einer Wirklichkeit verdichten können. Sie gehören in den ›Umkreis‹ der Synchronizität.

Und dieses Beispiel belegt vor allem, dass es außerhalb des Ich-Bewusstseins des Menschen eine Bewusstseins-Qualität gibt, die mehr weiß als das doch recht enge ›Ich-denke-Bewusstsein‹. Dieses größere Bewusstsein umfasst offensichtlich das persönliche Bewusstsein eines Menschen mit dem unpersönlichen, objektiven Geist, der frei ist, sich in allen möglichen Spielarten zu zeigen. Im Kapitel über die Aktive Imagination haben wir dieses Zusammenspiel von Ich-Bewusstsein und dem Selbst schon kennen gelernt.

Für den Menschen, der das erlebt – wie die Frau mit der Zigeunerin und Murray Stein in der jeweiligen Variante des Zusammenfallens von Geist und Materie –, bedeutet es meistens ein ›Aha-Erlebnis‹, eine ›kleine Erleuchtung‹. Plötzlich erkennen diese Menschen, dass sie in größere Zusammenhänge eingebunden sind, dass es eine Dimension von Beziehung gibt, die total ist. Sie erleben, dass sie Anteil haben an ein alles und alle umfassendes Geschehen, dass es da etwas gibt, das bereit ist, sie zu führen, ihnen zu helfen in Zeiten, in denen sie es nötig haben. Dass also eine Not, in der sie stecken, vom alles umfassenden Bewusstsein gesehen und ein Hilfsangebot gestartet wird.

Dieses Wissen kann nicht nur für die betreffenden Menschen eine große Entlastung bieten und ihnen zur allgemeinen Entspannung dienen, es kann auch in wichtigen Entscheidungs-Situationen in Anspruch genommen werden und überdies für Therapeuten sehr hilfreich sein. Gerade in schwierigen therapeutischen Situationen, in denen auch sehr kompetente Therapeuten nicht mehr weiterwissen, können sie sich darauf verlassen, dass es den ›größeren Therapeuten‹ gibt, der mehr weiß als sie, weil dieser offenbar das Ganze sieht und schon die richtigen Einsichten zur richtigen Zeit schicken wird, sodass der Heilungsprozess den für diesen Menschen geeigneten Gang nehmen kann. Das heißt, das Ich-Bewusstsein des Einzelnen vermag nicht die Gesamtheit des Lebensweges eines Menschen, auch nicht des eigenen Lebens, zu überblicken und ist von daher angewiesen auf Informationen aus der Gesamtheit des Psychischen, in dem Bewusstes und Unbewusstes vereint sind. Im Ganzen der Psyche, die nicht nur das persönliche Unbewusste der einzelnen Menschen, die heute leben, die je lebten und morgen leben werden, umfasst, sondern in der wohl auch der ›Plan Gottes‹ oder die ›Kosmische Absicht‹ enthalten ist, findet sich das Wissen, das der Einzelne zur Gestaltung des persönlichen Lebens als auch die Menschheit zur Entwicklung des kollektiven Bewusstseins braucht. Wir können an diesem Wissen teilhaben, es in Anspruch nehmen, mit ihm kooperieren.

Synchronizitäten und Ereignisse wie das, welches Murray Stein erlebt hat, sind wahrscheinlich nicht nur Zufälle im Sinne von zusammenfallen. Vielleicht steckt hinter ihnen sogar eine Absicht. Physiker sprechen ja heute von einer ›kosmischen Absicht‹, als deren Instrument sie die Evolution verstehen. Wenn es diese Absicht gibt, was auf Grund der Synchronizitäten, die immer häufiger erlebt werden, sehr wahrscheinlich ist, könnte sie den Sinn haben, uns aus den gewohnten Zeitstrukturen, die oftmals sehr festgelegte und eingefahrene sind, herauszulocken. Oder auch, um uns auf vergnügliche, spielerische Weise etwas bewusst werden zu lassen. Wie ein guter Lehrer den Unterricht für seine Schüler so gestaltet, dass Lernen Spaß macht. Hier passiert etwas, und zur gleichen Zeit passiert woanders dasselbe. Ein Grund, dies aufregend zu finden, dem weiter nachgehen, sich mit diesem Phänomen ein wenig näher beschäftigen zu wollen.

Insofern können Synchronizitäten uns anregen, selbst wieder schöpferisch zu werden, uns bewusst zu machen, dass uns allen die Gabe der Kreativität mit auf den Lebensweg gegeben ist. Wenn wir nämlich genau hinschauen, sehen wir, dass der schöpferische Prozess ständig am Werk ist: Das befruchtete Ei gestaltet ein Lebewesen, das Kind wird geboren, später stellt es sich auf seine zwei eigenen Beine, es lernt, es entfaltet sich, als Erwachsene/r schafft dieses Wesen oft wieder selber neues Leben und/oder kreiert dieses und jenes in seiner/ihrer Arbeitswelt und/oder in der Freizeit. Die Zellen des Körpers erneuern sich ständig, der Körper wächst, reift, altert, vergeht. Das alles sind schöpferische Prozesse sowohl auf der Makro- als auch auf der Mikroebene.

Im seelischen Bereich spielt sich Ähnliches ab, denn die Seele spiegelt die Materie und umgekehrt. Es ist ziemlich gleichgültig, wo wir hinschauen. Wenn wir es genau beobachten, sehen wir überall dasselbe, letztendlich entspricht sich alles: Geist und Materie, Seele und Körper, innen und außen, die Makro- und die Mikrowelt, die Astro- und die Quantenphysik. Die Entstehung des Bewusstseins hat uns zu unterscheiden gezwungen, denn nur so geht Bewusstheit: ein Gegenüber wahrnehmen. Wir verfügen über zwei Gehirnhälften, und die Welt stellt sich als Dualität dar. Von daher ist es notwendig geworden, dass sich ein Ich entwickelt hat, weil es eben das Gegenüber braucht, ich und du. Seit daher lässt sich etwas erleben, was wir Beziehung nennen.

Oder andersherum: Beziehung kann es nur in der Bewusstheit, im Wahrnehmen des Gegenübers geben. Das heißt jedoch: Bewusstheit und Beziehung gehören zusammen. Wir mussten uns also zuerst trennen, um wieder zueinanderfinden zu können. Aus der allumfassenden Einheit, welche jedoch die Potenzialität, die Möglichkeit des Schöpferischen in sich trägt, verdichtet sich der Geist zur Materie, trennen sich Seele und Körper und bleiben doch beisammen in der Energie der Beziehung. Sie können sich aufspalten, aber sie können sich nicht verlieren. Weil es die Energie der Beziehung gibt, die wir in ihrer hellen Tönung als Liebe, in ihrer dunklen als Hass bezeichnen. Wir können nicht weg voneinander, wir bleiben für immer und ständig aneinander gebunden. Niemand kann machen, dass es das Aufeinanderbezogensein nicht gibt.

Wir sind also alle eingebunden in einen sich ständig ereignenden schöpferischen Prozess. Da, wo sich die Kausalität und die Synchronizität ›die Hand reichen‹ – so wie im Märchen sich ›Fuchs und Hase gute Nacht sagen‹ –, geschieht Kreativität, entsteht Neues. Menschen, die dies erleben, werden dadurch angeregt, selbst schöpferisch zu werden, und solche, die es sind, erleben auch die ›Sternstunden‹ dieser Handreichung. Sei es, dass Menschen durch Synchronizitätserlebnisse inspiriert werden, etwas Neues zu schaffen, vielleicht sogar ein kleines oder auch größeres Kunstwerk, sei es aber auch, dass ihr Denken und ihre Gewohnheiten aufgebrochen werden. Schöpferisch sein kann heißen, mit Ton und Farben etwas darzustellen, was sehr schön und beglückend sein kann. Doch der eigentliche schöpferische Prozess vollzieht sich im Gehirn durch ein neues Wahrnehmen der Welt, ein Sehen des Verborgenen. Plötzlich feuern die Neuronen im Gehirn in vielleicht bisher nicht gekannter Wildheit und ›die Welt wird transparent‹. Plötzlich wird der ›Hintergrund‹ sichtbar, der sich als Urgrund herausstellt, ständig da, in Bewegung und voller Beziehungen ist. Eine davon betrifft mich und dich zusammen mit allen anderen.

Dieses Sehen in der Erfahrung des Schöpferischen, das ununterbrochen tätig ist, uns alle in sich mit einschließt, ruft ein Gefühl von absoluter Geborgenheit hervor. Wenn man weiß, dass wir alle aufgehoben sind im Urgrund, dass niemand aus ihm herausfallen kann, dass wir sozusagen in ihm enthalten sind, in ihm gewissermaßen ›schweben‹, dann lösen sich Unsicherheiten weitestgehend auf,

Ängste schrumpfen zu kleinen ›Ängstlein‹, die sich manchmal im Alltag nicht ganz ausschließen lassen.

Und, wenn wir ehrlich sind, wirken vor diesem Hinter- bzw. Urgrund unsere Psychospiele nicht ein bisschen albern? Sollten sie alles sein, was uns an schöpferischen Möglichkeiten zur Verfügung steht? Können wir angesichts der ›göttlichen Einheit‹, in die wir alle eingebunden sind, oder des ›Tao‹, an dem wir alle Anteil haben, unsere einstige Skriptentscheidung – die damals der einzig mögliche kreative Akt war! – nicht lächelnd und liebevoll fallen lassen zugunsten einer Neuentscheidung für die Wahrheit, für unser ›wahres Selbst‹? Denn wie heftig wir immer im Außen das ›falsche Selbst‹ agieren lassen, wie zwanghaft, leidenschaftlich, ideologisch und fanatisch es sich auch immer gebärden mag, tief innen im Kern ruht die Wahrheit und wartet auf Befreiung. Nicht ungeduldig, nein, sie hat Zeit, viel Zeit, denn sie währt ewig, doch sie fragt sich, warum sich dieses uneinsichtige, umtriebige und sich so wichtig fühlende Ich denn so viel Zeit lässt mit seiner Befreiung. Weil sie weiß, dass das Leben mit und in ihr viel, viel einfacher, schöner, bunter, beglückender wäre. Dass die schöpferische Kraft dem Menschen, der sein wahres Selbst befreit hat, un-heimlich viel Energie zufließen lassen würde, dass dieses Leben voller Tatkraft, Schönheit und Liebe wäre. Was also wäre da das Zögern?

Wenn Sie mögen,
können auch Sie sich von Synchronizitäten inspirieren lassen.
Was Sie nur dazu tun müssen: Ihr Bewusstsein für Zufälle zu
öffnen. Voraussetzung dafür ist, dass Sie neben dem Kausalitäts-
Prinzip das Gleichzeitigkeits-Prinzip akzeptieren. Das wird Ih-
nen nicht schwer fallen, wenn Sie erst einmal einige ›seltsame
Zufälle‹ erlebt haben.
Aus solchen Zufällen wird eine Synchronizität, wenn Sie Ihren
Sinn in dem finden, was Ihnen ›zugefallen‹ ist. Es geht dabei
nicht um einen allgemeinen Sinn, sondern um Ihren ganz per-
sönlichen. Für jeden Menschen ist etwas anderes sinnvoll. Scheu-
en Sie sich nicht, das, was Sie erleben, für sich selbst als sinnvoll
zu definieren. ›Jeder ist seines Glückes Schmied‹, heißt es. So ist
auch jeder der ›Architekt seines Sinnes‹.
Sinnvoll leben ist einfach und befreiend, wenn Sie bereit und of-
fen sind für die Geschenke, die Ihnen Ihr Schicksal bereitet.

Und zum Schluss:
›Lange Rede – kurzer Sinn‹

Jetzt habe ich viele Seiten beschrieben, um etwas ganz Einfaches, Selbstverständliches, Natürliches darzulegen. Warum braucht es so viele Worte, um etwas zu sagen, was doch eigentlich klar ist? Denn es ist klar, dass das Einzige, was bleibt, Beziehungen sind, dass wir gar nicht umhinkönnen, als in Beziehung zu sein. Wir können nicht herausfallen aus dem großen Beziehungsnetz, das ewig währt. Alles andere ist vergänglich. Ob es sich um feste Gegenstände, um Gedanken, Ansichten, Ideen, Theorien, Methoden, Philosophien, Wissenschaften handelt – alles taucht irgendwann einmal auf, bleibt eine Weile, wandelt sich und vergeht wieder. Selbst unsere Erde, dieser kleine, zarte Planet, wird eines Tages von der explodierenden Sonne verschluckt, und aus ist es mit ihm. Aber nichts kann für sich allein existieren, alles ist eingebunden in ein großes Beziehungssystem. Die Erde ist Bestandteil eines Sonnen-Beziehungssystems, die Milchstraße und andere große Galaxien sind Beziehungssysteme, Staaten sind Beziehungssysteme, Familien ebenfalls – auch wenn die einzelnen Familienmitglieder nichts voneinander wissen wollen. Unser Körper ist ein ganz wunderbares Beziehungssystem – das Gehirn, die Nervenbahnen, der Blutkreislauf –, nichts könnte funktionieren, wenn es nicht mit vielem anderen in Beziehung stehen würde.

Es ist also klar, dass Beziehungen der letzte Grund sind, selbst im Quantenbereich. Dagegen ist oft nicht klar, *wie* Beziehungen ablaufen und was in ihnen geschieht. Da ist es oft sogar ziemlich verworren. Das ist so, wenn wir versäumen, uns bewusst zu machen, worauf es eigentlich ankommt. Da wir von so vielem umgeben sind, so vieles auf uns einstürmt, haben wir das Eigentliche und das Einfache aus dem Blick verloren. Das Eigentliche, was wir alle wollen, was wir uns so sehnlich wünschen, was wir so sehr brauchen, ist die Liebe, und das Einfache, das wir uns meistens versagen, ist der Friede. Ein Kind will geliebt werden und es will in Frieden mit Mama und Papa sein und später auch mit allen anderen. So einfach und klar sehen die Grundbedürfnisse des Menschen aus. Und was machen wir daraus? Verwirrung, oft auch Hass und Krieg. Nicht nur in größeren Zusammenhängen, zwischen Nationen, sondern auch im Alltäglichen, innerhalb einer Familie oder Partnerschaft und am Schlimmsten: in und mit sich selbst.

Wer mit sich selbst im Kriegszustand lebt, kann auch nicht in Frieden mit den anderen sein. Nicht wirklich. Wenn das Leben also leicht und einfach sein soll, wenn wir mit anderen in guten Beziehungen leben wollen, dann bleibt uns gar nichts anderes übrig, als zuerst Frieden zu schaffen in uns selbst. Dass dies ungeheuer schwer ist, erlebe ich täglich in meiner psychotherapeutischen Praxis. Doch ich werde nicht müde zu fragen, woran das liegt. Man kann es nicht nur den Eltern, der Herkunftsfamilie oder der Gesellschaft anlasten, auch nicht unserer modernen Welt mit ihrer Verführung durch Medien und Konsum. Letztere sind höchstens ein Ausfluss des Unbefriedigtseins, unter dem Menschen leiden, die sich selbst nicht lieben. Die innere Leere, die Menschen nach allerlei suchen lässt, was sie letztendlich doch nicht brauchen, entsteht, wo keine Liebe ist. Wo aber keine Liebe ist, gibt es auch keinen Frieden.

Wenn aber Liebe ist, braucht man sich um Beziehungen keine Gedanken mehr zu machen. Dann ist man einfach drin im großen Beziehungsnetz. Das heißt, man ist sowieso drin, aber man nimmt dieses Eingebundensein in das große Ganze nicht wahr, weil man auf der Suche ist nach dem großen Glück. Dieses große Glück gibt es aber nicht irgendwo da draußen, bei anderen, die es uns bereiten sollen, das stellt sich nur ein durch die liebevolle Beziehung zu sich selbst. Wir müssen also ganz von vorne anfangen oder ganz innen drin. Die Keimzelle des Glücks ist die Liebe.

»Wie mache ich das?«, fragen mich KlientInnen, wenn ich sie darauf hinweise. Und ich antworte: »Liebe kann man nicht machen – selbst wenn man das heute so sagt.«

Liebe – und mit ihr Friede – entsteht von alleine, wenn man vieles, was man macht, lässt. Das Zauberwort, das zur Liebe führt, heißt also ›lassen‹. Sich ›loslassen‹, sich ›einlassen‹, sich ›überlassen‹ und vor allem das ständige kritische Nörgeln an sich selbst lassen. Aufhören mit dem sich ständig um sich selbst drehen, dem Kreisen um das, was ich getan, gesagt, gedacht oder nicht getan, nicht gesagt oder nicht daran gedacht habe. Liebe entsteht also durch Aufhören. Die Mystiker nennen das: leer werden. Also den Ballast aus dem Kopf werfen, nicht immer im Kreis herum denken, die einstudierte

Rolle vergessen mit all den Vor-Urteilen, die darin eingewoben sind und ganz einfach unschuldig ›guten Tag‹ sagen, ohne zu wissen, was danach kommt. Dann ist Liebe von allein da, weil sie die Grundsubstanz von allem ist.

Und weil der alte chinesische Weise Laotse uns durch dieses Buch geführt hat, mag er auch noch das letzte Wort haben. Seiner Ansicht nach soll der Mensch im ›nichtaufbegehrenden Einklang‹ mit dem Tao leben. Dies zu üben sei seine Aufgabe hier im Leben. ›Nichtaufbegehren‹ heißt nicht automatisch alles hinzunehmen, alles über sich ergehen lassen. Es bedeutet vielmehr, bewusst den Einklang mit dem Tao herzustellen, also darauf zu achten, was jetzt in diesem Augenblick dem Sinn der Zeit entspricht. Und dies wiederum bedeutet, stets und überall wach und aufmerksam zu sein für das, was gerade da ist. Dann hat man auch keine Zeit mehr, dem Ballast im Kopf zu lauschen. Dann ist man autonom, wie Eric Berne den ›skriptfreien‹ Menschen nennt, der aufgehört hat, seine ›Psychospiele‹ zu inszenieren und auch selbst auf keine mehr einzugehen braucht: bewusst, spontan und innig. Dann gibt es keine Schranken mehr in den Beziehungen zu anderen und zu sich selbst, weil die Schranken nur der Ballast im Kopf aufbaut. Dann ist alles ganz klar und einfach, dann ist Liebe und Frieden.

Literatur

Adam, K.-U. (2000): Therapeutisches Arbeiten mit Träumen, Springer Verlag, Heidelberg

Arrien, A. (1996): Der Vierfache Weg, Bauer Verlag, Freiburg. S. 49, S. 28/29

Berne, E. (1995): »Was sagen Sie, nachdem Sie guten Tag gesagt haben?«, Fischer Taschenbuch Verlag, Frankfurt. S. 17

Bhagavadgita (1968), Dreieichen Verlag, München. S. 116

Coelho, P. (1998): Der fünfte Berg, Diogenes Verlag, Zürich. S. 189/190

Damasio, A. R. (1994): Descartes' Irrtum, Paul List Verlag, München

Eschenbach, U.G. (1996): Der Ich-Komplex und sein Arbeitsteam, Bonz Verlag, Leinfelden-Echterdingen

Franz, M.-L. von (1988): Psyche und Materie, Daimon Verlag, Einsiedeln. S. 178

Glöckner, A. (1999): »Lieber Vater, liebe Mutter ...«, Herder Verlag, Freiburg

Goleman, D. (1996): Emotionale Intelligenz, Carl Hanser Verlag, München

Hennig, G. & Pelz, G. (1997): Transaktionsanalyse, Herder Verlag

Hüther, G. (2001): Bedienungsanleitung für ein menschliches Gehirn, Vandenhoeck &Ruprecht, Göttingen. S. 119, S. 85

Kast, V. (1988): Imagination als Raum der Freiheit, Walter Verlag, Olten

Linke, D. (1999): Das Gehirn, C. H. Beck Verlag, München. S. 91/92, S. 27

Minsky, M. (1994): Mentopolis, Klett-Cotta Verlag, Stuttgart

Nuber, U. (2001): »Beachte mich!« in Psychologie Heute, Juli 2001, Beltz Verlag, Weinheim. S. 20. S. 22

Philosophisches Wörterbuch (1969), Alfred Kröner Verlag, Stuttgart. S. 378

Schlegel, L. (1993): Handwörterbuch der Transaktionsanalyse, Herder Verlag, Freiburg. S. 155/156

Seifert, T. & A. (2001): So ein Zufall!, Herder Verlag, Freiburg

Stein, M. (2000): C. G. Jungs Landkarte der Seele, Patmos Verlag, Düsseldorf. S. 30

Wolf F. A. (1995): die Physik der Träume, Deutscher Taschenbuch Verlag, München. S. 203